AF532538

Film noir

Die Generalprobe der Postmoderne

Film noir

Die Generalprobe der Postmoderne

Thomas Brandlmeier

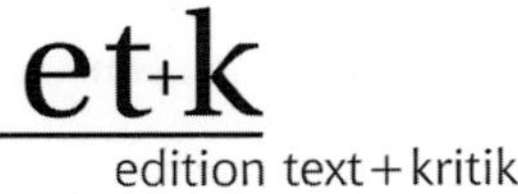

edition text+kritik

Dank an die Deutsche Kinemathek für das Titelbild: Dreharbeiten zu der Film-im-Film-Szene am Ende von SUNSET BOULEVARD.

Dank an Fritz Tauber (HFF München) für das Bild auf der Umschlag-Rückseite: Dreharbeiten mit John Garfield zu FORCE OF EVIL (Abraham Polonsky, Roy Roberts und George Barnes hinter der Kamera).

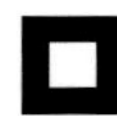

BILD-KUNST

Gefördert durch die Stiftung Kulturwerk der VG Bild-Kunst, Bonn.

Bibliografische Information der Deutschen Nationalbibliothek
Die Deutsche Nationalbibliothek verzeichnet diese Publikation in der Deutschen Nationalbibliografie; detaillierte bibliografische Daten sind im Internet über www.dnb.de abrufbar.

ISBN 978-3-86916-599-8

Levelingstraße 6a, 81673 München
www.etk-muenchen.de

Umschlaggestaltung: Victor Gegiu
Umschlagabbildung: Dreharbeiten zu der Film-im-Film-Szene am Ende von SUNSET BOULEVARD
Satz und Bildbearbeitung: DOPPELPUNKT, Königstraße 54B, 70173, Stuttgart
Druck und Buchbinder: Beltz Bad Langensalza GmbH, Am Fliegerhorst 8, 99947 Bad Langensalza

If one stares long enough at film after film,
the distracting individual aspects of each film begin to fade
and certain obsessive patterns that underlie them all
take on definition.
Barbara Deming[1]

Immer brav ist gar nicht fein,
Manchmal will man böse sein!
Kinderreim

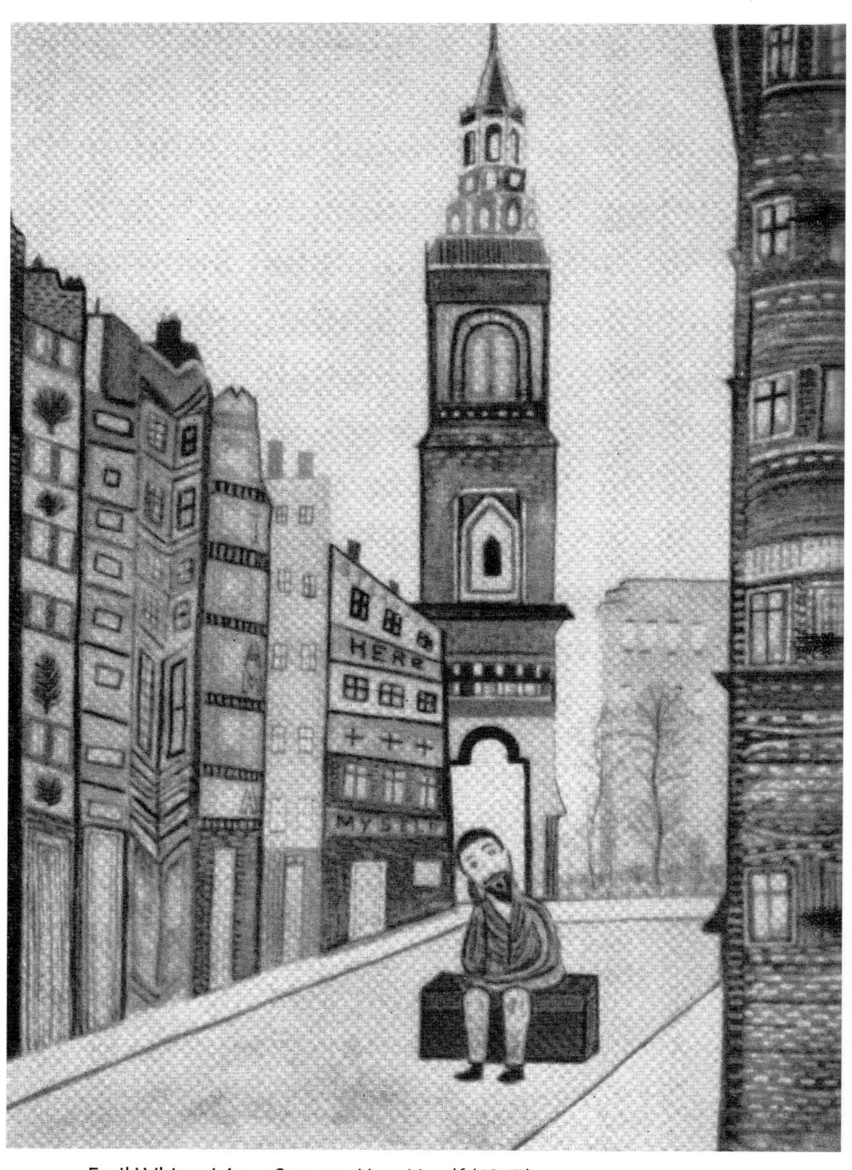

Emil Whites *I Am a Stranger Here Myself* (1947)

Inhalt

Existiert der Film noir, und wenn ja, wie viele sind es?

Film noir existiert nicht. Das ist das Haupthindernis, möchte man sich mit dem Film noir seriös befassen. »Film noir is a collector's idea (…) that can only be found in books«, wie es Marc Vernet in dem heftig umstrittenen Sammelband *Shades of Noir* formuliert.[2] Slavoj Žižek, der passionierte Agent Provocateur und Meuchelmörder der Filmwissenschaft, schreibt im selben Band unter Zuhilfenahme von Kant und Lacan: »Die (Film noir-)Fantasie (…) präsentiert einen Fall von ›Ich denke, also ist es‹: darin bin ich reduziert zu einem reinen Gedanken, der das Sein des Genusses (juissance) in seiner Schwachsinnigkeit ahnt.«[3] Mark T. Conard schlägt vor »that noir can be seen as a sensibility or worldview that results from the death of God (…). That is, the death of God is both the meaning of noir and – if we're to believe in Nietzsche – what makes noir impossible to define.«[4] Der Film noir, als bildhafter Beweis von Nietzsches These, macht ihn demnach per se undefinierbar. Aber es wird sich noch zeigen, dass im Film noir sogar die Leiche eines Phantoms quicklebendig sein kann.

Frank Krutnik mokiert sich: »As a post-constructed category (…) film noir has given rise to acute taxonomic problems. (…) most confusing of all perhaps, is Jon Tuska's position that noir is ›both a screen style (…) and a perspective on human existence and society‹.«[5] Tuska meint, dass die Erzählstruktur entscheidend ist, die den Protagonisten in eine Doppelbindung zwischen Geschick und freiem Willen bringt – was in der Konsequenz den Film noir zum wahrhaft christlichen Genre machen würde.[6] Im Kontrast dazu erklärt Dale E. Ewing Jr.: »If the hero suffers continually and never learns anything, then we are looking at a genuine film noir«[7]. Und Bruce Crowther sieht den Pessimismus als zentral an: »Film genres are usually easy to identify: a class or kind of film with common content or style. But, more than content and appearance, it is that pessimistic mood which most identifies film noir (…), above all a tension created by fear of violence and the inevitability of death.«[8]

Es mangelt auch nicht an Ansätzen, die die ökonomischen Randbedingungen diskutieren. Andrew Spicer verweist auf die eher billige Produktionsweise als passend zu den ökonomischen Problemen Hollywoods. Er spricht deshalb von einem Produktionszyklus, was aber die Genrefrage nicht beantwortet, sondern nur verschiebt.[9] Ähnlich argumentiert R. Barton

I am a stranger here myself

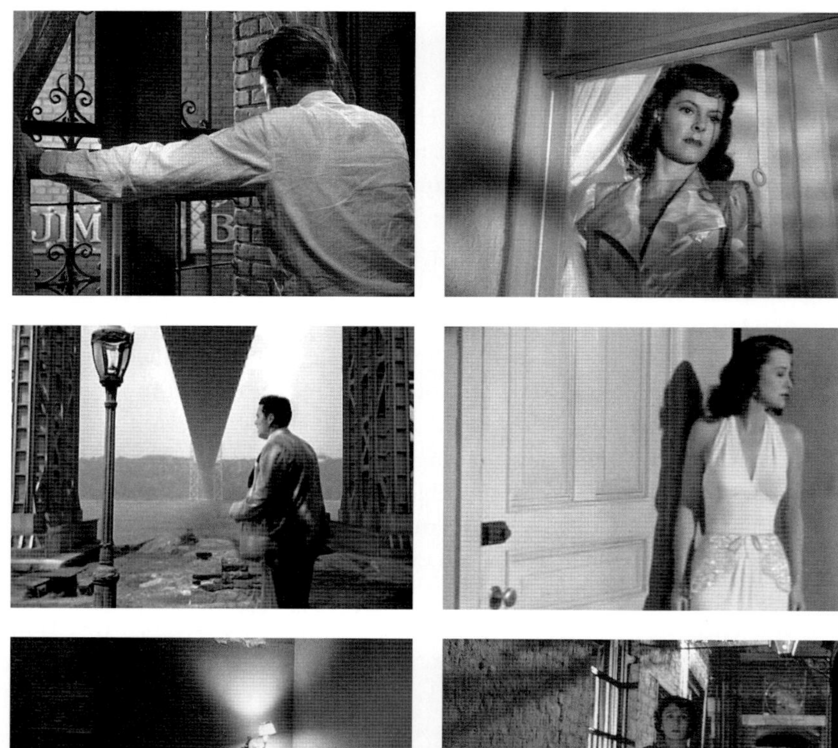

Beispiele aus: Black Angel, Cornered, Force of Evil, Johnny O'Clock, The Killer's Kiss, Night and the City

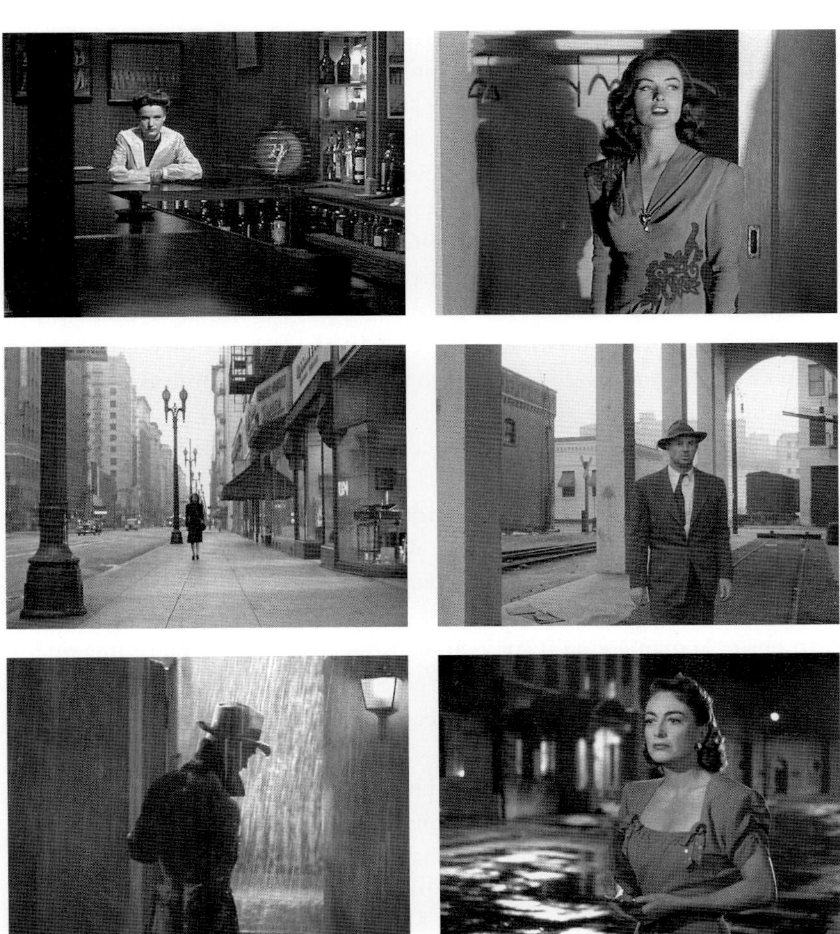

Der Film noir benutzt eine Ikonografie der Verlassenheit, die der Welt von Edward Hopper sehr nahe steht.

Beispiele aus: Phantom Lady (2x), Possessed, The Asphalt Jungle, The Blue Dahlia, The Damned Don't Cry

Palmer: »(...) the classic period of film noir must be understood within the institutional framework of the commercial Hollywood cinema.« Und: »Films noirs were usually low-budget ventures, even the ›A‹-productions.«[10]

Carl Richardson sieht den neuen (produktionstechnisch billigen) Straßenrealismus im Zentrum des Film noir: »Films noirs may well have been conceived as wholly detached cinematic hyperbole, but they were not severed from all that was real. They were never merely shadowy reflections. They depicted life in odd ways, distorted for the sake of entertainment, but they also allowed for a certain reading of life, articulated in twisted, unconventional cinematic terms. In their collectively dark view of life they touched on an aspect of reality – the very fact that it is dark – that is as constant as it is perpetually ignored by Hollywood. (...) In the context of pessimism, an element of realism was integrated into film noir. The realism is spotty, sporadic, inconsistent, but unapologetic.«[11] Er beschreibt damit ein Stilmittel, das der Film noir aus zweiter Hand geerbt hat, nämlich bei Feuillades Ciné-romanen, die Straßenrealismus und Fantastisches surreal mischen.[12] Diese Quellen sieht auch Noël Simsolo wirksam: »Un film noir ne se reconnaît jamais par une thématique précise, des personnages récurrents, le corps idélogique du propos ou des jeux iconographiques. Son identité réside dans le choix d'une attitude d'artiste; c'est-à-dire dans la manière de regarder puis de montrer la manière qu'il convient de filmer, tout en ouvrant l'imaginaire du spectateur à l'onirisme, au réalisme ou à des considérations idéologiques.«[13] Kenntnisreich verweist er dann auf Fantômas und Feuillades LES VAMPIRES (1913/14).

Nach jahrzehntelangen Diskursen über das Wesen des Film noir sind viele Kombattanten sichtlich erschöpft. James Naremore resümiert: »It has always been easier to recognize a film noir than to define the term. (...) There is in fact no completely satisfactory way to organize the category; and despite scores of books and essays that have been written about it, nobody is sure whether the films in question constitute a period, a genre, a cycle, a style, or simply a ›phenomenon‹. (...) film noir belongs to the history of ideas as much as to the history of cinema. (...) in many writings, noir is not merely a descriptive term, but (...) an antigenre that reveals the dark side of savage capitalism.«[14] Fast alle Texte stimmen überein in einer atmosphärischen Beschreibung, aber sobald es um eine Definition geht, ist Film noir wie ein Chamäleon.

Mit den ersten beiden, viel beachteten Texten von Paul Schrader (1972) und Raymond Durgnat (1970) begann die Wiederentdeckung und Diskussion des Film noir in den USA. Durgnat resümiert: »Film noir is not a genre, as the Western or gangster film is; it takes us into the realms of classification by motif and tone.«[15] Er sieht den Film noir wesentlich in der Geschichte des amerikanischen Genrekinos wie dem Horror- oder Gangsterfilm verortet. Paul Schrader stimmt Raymond Durgnat zu, dass Film noir kein Genre sei, und versteht den Film noir als Stil: »Film noir is more interested in style than theme«.[16] Schon zu diesem frühen Zeitpunkt konstatiert er: »Almost every critic has his own definition of film noir, and a personal list of film titles and dates to back it up.«[17] Wichtige Einflüsse sieht er in der *hard-boiled school* des Kriminalromans im Gefolge von Dashiell Hammett und dem französischen Film des poetischen Realismus. Er spricht von einer geradezu Freud'schen Fixierung der Filme auf Wasser. Als wichtige erzählerische Elemente führt er an: die komplexe narrative Struktur; das Doppelgängerthema; Paranoia und Klaustrophobie; Obsession durch eine unentrinnbare Vergangenheit und Angst vor der Zukunft. Zeitlich gibt es einen Zusammenhang zu Kriegs- und Nachkriegsdepression, aber auch da sind die Grenzen fließend.

Schraders Beschreibung der ästhetischen Seite des Film noir ist sehr genau beobachtet und gut belegt. Er schildert den Film noir als eine scheinbar unmögliche Mischung aus knallhartem Realismus und deutschem Expressionismus (vermittelt über Emigranten): »But it is the unique quality of film noir that it was able to weld seemingly contradictory elements into a uniform style. The best noir technicians simply made all the world a soundstage, directing unnatural and expressionistic lighting onto realistic settings.«[18] Speziell diese Herleitung von Emigranten ist vielfach umstritten, aber die wirklich harten Einwände kommen von Thomas Elsaesser in seinem Buch über das Weimarer Kino.[19] Es ist unübersehbar, dass ungewöhnlich viele europäische Emigranten, die nach Hollywood geflohen waren, im Film noir wirkten. Aber Elsaesser weist zurecht darauf hin, dass bis auf Fritz Lang und ein paar andere[20] kaum einer als Exponent dessen gelten kann, was als deutscher Expressionismus im Film gilt. Das Problem ist nur, dass der filmische Expressionismus ein ähnliches Phantom ist wie der Film noir. Es gab ihn kaum, aber sehr wohl eine breite expressive Strömung, die sicherlich zum visuellen Inventar der Emigranten gehörte.[21]

Fast vergessen sind zwei nahezu zeitgleiche amerikanische Quellen. Charles Higham und Joel Greenberg teilen in ihrem Buch *Hollywood in the Forties* von 1968 diese Filme auf zwei Kapitel auf: »Black Cinema« und »Melodrama«. Sie unterscheiden »between the ›pure‹ black cinema (…) and the excursions into ›grey‹ melodrama.«[22] Diese Einteilung scheint vor allem deswegen wichtig, weil sie zum Ausdruck bringt, dass es in dieser Periode kaum reine Melodramen gibt, sondern nur mehr oder weniger düstere Varianten des Melodrams. Irgendwelche zeitgeschichtlichen Erklärungen bieten die Autoren leider nicht an; sie bleiben in ihrem Buch ganz deskriptiv.

Direkt als Subgenre des Melodrams wird 1972 der Film noir von Thomas Elsaesser in einer Publikation über das Melodram diskutiert. Er unterscheidet zwischen innerem Melodram (family melodrama) und äußerem Melodram (action melodrama): »In one case, the drama moves towards its resolution by having the central conflicts successively externalised and projected into direct action. A jail-break, a bank robbery, a Western chase or cavalry charge, and even a criminal investigation (...), all lend themselves to psychologised, thematised representations of the hero's inner dilemmas (...). The same is true of the melodrama in the série noire tradition, where the hero is edged on or blackmailed by the femme fatale (...) into a course of action which pushes him further and further in one direction (...), that usually lead the hero to wishing his own death as the ultimate act of liberation, but where the mechanism of fate at least allows him to express his existential revolt in strong and strongly anti-social behaviour. Not so in the domestic melodrama: the social pressures are such, the frame of respectability so sharply defined that the range of ›strong‹ actions is limited.«[23] Diese Idee taucht immer wieder auf. J. P. Telotte fragt sich »whether (film noir) is generally distinct from the melodrama, with which it shares so many characteristics.«[24]

Dass es in dieser Zeit einen besonderen Korpus von Filmen gab, wurde schon früher diskutiert, und in Deutschland sprach man von »Hollywoods schwarzer Serie«. Die ersten, die den Begriff »Film noir« explizit formulierten, waren französische Autoren der Nachkriegszeit wie Nino Frank und Jean-Pierre Chartier (1946).[25] Diese Texte beschreiben die Überraschung französischer Autoren, die nach dem Krieg neue amerikanische Filme mit ungewohnter Erzählstruktur, Düsternis, Brutalität, Pathologie und Amoralität sahen, die sie an die französischen Krimis der »Série noire« erinnern. Es sind durchweg Inkunabeln des Film noir wie DOUBLE INDEMNITY (Wilder, 1944), MURDER, MY SWEET (Dmytryk, 1944), THE LOST WEEKEND (Wilder, 1945), THE MALTESE FALCON (Huston, 1941) und LAURA (Preminger, 1944).

Basierend darauf schrieben dann Raymond Borde und Étienne Chaumeton 1955 ihr Buch *Panorama du Film Noir Américain*. Wichtig ist die Zugehörigkeit der Autoren zur zweiten Generation der Surrealisten, wie z. B. auch Ado Kyrou mit seinem Werk *Le Surréalisme au Cinéma* (1953). Hier gibt es eine Betonung auf Erzählstrukturen, die aus dem Rahmen fallen. Und in der Tat ist der Kern der Faszination dieser Filme die verblüffende Vorwegnahme jener Elemente, die sich im Kino erst mit der Postmoderne etablierten. Der Film noir wird von ihnen als morbides Genre, durchaus in der Tradition schwarzer Romantik, verstanden: »A tous les sens du mot, le film noir est un film de mort.«[26]

Nach Borde/Chaumeton schildert der Film noir die Welt aus der Sicht des Verbrechens oder zumindest eines verbotenen Milieus. Die Verbrecher sind oft sympathischer als die korrupte Polizei. Der Privatdetektiv als Mann zwischen den Sphären ist deshalb eine beliebte Noir-Figur; ebenso der passive, negative Held, der zwischen die Fronten gerät, und die zwielichtige Frau. »Le bien et le mal s'y côtoient souvent au point de se confondre.«[27] Zusammenfassend betonen sie das Alptraumhafte an diesen Filmen: »L'action est confuse, les mobiles incertains (...) Le film prend un caractère de rêve et le public y cherche au vain la bonne vieille logique d'autrefois.«[28] Wenig befriedigend ist ihre Erklärung des Film noir in einer Fortsetzung der Realismustendenzen der 1930er Jahre und – für die spätere Entwicklung – in einem Einfluss des italienischen Neorealismus. Abgesehen von dem vagen Hinweis auf Kriegs- und Nachkriegszeit argumentieren Schrader/Durgnat in diesen Punkten stark unter dem Einfluss von Borde/Chaumeton.

Borde/Chaumeton setzen den Begriff »Film noir« bereits fraglos voraus. Ob es ein Genre ist oder nur eine Strömung, erhellen sie nicht. Eine Strömung dieser Art kann man aber mit Sicherheit weltweit im Nachkriegskino finden. In der Zeitspanne vom Beginn des Zweiten Weltkriegs bis zum Ende der ›heißen‹ Phase des kalten Kriegs gibt es weltweit im Kino eine Tendenz zu pessimistischen Filmen mit einer expressiven Kameratechnik. Dies gilt z. B. für die düsteren Melodramen, die in Deutschland, Italien und Frankreich mit der Agonie des Faschismus einhergingen (Käutners AUF WIEDERSEHEN, FRANZISKA!, 1941, Pewas' DER VERZAUBERTE TAG, 1944, Viscontis OSSESSIONE, 1942, Franciolinis FARI NELLA NEBBIA, 1942, Clouzots LE CORBEAU, 1943, L'Herbiers LA NUIT FANTASTIQUE, 1941), für den deutschen Trümmerfilm und Teile des italienischen Neorealismus, für Autant-Laras LE DIABLE AU CORPS (1947), Cocteaus ORPHÉE (1950), Mizoguchis YORU NO ONNATACHI (1948), Kurosawas YOIDORE TENSHI (1948) und sogar für manche sowjetische Filme (so Eisensteins IVAN GROZNIJ, 1944/48).

Den amerikanischen Filmen der »Schwarzen Serie« kommt dabei eine herausragende Bedeutung zu. Sie wurden als eine Art ästhetische Revolution von der Filmkritik und den Filmschaffenden im Nachkriegs-Frankreich rezipiert; die spätere Nouvelle Vague ist hier stark geprägt. À BOUT DE SOUFFLE (1960) von Godard ist u. a. eine Etüde über den Film noir. Im Verlauf der 1970er Jahre, mit einer Verspätung von Jahrzehnten, setzte erst der Boom an theoretischer Auseinandersetzung mit dem Film noir in den USA selbst ein. Unter dem Eindruck des Vietnam-Schocks erhielt das düstere und pessimis-

Helldunkle, expressive Bilder

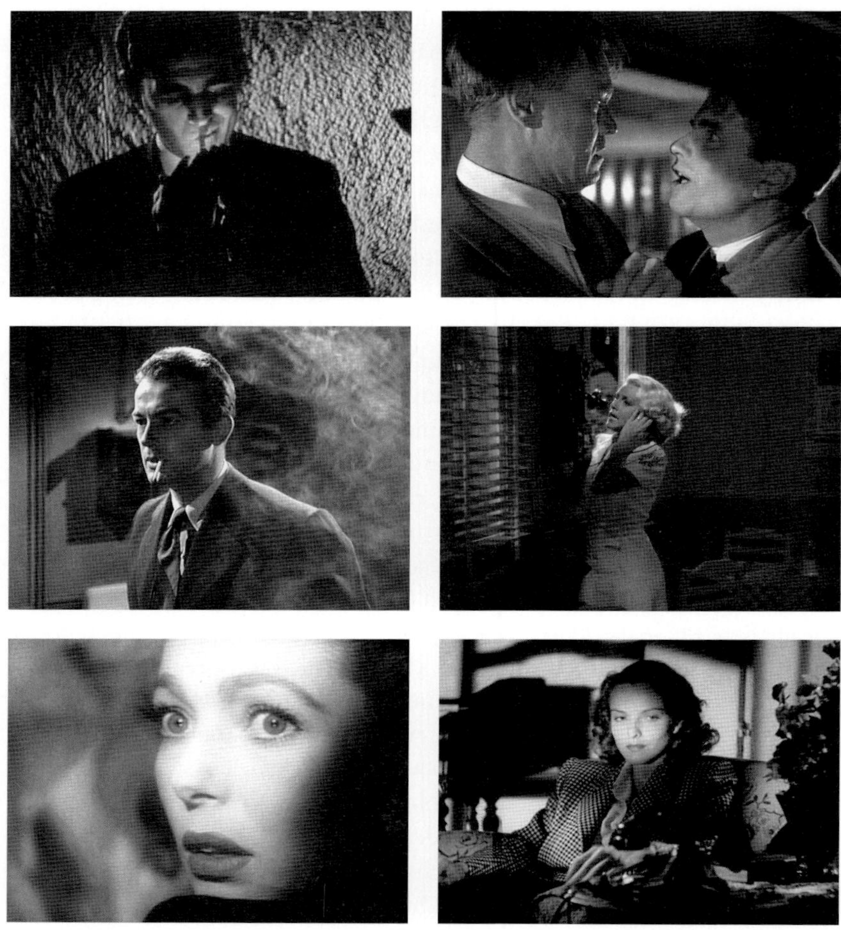

Helldunkel wird erstmals in der Geschichte der Malerei als Chiaroscuro (bei Caravaggio) beschrieben und im Film mit Low-key-Beleuchtung hergestellt. Im Film noir dient diese düstere Beleuchtung sehr häufig zur Bildgestaltung.

Beispiele aus: CITIZEN KANE, THE DAMNED DON'T CRY, THE DARK CORNER, THE POSTMAN ALWAYS RINGS TWICE, THE STRANGER, THE STRANGER ON THE THIRD FLOOR

tische Bild, das der Film noir von den USA zeichnet, neue Aktualität. Im Kino entstand der Neo-Noir.

Die ganze Diskussion muss deshalb von diesem filmhistorischen Punkt aus gesehen werden. Stephen Neale spricht in seinem viel beachteten frühen Buch über Genres von 1980 selbstverständlich vom Film noir als einem Subgenre des Thrillers.[29] Zwanzig Jahre später und nach unzähligen Kontroversen, die er großenteils referiert, kommt er zu dem Ergebnis: »As a single phenomenon, noir (...) never existed.« Und weiter: » Neo-noir (...) is much more real, not only as a phenomenon but also as a genre.«[30] Letzteres ist ziemlich unbestritten, nämlich dass aus dem Film noir im Kino des New Hollywood ein genuines Genre konstruiert wurde. Das beweist immerhin, dass der Film noir das Zeug zu einem Genre hat.

Aber Neale hätte es sich auch einfacher machen können. Stellen wir uns eine Produktionssitzung in einem Hollywoodstudio der 1940er Jahre vor. Wenn hier jemand mit einem Drehbuch angekommen wäre, von dem man nicht sagen kann, was es für ein Genre ist, hätte er gleich wieder gehen können. Und da gab es keinen Film noir, sondern »woman's film«, Gangsterfilm, Thriller, Melodram, Detektivfilm usw. Das waren die Genres im Sinne einer Industrienorm. Wenn man die Zeitgenossen befragt, wie das im *Film Noir Reader 3* geschehen ist, erinnert sich keiner an etwas anderes.[31]

Sehr wohl aber gab es ein zeitgenössisches Bewusstsein, dass sich da etwas Besonderes ereignete: »Whoever went to the movies with any regularity during 1946 was caught in the midst of Hollywood's profound postwar affection for morbid melodrama. From January through December deep shadows, clutching hands, exploding revolvers, sadistic villains and heroes tormented with deeply rooted deseases of the mind flashed across the screen in a panting display of psychoneuroses, unsublimated sex and murder most foul.« So das *LIFE*-Magazin 1947.[32] Und Kracauer konstatiert 1946: »Die gegenwärtige Mode zeigt eine einmalige Vorliebe für bekannte, alltägliche Umgebung als Hintergrund, auf dem sich Verbrechen und Gewalttaten abspielen. Die Verbrecher in SHADOW OF A DOUBT und Orson Welles' THE STRANGER (1946) lassen sich in einfachen Kleinstädten nieder, wo niemand daran denken würde, jemals einen Verbrecher von Fleisch und Blut anzutreffen. Angstträume treten am helllichten Tag auf, mörderische Fallen lauern hinter jeder Ecke. Das alltägliche Leben gebiert Furcht und Zerstörung. Dabei werden die Übeltäter immer anziehender; sie bezaubern unschuldige Mädchen und gewinnen das Vertrauen von braven Bankkassierern« (in dem Text »Hollywood's Terror Movies« in: *Commentary*, August 1946).[33] 1945 heißt es im Magazin der *New York Times*: »Of late there has been a trend in

Kriegszeiten

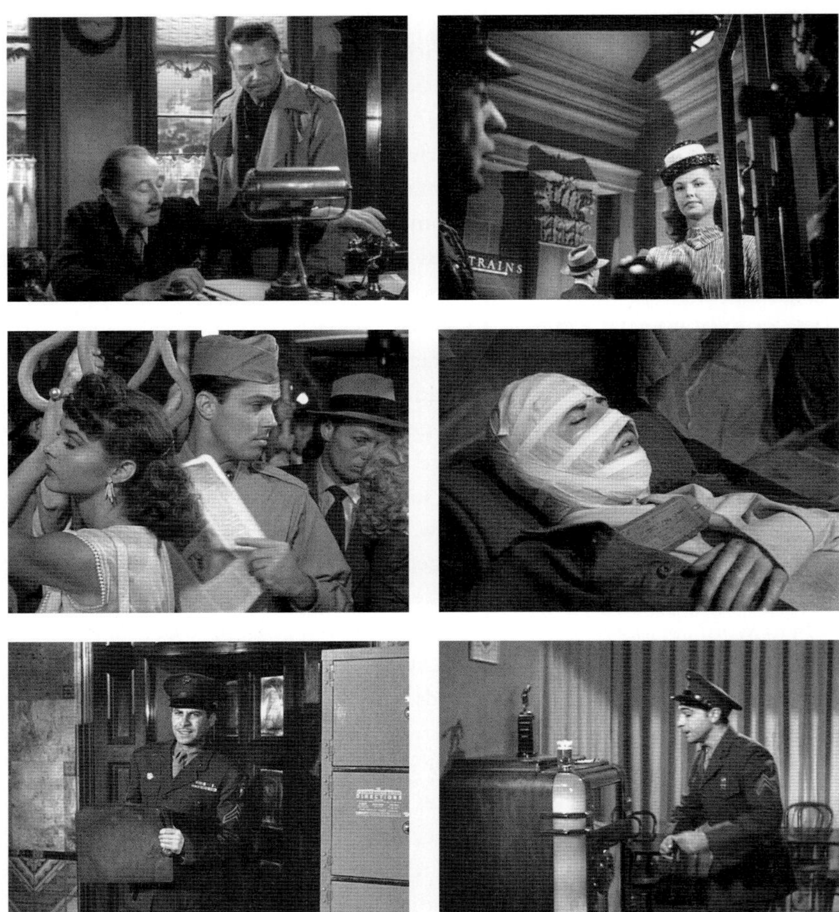

Der Film noir ist voll mit Uniformen von Soldaten oder demobilisierten Soldaten, die noch Uniform tragen und meist auch Kriegswaffen, die sie ins Zivilleben schmuggeln. Der Schatten des Kriegs fällt auf das Zivilleben, durchaus auch in komischen Varianten. Das erste Heimaterlebnis von Humphrey Bogart in DEAD RECKONING ist ein Streit mit einer Zivilistin um eine Telefonzelle.

Beispiele aus: CORNERED, DEAD RECKONING, PICKUP ON SOUTH STREET, SOMEWHERE IN THE NIGHT (2x), THE BLUE DAHLIA

Hollywood toward the wholesale production of lusty, hard-boiled, gut-and-gore crime stories, all fashioned on a theme with high-powered Freudian implication.«[34]

Die ganze Debatte macht nur einen Sinn, wenn wir den Film noir als ein Genre diskutieren, das sich aus diesen Quellen unter der Hand und in einer speziellen Nische entwickelt hat. Also genau das, was ja ein Teil der Faszination ist, nämlich, dass sich mitten in Hollywood etwas selbstständig gemacht hat. Die sinnvolle Frage muss also lauten: Erfüllt das, was man filmhistorisch festmachen kann, die Bedingungen eines eigenen Genres? Und bei dieser Debatte ist es völlig irreführend, die Genremerkmale immer vollständig einzufordern. Es ist gerade ein Merkmal des Genrekinos, dass jedes einzelne Beispiel nie alle Merkmale eines Genres rein repräsentiert. Genrekino ist keine Autoproduktion, sondern immer Einzelfertigung gemäß dem Vertrag mit dem Publikum, dass ein Film, der neu herauskommt, auch eine neue Variante sein muss. Wir reden also über eine Summe von Varianten, die sich in filmwissenschaftlicher Analyse als ein Phänomen mit Genrecharakter darstellt. In diesem Sinne, aber auch nur in diesem Sinne, haben Bordwell, Staiger und Thompson recht: »What is film noir? Not a genre. (…) Thus we inherit a category constructed ex post facto of a perceived resemblance between continental crime melodramas and a few Hollywood productions.«[35]

Foster Hirsch hatte bereits 1981 den Genreansatz diskutiert: »The noir canon constitutes a distinct style of film-making; but it also conforms to genre requirements since it operates within a set of narrative and visual conventions.«[36] Und James Damico untersuchte schon 1978 die Gegenargumente des Genreansatzes auf Plausibilität. Er konstatiert: »There certainly seems to be substantial and abundant reason to assume that film noir may constitute a genre and to encourage an orderly and scrupulous consideration of the assumption.«[37] So wird beim Film noir die zeitliche Begrenzung als unvereinbar mit einem Genre angeführt, gerade so, als wäre Universalität ein Genremerkmal. Das gilt allenfalls für Drama und Komödie. Eine Synthese schlagen 1996 Alain Silver und Linda Brookover vor: »Film noir is as much a style as it is a genre«[38].

Inzwischen haben sich aber auch vielfältige andere Ansätze gefunden, die den Genregedanken ganz verwerfen. Edward Dimendberg z. B. spricht von »quasi-theologischen Debatten« und definiert: »A historically circumscribed group of films sharing common industrial practices, stylistic features, narrative consistencies, and spatial representations.«[39] Er parallelisiert den Film noir und den Städtebau, was natürlich immer geht, da die Filme nun einmal überwiegend in Städten spielen. Er bleibt aber letztlich eine Antwort schul-

Chandlerstreet

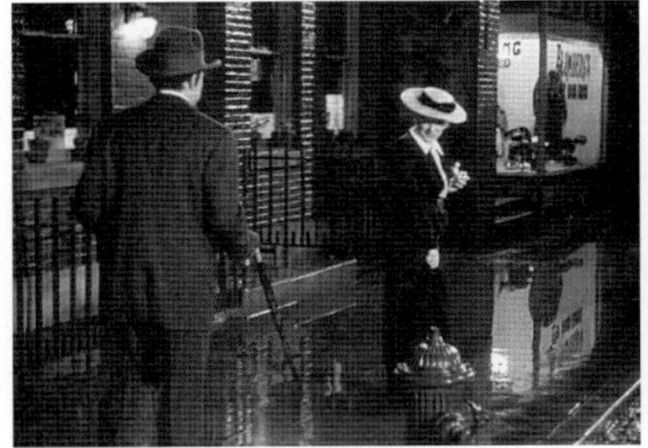
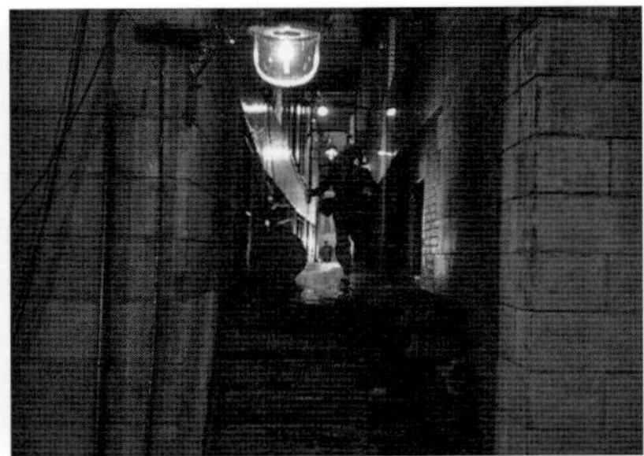
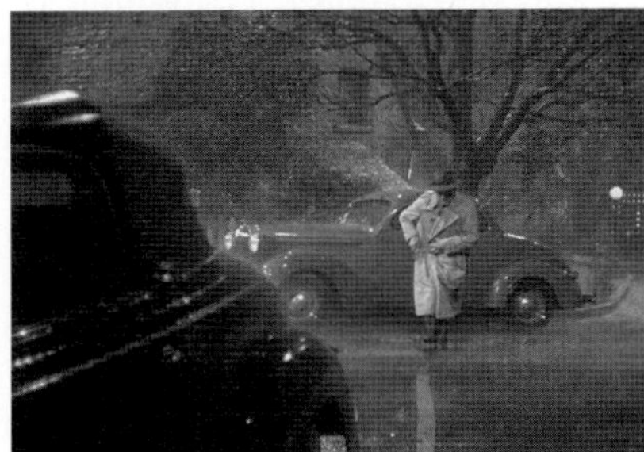
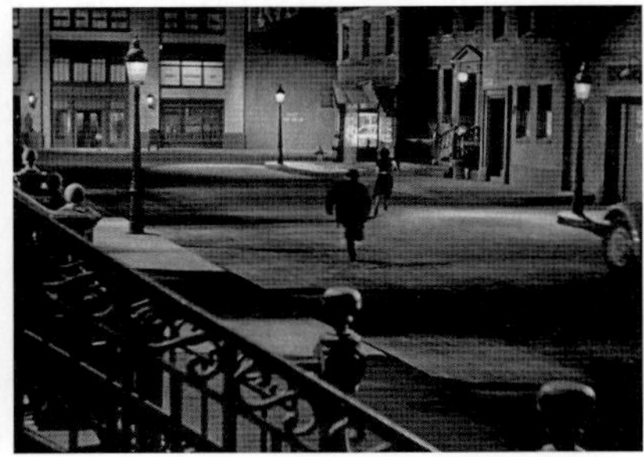

The Streets were dark with something more than night (Raymond Chandler).

Beispiele aus: Citizen Kane, Night and the City, The Big Sleep, The Stranger on the Third Floor

dig auf die *crucial question*, ob der Film noir gar nicht in die Filmgeschichte, sondern eher in die Architekturgeschichte gehört: »The end of film noir also coincides, and not fortuitously, with the end of the metropolis of classical modernity, the centered city of recognizable and recognized spaces. Why does centrifugal space invigorate film noir yet ultimately fail to stem the film cycle's demise? One might speculate that a spatial dispersal became a ubiquitous cultural reality, centripetal space began to appear excessively romanticized or negotiated through other genres (sic!) as the road movie.«[40] Die uramerikanische Bewegung von der Stadt aufs Land in ON DANGEROUS GROUND (Ray, 1952) mit überdeutlichen Anspielungen auf Thoreau wird nach der Logik von Dimendberg zu einem Beispiel für die zentrifugale Stadt.

Das vorliegende Buch konzentriert sich auf die Kernperiode des Film noir von 1941 bis 1953. Bis Ende der 1950er Jahre gibt es noch einige Beispiele von großem Byzantinismus wie KISS ME DEADLY (Aldrich, 1955), THE BIG COMBO (Lewis, 1955), KILLER'S KISS (Kubrick, 1955), THE KILLING (Kubrick, 1956) oder TOUCH OF EVIL (Welles, 1958).[41] Alles, was in der klassischen Periode entwickelt wurde, wird in diesen Filmen auf die Spitze getrieben. Auch die Vorgeschichte in Hollywood oder Europa bleibt ausgespart, wie die ersten Verfilmungen von Romanen der *hard-boiled school*, die Gangsterfilme der Wirtschaftskrise, das Weimarer Kino oder der poetische Realismus. Oder die »gute Kameradin« der 1930er Jahre, die im Film noir transformiert wird. René Schickel spricht bezüglich der weiblichen Stars der 1930er Jahre von »a new breed (...) no longer princesses but shopgirls, kept women, even prostitutes«.[42] Er sieht einen neuen Typus, die moderne Frau: »They had a sharper sense of right and wrong, were better students of tactics, and were masters of the mannish wisecrack.«[43] Und: »The hard woman was a basic discovery of the American movie industry in this period.« Aber sie ist immer noch »a good sport«, eine »gute Kameradin«, wie das eingedeutscht wurde.[44] Den »good sport« gibt es im Film noir weiterhin in Form der zahlreichen kumpelhaften Sekretärinnen, Geliebten in Bedrängnis oder Detektivinnen in eigener Sache, ein Phänomen, das immerhin erwähnt werden sollte.

Die Schauspielernamen werden den Rollennamen in diesem Buch aus gutem Grund vorgezogen. Es dient nicht nur der Lesbarkeit, sondern trägt auch dem Umstand Rechnung, dass der Hollywoodschauspieler traditionell seine eigene künstlerische Persona transportiert. Auf die besondere Bedeutung des Schauspielstils wird noch eingegangen. Rollennamen werden in der Regel nur verwendet, sofern sie selbst eine wichtige Botschaft transportieren. Ein Citizen Kane z. B. ist eben jemand, der das Kainszeichen im Namen trägt.

Filmmusik und Songs sind im Film noir eigentlich immer wichtige Bedeutungsträger, werden aber hier nur ausnahmsweise thematisiert. Auch die Rolle von Kameraleuten für die Bildgestaltung des Noir-Stils wird nicht vertieft; in meinem Buch über Kameraautoren (s. Bibliografie) findet sich ein eigenes Kapitel dazu. Das vorliegende Buch ist keine Enzyklopädie des Film noir, sondern eine Studie mit analytischem Ziel.

Die Literatur über den Film noir ist inzwischen uferlos. Die meisten Bücher sind Fanbücher, die mehr oder weniger wissenschaftlich aufgepeppt sind. Aber selbst die wissenschaftliche Literatur ist so umfangreich, dass es für den Leser eine Zumutung wäre, alles im vollen Umfang zu rekapitulieren. Der Mehrwert vieler Bücher erschöpft sich ohnehin darin, dass zwei, drei neue Randnotizen gemacht werden. Ein Punkt ist dabei aufgrund allgemeiner Erschöpfung liegengeblieben. Was ist Film noir, ein Genre oder ein filmwissenschaftliches Phantom? Dieses Buch will nochmals zu der unentschiedenen Frage zurückkehren, ob der Film noir sich als Genre diskutieren lässt. Und zwar aus einer Analyse der wesentlichen Elemente heraus entwickelt.

Eddie Muller, einem intelligenten Fanbuchschreiber, verdanken wir diesen Dialog aus ASPHALT JUNGLE (Huston, 1950), der hier (stark gekürzt) zitiert sei:[45]

»Dix, what happened to the Professor? Is he alright? You two were so close, you'd been together so many years –

Leave it alone, Doll.

He taught you so much, Dix. You always said you felt like a small time chiseler until the Professor taught you about your – what did he call it? Your... manifest destiny! And what about all the French poetic realism, and Jacobean tragedy, and Expressionism! You used to love to listen to his theories – Why isn't he here, Dix? Wh–

Because I killed him! I couldn't stand it anymore! I couldn't take another minute of his blather about Judeo-Christian patriarchal systems and structuro-semiological judgements. My head was going to explode!

My God, Dix – what did you do?

Let's just say I deconstructed him.«

Film noir und Krisenbewusstsein

Die Themen des Film noir sind alles andere als Beiträge zum sozialpolitischen Problemfilm. Vergebens wird man im Film noir nach vorgefundenen, spontanen Alltagselementen suchen. Auch von dem Naturalismus, den Hollywood zur Darstellung gesellschaftlicher Themen entwickelt hat, lässt sich im Film noir nichts finden. Dafür sind die Filme zu emotionsgeladen, schon in ihrer Technik. Aber auch mit der Traumfabrik Hollywood geht der Film noir nicht konform. Die süßen Tagträume sind hier umgekippt zu Alpträumen. Es war die Zeit der Double Features mit einem billigen Vorfilm und einem teuren Hauptfilm. In den gering geschätzten Vorfilmen gab es auch von Produzentenseite eine gewisse Narrenfreiheit. Und der kommerzielle Erfolg mancher Filme sicherte das ab. Für mehr als ein Jahrzehnt funktionierte Hollywood hier mehr als Alptraumfabrik denn als Traumfabrik.

In dieser verwandelten Form reden die Antihelden des Film noir dem Publikum die Ängste von der Seele. In I WAKE UP SCREAMING (Humberstone, 1941) wird die Frage »What's the use of living without hope?« beantwortet mit: »It can be done.« In THE GLASS KEY (Heisler, 1942) wird das Irrationale der Situation angesprochen. Die Bemerkung »Don't tell me such nonsense« wird quittiert mit: »Nonsense is right.« Immer wieder wird die Aussichtslosigkeit der Noir-Helden betont. In THE DARK CORNER (Hathaway, 1946) heißt es: »I feel all dead inside. I'm backed up in a dark corner, and I don't know who's hitting me.« In BRUTE FORCE (Dassin, 1947) heißt es: »There is no escape.« Spencer Selby kommentiert: »Prison becomes, at this point, an existential metaphor for all of society. It is really the great deterministic prison.«[46] Und am deutlichsten in D.O.A. (Maté, 1950): »There is nothing anyone can do.« Oft wird die Alptraum-Situation direkt angesprochen: »I wake up in the middle of the night sweating, and there's no way out, no way out« (THE BREAKING POINT, Curtiz, 1950). Oder in THE STEEL TRAP (Stone, 1952): »Did you ever have one of those nightmares in which you try to run from danger and you can't move?« Die Antihelden des Film noir sind *loners* und *losers.* »I'm nobody's friend«, heißt es in RIDE THE PINK HORSE (Montgomery, 1947). Ganz ähnlich in Rossens BODY AND SOUL (1947): »You know, every man for himself.« Der amerikanische Traum ist hier reif für die Müllhalde: »I used to live in a sewer. Now I live in a swamp. I've come up in the world« (NO WAY OUT, Mankiewicz, 1950).

Nicht genug, dass ein rundes Viertel der Hollywoodproduktion dieser Periode auf den Film noir entfällt,[47] es gibt auch kaum einen Hollywoodfilm

Familienidyll

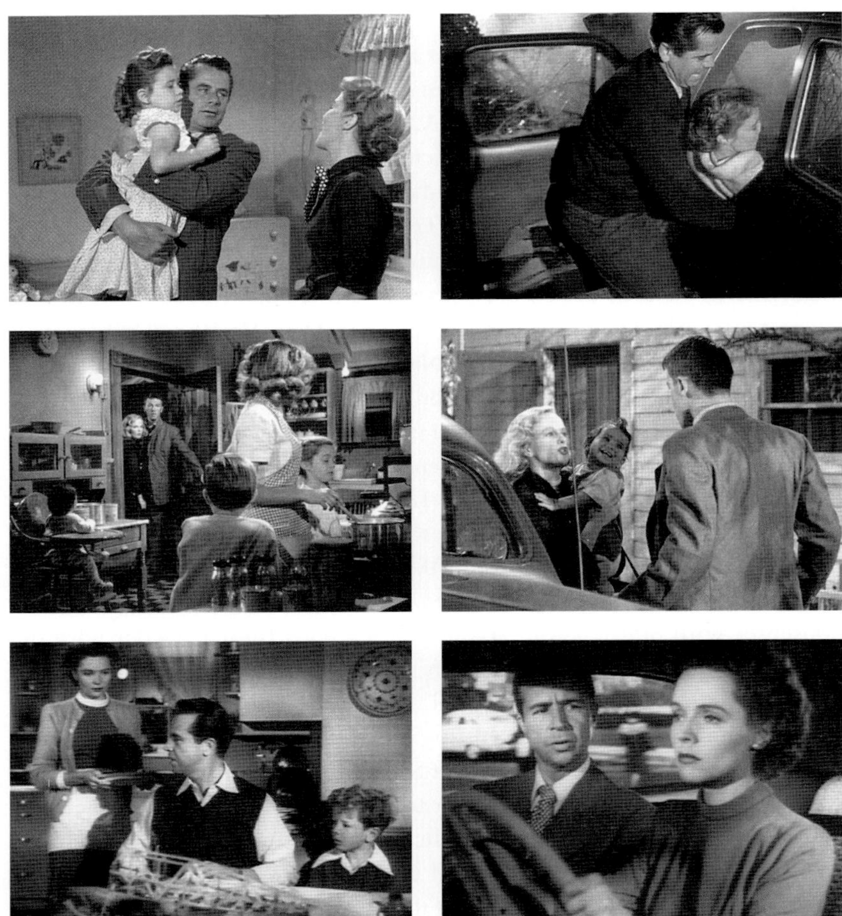

Familienidyllen werden brutal zerstört. Das Leben des Detektivs wird durch eine Bombe zerstört, die seine Frau tötet (THE BIG HEAT). Ein Verwandtenbesuch endet mit der Geiselnahme des Kleinkindes (GUN CRAZY). Ein Familienvater will aus der gescheiterten Ehe fliehen, aber schließlich erpresst ihn seine Frau, die Ehe fortzuführen (PITFALL).

Bleistifte und berufstätige Frauen

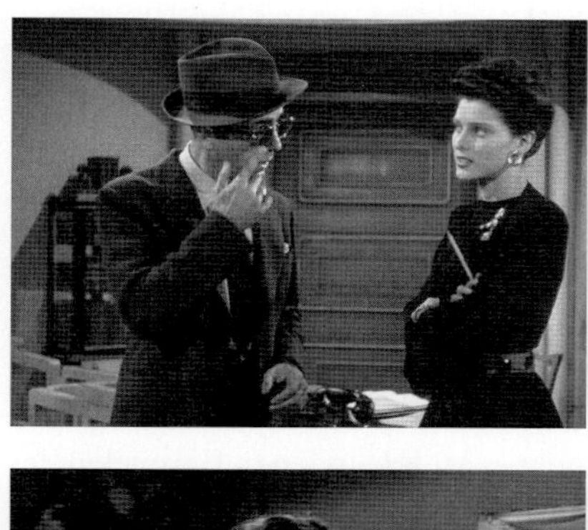

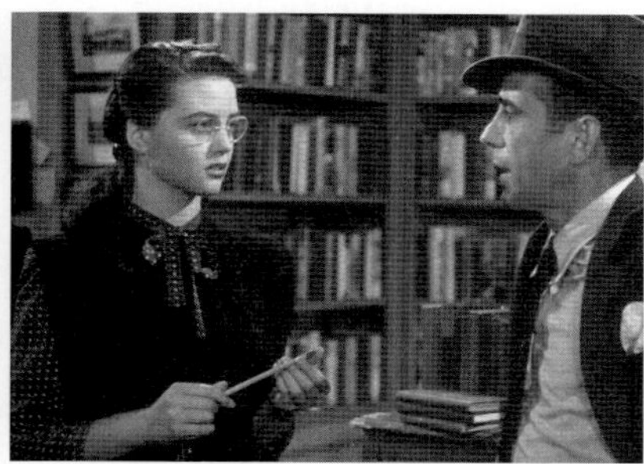

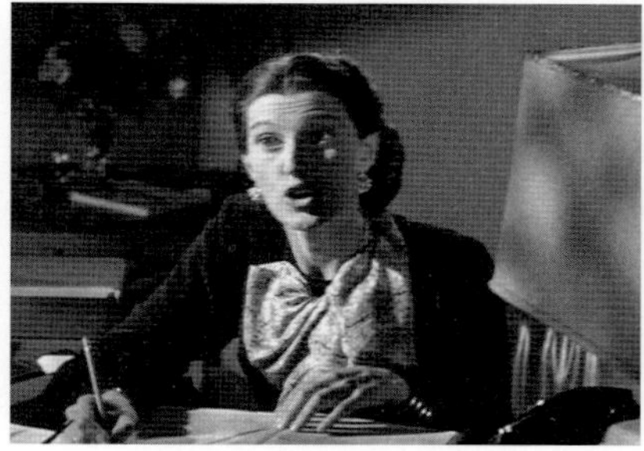

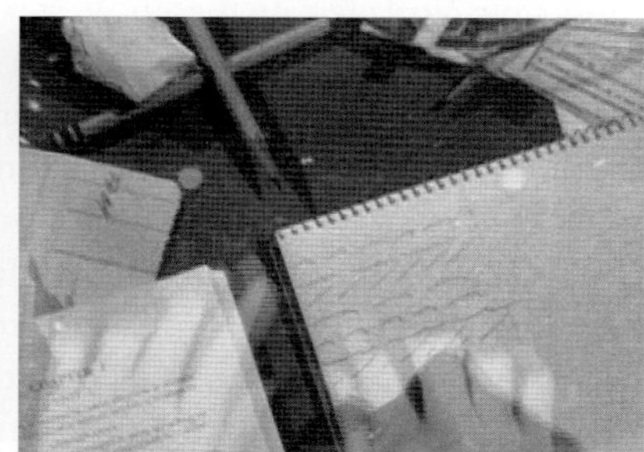

Berufstätige Frauen mit einem phallischen Bleistift sind im Film noir so häufig, dass sich manche Regisseure etwas Besonderes ausdenken. Humphrey Bogart trifft in zwei aufeinanderfolgenden Szenen auf solche Exemplare (THE BIG SLEEP von Howard Hawks). Max Ophüls in CAUGHT arbeitet mit zwei gekreuzten Bleistiften als pars pro toto.

dieser Periode, der nicht einen Noir-Touch hätte oder eine Noir-Episode enthielte. In der Komödie IT'S A WONDERFUL LIFE (Capra, 1946) hat James Stewart einen Alptraum: Sein biederes Kleinstadtleben verwandelt sich in einen Film noir. Selbst der amerikanische Heimatfilm, der Western, bleibt vom Film noir nicht unberührt. Dutzende von Western sind Noir-Western (z.B. Zinnemanns HIGH NOON, 1952, Killys NEVADA, 1944, Hughes' THE OUTLAW, 1943, Wellmans THE OX-BOW INCIDENT, 1943, Walshs PURSUED, 1947, de Toths RAMROD 1947, Rays THE LUSTY MEN, 1952, Wellmans YELLOW SKY, 1948, Walshs ALONG THE GREAT DIVIDE, 1951, Walshs COLORADO TERRITORY, 1949).

Manche dieser Western sind sogar regelrechte Western-Remakes von Film-noir-Vorlagen. In diesen Western geht es zu wie in jenen Beispielen des Film noir, in denen der noir-Held die Metropole verlässt: Die *frontier* existiert nicht mehr, es gibt keinen Raum mehr, wohin man ausweichen könnte, die Weite des Landes verengt sich zu ausweglosen Fallen. Die unübersehbare Noir-Tendenz in der Hollywoodproduktion dieser Epoche belegt, dass ein starkes kollektives Bedürfnis nach Filmen dieser Art verlangte. Der Aufstieg des Film noir als eines reichlich kontroversen Genres wurde an der Kinokasse mitentschieden (man kann hier sogar mit Recht von einem klassischen Marktmechanismus sprechen, da immerhin etwa 20 verschiedene Studios um den Film-noir-Markt konkurrierten).

Hollywood hatte schon einmal ein Krisenkino, das Kino im Gefolge der Great Depression. Es hatte einen kurzen Kulminationspunkt, etwa 1932, und war vor allem durch eine Aushöhlung gesellschaftlicher Werte gekennzeichnet. Es waren Filme wie FREAKS (Browning, 1932), KING KONG (Schoedsack und Cooper, 1932), SCARFACE (Hawks, 1932), I AM A FUGITIVE FROM A CHAIN GANG (LeRoy, 1932), TROUBLE IN PARADISE (Lubitsch, 1932), Filme mit W. C.Fields und Mae West oder Filme von Busby Berkeley. Sie attackierten alle auf ihre Weise die traditionelle Moral und amerikanische Tabus. Durch das Zusammenwirken von Zensurmaßnahmen (*production code*) einerseits und das Klima des New Deal andererseits wurde diese Tendenz rasch entschärft.

F.D. Roosevelt hatte in seiner berühmten Amtsantrittsrede formuliert: »So first of all let me assert my firm belief that the only thing we have to fear is fear itself – nameless, unreasoning, unjustified terror which paralyzes needed efforts to convert retreat into advance.«[48] Virulent blieben diese Ängste vor allem vor den Toren Hollywoods, wie in den Kriminalromanen der *hard-boiled school*. Verschiedene Verfilmungen von Romanen der *hard-boiled school* in den 1930er Jahren sind unter dem Diktat eines stringent ge-

Männermode

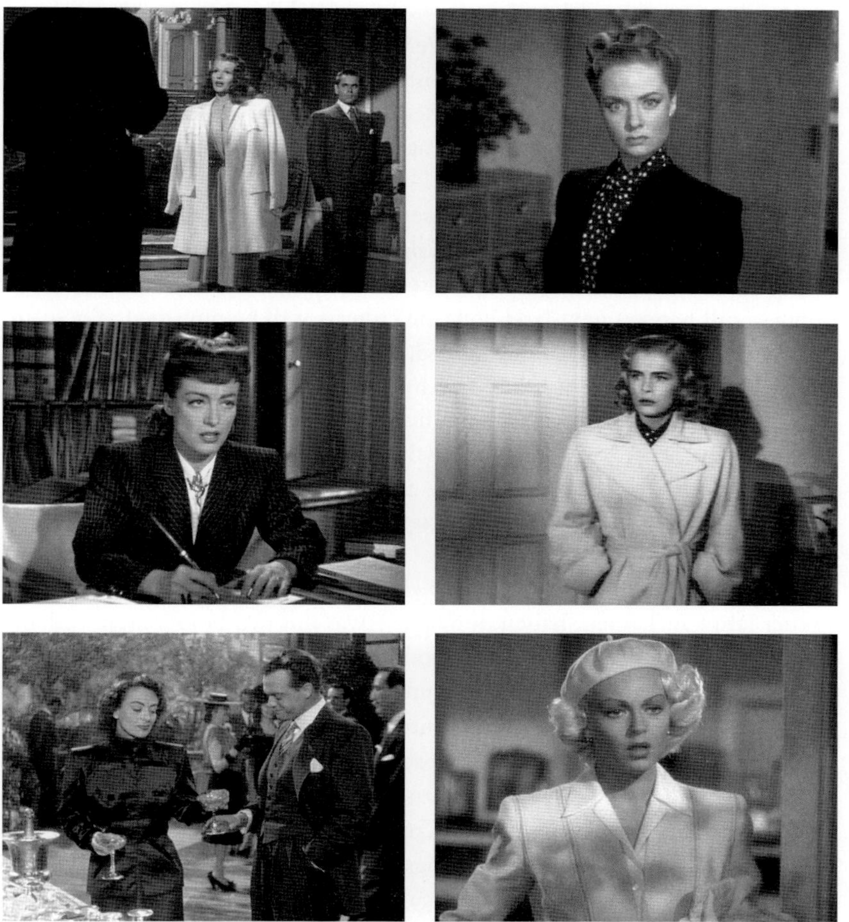

Die maskuline Mode mit extra breiten Schultern wird im Film noir exzessiv eingesetzt.

Beispiele aus: Gilda, Lady in the Lake, Mildred Pierce, Pitfall, Possessed, The Postman Always Rings Twice

handhabten *production code* eher harmlos.[49] Erst als Anfang der 1940er Jahre die sprachliche Metaphorik der *hard-boiled school* auf einen düster pessimistischen Filmstil trifft, erleben wir die Geburt des Film noir. In Hinblick auf den Film noir sind die wichtigsten Vertreter der *hard-boiled school* Hammett selbst (mit dem geradezu existenzialistischen Helden), Chandler (mit dem idealistischen Helden, der sein Berufsethos hochhält oder es zumindest versucht),[50] Cain, der das Amour-fou-Paar eingeführt hat, und Woolrich, auf den das Amnesie-Thema zurückgeht.

Interessanterweise gehören alle diese Autoren der (späten) ›lost generation‹ an. Das klassische ›whodunit‹ des Kriminalromans hat hier nur noch die Funktion eines ›red herring‹: »The interest lies not so much in the ›who‹, as in what will happen next, and how the culprits will be punished. These are usually stories of love triangles, greed, and corruption, committed, not by any organized crime syndicate, but by dissatisfied, ambitious housewives, power hungry females, domineering husbands, and psychological or physical ›poisoners‹ of either sex.«[51] Der klassische Schachbrettkrimi ist zu einem Irrgarten geworden: »(...) the universe of the transcendent detective has the elements of a day-dream, the universe of the private eye has all the naked intensity of a nightmare.«[52]

Die düster-pessimistischen Töne, die im Hollywoodkino Anfang der 1940er Jahre aufkamen, haben durchaus etwas mit den besonderen Verhältnissen zu tun, die damals in Hollywood herrschten. Hollywood war überschwemmt mit europäischen Emigranten, die äußerst wachsam und kritisch die innen- und außenpolitischen Entwicklungen verfolgten. Gleichzeitig hatte im Windschatten der Ära Roosevelt die Hollywood-Linke eine bescheidene Blüte. Alles dies führte dazu, dass in Hollywoodkreisen eine, für amerikanische Verhältnisse, überdurchschnittliche zeitgeschichtliche Sensibilität vorhanden war; eine Stimmungslage, die man am besten mit »time is running out« umschreibt.[53] Ab 1935 gab es in Hollywood bereits eine Anti-Nazi-League mit fast 4.000 Mitgliedern. Chaplin begann 1939 mit THE GREAT DICTATOR, das progressive Studio Warner Brothers brachte 1939 den ersten eindeutigen (nicht nur tendenziellen) Anti-Nazi-Film heraus (CONFESSIONS OF A NAZI SPY, Litvak) und das liberale politische Filmmagazin *March of Time* brachte sogar schon 1938 eine kritische Reportage über das Dritte Reich (INSIDE NAZI GERMANY).

Die erstaunlich eindeutigen Sympathien Hollywoods seit Beginn des Zweiten Weltkriegs hatten aber nicht nur selbstlose Gründe: Der größte Teil des Weltmarkts ging durch den Krieg für Hollywood verloren. Während die Nation noch an den Isolationismus glaubte, war man sich in Hollywood-

Dreiecke

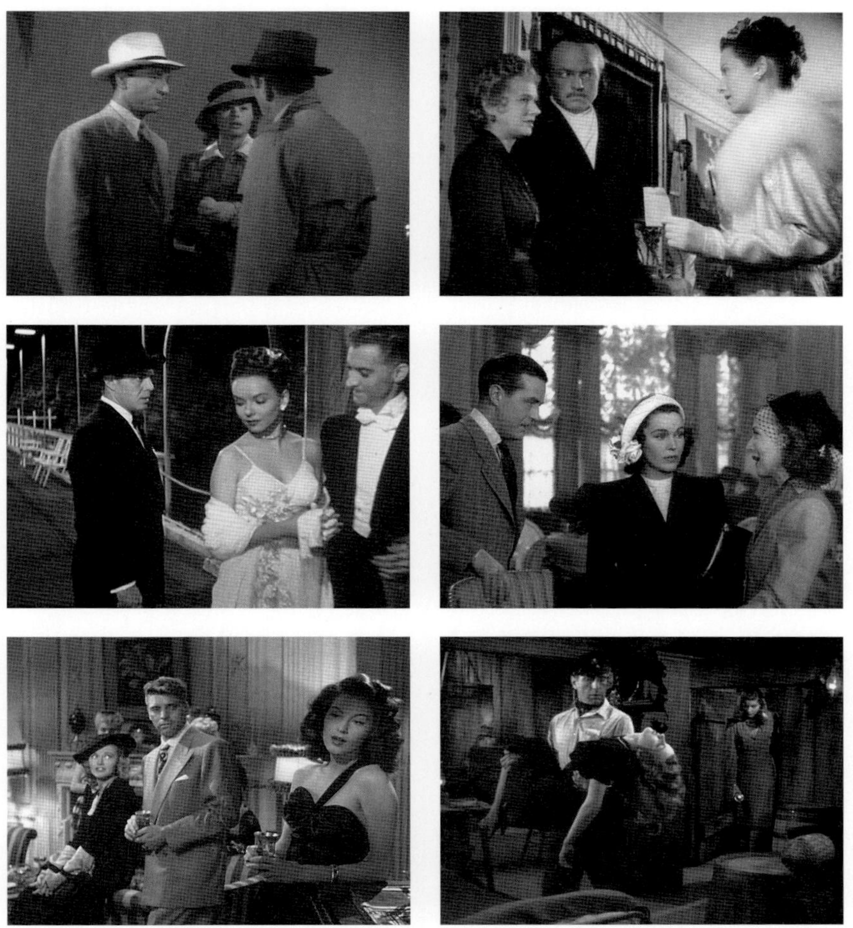

Neben der klassischen Dreiecksgeschichte (zwei Männer, eine Frau) findet sich im Film noir oft die umgekehrte Kombination.

Beispiele aus: Casablanca, Citizen Kane, Ruthless, The Big Clock, The Killers, To Have and Have Not

Schemen

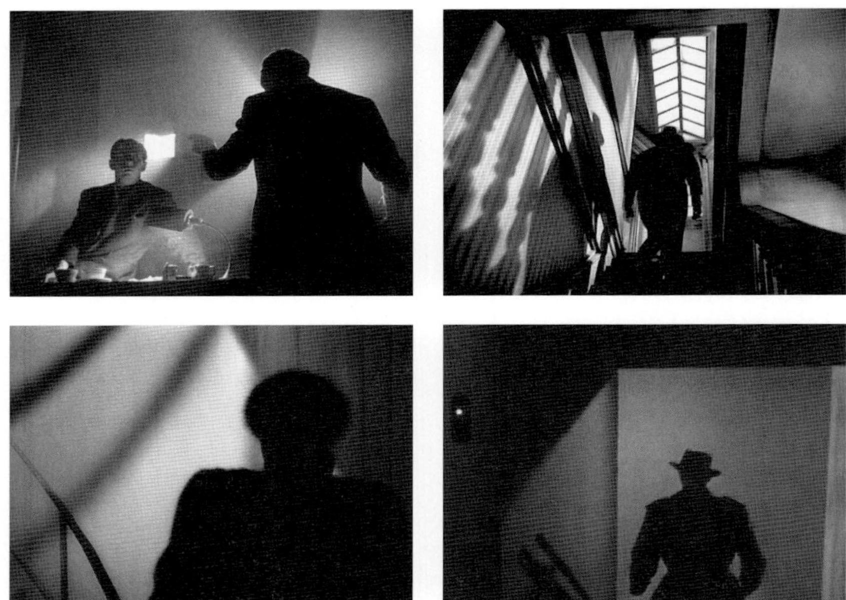

Beispiele aus: Citizen Kane, Force of Evil, Mildred Pierce, Out of the Past

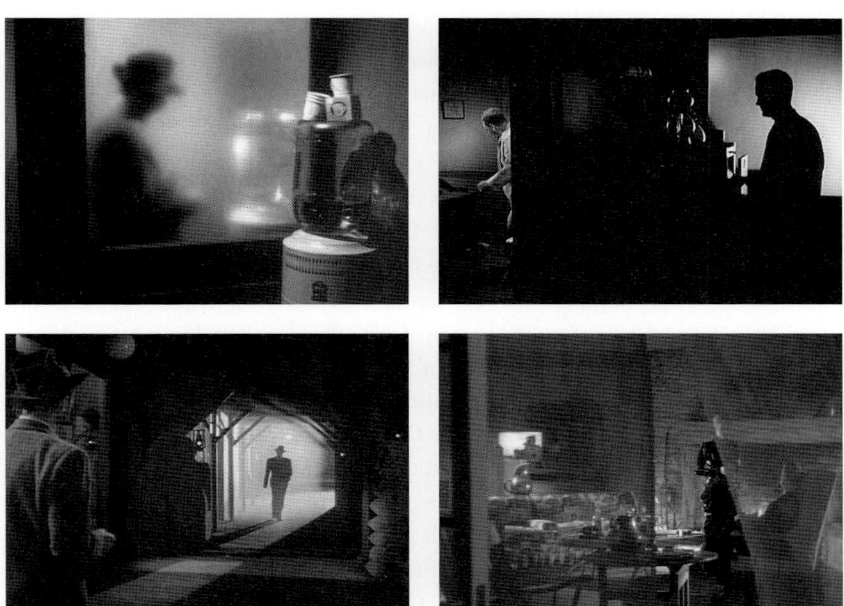

Schemen sind Extremfälle des Helldunkels. Im Helldunkel erscheint alles schicksalsschwanger, im Schemenbild kippt es ins Fatalistische.

Beispiele aus: The Big Sleep, The Dark Corner, The Killers, The Unsuspected

kreisen darüber im Klaren, dass diese Politik nicht durchzuhalten war. Die Frage war nur, ob sich das Szenario des Ersten Weltkriegs wiederholen würde. Dieses Vorpreschen der Filmindustrie führte zum ersten Konflikt mit dem seit 1938 bestehenden HUAC (House Commitee on Un-American Activities), zweifellos einem Instrument der Anti-Roosevelt-Reaktion. Die Senatoren Martin Dies und Edward F. Sullivan veranstalteten ihre erste ›Kommunisten-Jagd‹, die durch den Kriegsausbruch vorläufig gestoppt wurde. Der gegen die Infiltration durch Agenten gerichtete Smith Act (1940) kam aus derselben politischen Ecke. Hollywood erhielt damit eine solide politische Legitimation für eine ganze Flut hysterischer Spionage- und Sabotagefilme. 1940 ist in jeder Hinsicht das Jahr der entscheidenden Wende. Ein möglicher Kriegseintritt wurde auch der Öffentlichkeit langsam bewusst, während die Politik sich schon darauf vorbereitete. »Die traditionelle Konzeption einer amerikanischen Neutralität verschwand so im Laufe des Jahres 1940 vollends aus der amerikanischen Diplomatie. Das Interesse an der eigenen Sicherheit war stärker als alle traditionellen Prinzipien« (W. Besson).[54]

F. D. Roosevelt verfügte unmittelbar nach seinem dritten Wahlsieg den Lend-Lease Act. Selten hat Roosevelt einen so geschickten demagogischen Coup gelandet, wie mit seiner berühmten Pressemitteilung vom 17. 12. 1940: »Suppose my neighbor's home catches fire, and I have a length of garden hose four or five hundred feet away. If he can take my garden hose and connect it up with his hydrant, I may help him to put out his fire. I don't say to him before that operation, ›Neighbor, that garden hose cost me fifteen dollars; you have to pay me fifteen dollar for it‹.«[55] Es liegt mir fern, irgendwelche direkten Zusammenhänge zu konstruieren, aber es ist auch kein bloßer Zufall, wenn in The Maltese Falcon betont wird: »Listen. When a man's partner is killed he's supposed to do something about it. It doesn't make any difference what you thought of him. He was your partner and you're supposed to do something about it.« Es ist genau jene verwandelte Form, in der Hollywood im Film noir sehr sensibel auf das politische Klima und den Zeitgeist reagiert. Die Parallele zu Roosevelts genialer Parabel stimmt bis ins Detail. Roosevelts Botschaft ist ja im Grunde eine Lüge: Es geht gar nicht um das Haus des Nachbarn, sondern um die Bedrohung der eigenen Interessenssphäre. Ebenso ist Humphrey Bogarts Phrase ein Täuschungsmanöver: Um seine eigene Haut zu retten, musste er etwas tun.

1940 und 1941 kann man eine Reihe von Filmen finden (meist sind europäische Emigranten beteiligt), die die Technik des deutschen Dämonenkinos wiederbeleben. Robert Porfirio schreibt über Stranger on the Third Floor (Ingster, 1940): »(...) this unheralded B film noir, made a full year before CITIZEN KANE, demonstrates the most overt influence yet of German expressionism on American crime film (...)«[56] Den eigentlichen stilistischen Durchbruch stellt aber Orson Welles‹ CITIZEN KANE (1941) dar mit seinen ungewöhnlichen Kamerawinkeln, seiner Schärfentiefe und Low-Key-Beleuchtung.[57] Seine komplexe Erzählstruktur mit verschiedenen Rückblenden zur Erforschung eines *mystery* nimmt eine ganze Reihe von Films noirs direkt vorweg, wie THE MASK OF DIMITRIOS (Negulesco, 1944), THE KILLERS (Siodmak, 1946), CROSSFIRE (Dmytryk, 1947), SORRY, WRONG NUMBER (Litvak, 1948), THE LOCKET (Brahm, 1946), THE ENFORCER (Windust, 1951).

Ohne Übertreibung kann man sagen, dass sich CITIZEN KANE das Zeitgefühl ›time is running out‹ zum Thema setzt: Dem sterbenden Kane rollt eine Glaskugel, mit der Erinnerung seiner Kindheit befrachtet, aus der Hand und zerschellt. Ein Reporter versucht das Geheimnis dieses Lebens zu rekonstruieren, indem er dem letzten mysteriösen Wort Kanes nachjagt: Rosebud. Aber die Recherche verliert sich ergebnislos im Wirrwarr der überlappenden Erzählzeiten. Zum Schluss wirft der Reporter ein riesiges Puzzle auf den Boden des labyrinthischen Xanadu. Hier treffen wir zum ersten Mal auf die typische Erzählstruktur des Film noir, die keine logische Handlungsfolge mehr begründet. Zum Schluss von THE MALTESE FALCON stellt sich ebenfalls heraus, dass das *mystery* ungelöst bleibt: »It's fate remains a mystery to this day.« Der Falke, dem alle nachjagten, war falsch, die ganze Handlung (scheinbar) sinnlos. Erzählzeit wird zur Traumarbeit: »The stuff that dreams are made of.«

Veränderte Geschlechterrollen

Dass sich mit dem Kriegsausbruch die Geschlechterrollen im Hollywoodfilm radikal veränderten infolge der veränderten Position der Frauen in der Arbeitswelt, ist in der Literatur unumstritten: »Suddenly, to fill men's places and aid in the expanded war industries, older, married women were recruited (...). A poll of working women taken during the war came up with the startling fact that 80 percent wanted to keep their jobs after it was over. After a sharp drop-off following the end of the war – when women were fired with no regard for seniority – married women did go back to work (...). This of course, is the source of the tremendous tension in films of the time« (Molly Haskell).[58]

Die Hausfrau als Leitbild war schon im Kino der 1930er Jahre als Folge der Depression (Verarmung der *middle class*) durch die ›gute Kameradin‹ ver-

Wehrhafte Damen

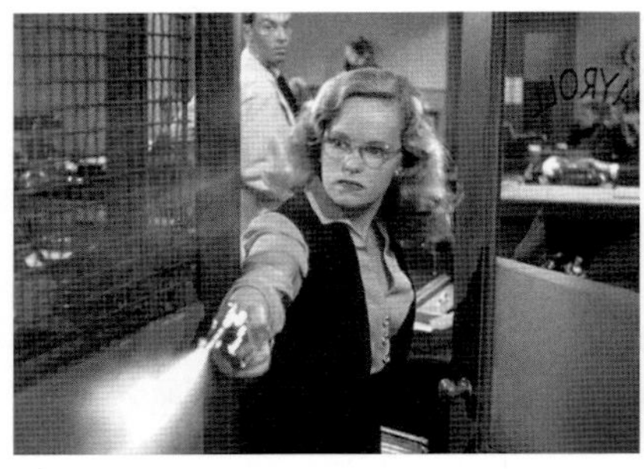

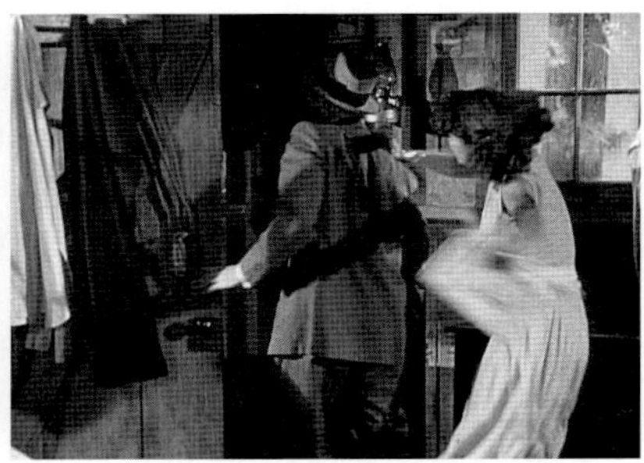

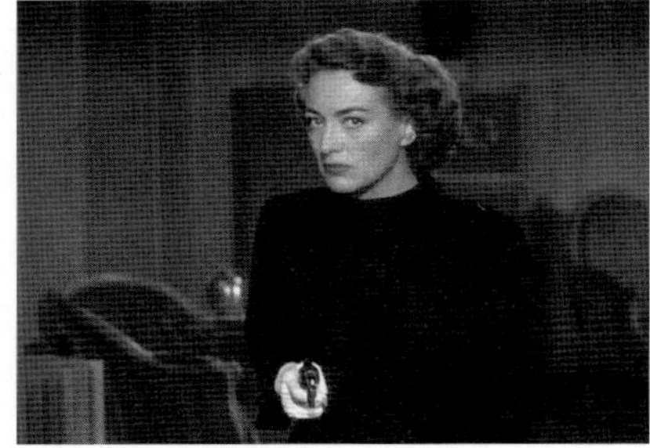

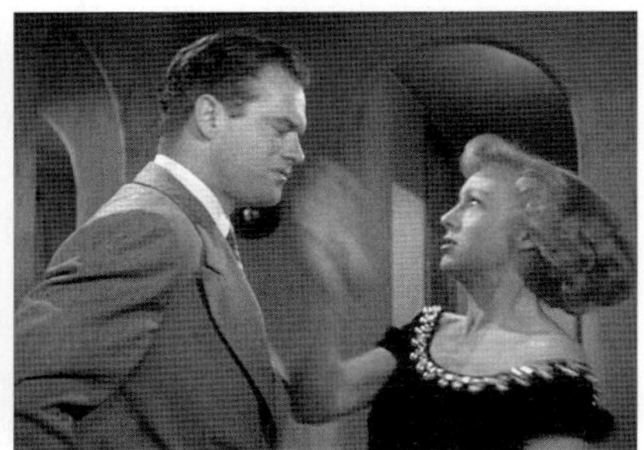

Die Frau im Film noir ist kein hilfloses Opfer, sie schießt zurück, schlägt zurück, schlägt mit einer Bierflasche zu u.ä.m.

Beispiele aus: GUN CRAZY, PICKUP ON SOUTH STREET, POSSESSED, THE PROWLER

drängt worden.[59] Die ›gute Kameradin‹ war keine emanzipierte Frau, aber es gab auch keine Vorurteile mehr gegen eine Frau, die, oft alleinstehend, ihren Lebensunterhalt verdient: Viele Männer konnten es sich nicht mehr leisten, zu heiraten und eine Ehefrau zu ernähren, viele Familien konnten ihre erwachsenen Töchter nicht mehr durchziehen. Die Hausfrau als Leitbild tauchte erst wieder in den 1950er Jahren auf, als die sozialen Erschütterungen der Kriegs- und Nachkriegszeit in einem konservativen Rollback kanalisiert wurden. Im weiblichen Personal des Film noir gehört die Hausfrau zu den bevorzugten Opfern, eine ehefeindliche Tendenz und ein massiver Angriff auf die Familie ist im Film noir unverkennbar. Familien im Film noir sind von vornherein fragmentarisch oder werden zerstört. »(...) the kinds of tension characteristic of the portrayal of the family in these films suggest the beginnings of an attack on the dominant social values expressed through the representation of the family« (Sylvia Harvey) .[60]

Gleich nach der Hausfrau konzentriert sich die Misogynie des Film noir auf die emanzipierte Frau, die ökonomisch und sexuell selbstständig ist. Sie erscheint als Mischung aus Femme fatale mit puritanischen Untertönen (»demon lover in disguise«) und eiskalter Geschäftsfrau; sie ist in jeder Hinsicht eine *black widow*. Diesen Frauentypus gibt es häufig in einer dialektischen Entwicklung (*bad-good girl*): Die Frau erscheint erst als *good girl*, entpuppt sich aber dann als *black widow*. Der sympathische Gegenentwurf des Film noir ist selbst durchaus zwiespältig, das *good-bad girl*: Die Frau erscheint als *bad girl*, aber steht trotz ihrer zweifelhaften Moral letztlich zum Antihelden des Film noir.

Viele Films noirs spielen mit der Dialektik der guten Bösen und der bösen Guten. In THIEVES‹ HIGHWAY (Dassin, 1949) verliert der Noir-Held im Verlauf des Films sein ganzes Geld. Seine blonde Verlobte, allem Anschein nach ein *good American girl*, dreht ihm daraufhin die kalte Schulter zu und verschwindet mit den Worten: »How will you feed me?« Ein brünettes Straßenmädchen, das mit »weak hands – sharp nails« charakterisiert wurde, erweist sich dagegen als echter Kumpel, der dem Noir-Held hilft. Prinzipiell zu einer dieser Kategorien gehört im Film noir die – stets verdächtige – Ausländerin; sie gewinnt in einer Zeit, in der Millionen von GIs auf europäische und asiatische Frauen mit z. T. sehr unterschiedlichem kulturellem Background treffen, große Bedeutung.

Nach Wolfenstein/Leites, die erstmals 1950 die *good-bad*-Terminologie einführten, ist das *good-bad girl* nur ein Trick »to have the cake and eat it«.[61] Im *good-bad girl*, so führen sie aus, wird die sexuelle Anziehungskraft der *black widow* domestiziert; die Frau wird wieder heiratsfähig. Auch wenn man mit Molly Haskell übereinstimmt, dass die Frauenfiguren der 1940er Jahre Männererfindungen sind,[62] bleibt zu bedenken, dass das *good-bad girl* die – auf lange Sicht – freieste Frau ist, die Hollywood kannte. Edgar Morin spricht in diesem Zusammenhang sogar von einem »Vordringen weiblicher Werte«.[63] Die enge Sicht von Wolfenstein/Leites ist heute wohl etwas antiquiert. Wenn die Helden des Film noir zum Schluss so gerade eben mit dem Leben davonkommen, denken sie wohl kaum ans Heiraten; das Leitbild des Film noir ist eher Promiskuität.

Grafe/Patalas weisen dies sehr schön an dem Paar Bogart/Bacall nach: »In TO HAVE AND HAVE NOT schickt Bogart Lauren Bacall auf den Strich, und niemand findet etwas dabei. Den beiden ist der Whiskey ausgegangen, Bacall bandelt im Lokal mit einem Soldaten an, der fordert sie zum Tanz auf – die Sache läuft, und Bogey verabschiedet sich komplizenhaft winkend. Umgekehrt nimmt Bacall neidlos Anteil, wenn Bogey bei einer anderen anzukommen scheint: wenn ihm in TO HAVE AND HAVE NOT die Französin bei der Operation ihres Mannes in die Arme gesunken ist (Bacall: ›You trying to guess her weight?‹) oder wenn in THE BIG SLEEP ein Bunnie mit schönen Beinen sich an ihn lehnt. Da verständigen sich Bacall – sie singt gerade – und Bogey durch Blicke und anerkennend heruntergezogene Mundwinkel. Die spöttische Sympathie, die Bogart und Bacall wechselseitig ihren Eroberungen entgegenbringen, hat nichts mit Toleranz zu tun. Es ist vielmehr, als kommunizierten sie miteinander auf dem Umweg über ein Relais, das Dritte für sie abgeben. Bei direkten Kontakten wirken sie meist etwas hilflos; Promiskuität scheint die Weise, in der sie miteinander verkehren.«[64]

Zweifelsohne spielt Misogynie im Film noir eine große Rolle. Kaum ein Film noir kommt ohne eine misogyne Phrase aus. »It was the most dangerous animal on earth – a woman«, heißt es in DETOUR (Ulmer, 1945). »You are the coldest iceberg I ever knew« (BORN TO KILL, Wise, 1947). »Men who trust in women walk on duckweed over pond« (CALCUTTA, Farrow, 1947). »Dames, they're no human beings. They are dead fish with perfume on it. If you touch them you lose« (RIDE THE PINK HORSE). Und in THE LADY FROM SHANGHAI (Welles, 1948) sagt Rita Hayworth in lakonischer Prägnanz: »The evil is in me.«

Es wäre aber zu kurz gegriffen, nur die Misogynie im Film noir zu sehen. Vieles lässt sich auch als weiblicher Protest gegen die Behandlung durch die Männer lesen. In THE BRASHER DOUBLOON (Brahm, 1947) antwortet die Noir-Frau auf die Frage »Thinking of shooting someone?« mit: »I just don't like the touch of men.« Noch selbstbewußter ist die Warnung von Ava Gardner in THE KILLERS: »You touch me and you won't live till morning.« In 99 RIVER STREET (Karlson, 1953) protestiert die Noir-Frau mit: »Don't mix me up. Women aren't like that.« Es verträgt sich durchaus mit dem Bild des *good-bad girl*, dass es mit gleicher Waffe zurückschlägt. In PICKUP ON SOUTH STREET (Fuller, 1953) schüttet Richard Widmark Jean Peters Bier ins Gesicht, später schlägt sie ihn mit einer Bierflasche nieder. In THE BIG HEAT (Lang, 1953) schüttet Lee Marvin Gloria Grahame kochenden Kaffee ins Gesicht, später lauert sie ihm auf und rächt sich auf dieselbe Weise.

Ein unverkennbarer Schwerpunkt der Aggressivität gegen Frauen liegt auf der ökonomischen Seite. Der Grundsatz des Film noir lautet: »I never do business with women« (aus 99 RIVER STREET). Stets wird vor der Einmischung von Frauen in Gelddinge gewarnt. In GILDA (Vidor, 1946) sagt George Macready: »Gambling and women don't mix.« Später passiert es doch, er kommt dabei um. Der Mann, der sich von der Frau bezahlen lässt, ist so gut wie tot. In SUNSET BOULEVARD (Wilder, 1950) erzählt ein Toter, wie es kam, dass er starb: Eine Frau bezahlte zuerst seine Schulden, dann seine Rechnungen, das war die Schlinge, in der er sich verfing. »When the lady pays…«, kommentiert ein Verkäufer grinsend. In MILDRED PIERCE (Curtiz, 1945) braucht eine Geschäftsfrau für ihre Reputation einen guten Namen. Die Beragons haben einen solchen, aber gewisse Liquiditätsprobleme. Man kommt ins Geschäft. Mit spitzem Stift notiert sie im Kassenbuch Soll und Haben. »Sold. One Beragon«, murmelt sie, als Monte Beragon seine zukünftige Frau küssen will. Die Voice-over-Rückblenden-Erzählung des Films begann mit der Leiche von Monte Beragon.

Hans Scheugl vermutet, dass in diesen Filmen auch ein ›gerüttelt Maß‹ weiblichen Selbsthasses steckt; immerhin waren die Filme auch Publikumserfolge bei Frauen.[65] Angesichts einer Zahl, die sich aus den Filmlisten bei Ottoson und Silver/Ward zum Film noir errechnen lässt, scheint das gar nicht so abwegig: Bei den Autoren und Drehbuchautoren ergibt sich ein Frauenanteil von über 10% (eine vergleichbare Dimension ergibt sich auf Basis des Filmverzeichnisses im Anhang). Bei den Regisseuren und Produzenten ist der Frauenanteil allerdings verschwindend gering. Scheugl verweist darauf, dass die Männer im Film noir genauso verdächtig sind wie die Frauen; der *tough guy* ist alles andere als ein lupenreiner Held, er ist auch nur ein *good-bad guy*. Wenn der Antiheld ein Mörder ist, erfahren wir das gewöhnlich aus der Perspektive der Frau: »Das Publikum erfährt die Wahrheit im selben Maße wie die weibliche Hauptfigur.«[66] In der Schizophrenie von Held/Mörder sieht Scheugl die Entsprechung von Krieg/Mord: »Diese Erfahrung von Schizophrenie wurde von den Frauen als Schock erlebt (…). Da sie den Krieg nicht selbst erleben, erleben sie ihn über den ihnen entfremdeten Mann.«[67] In dieser Situation fühlt sich die Frau als Hausfrau hilflos und

Perspektive

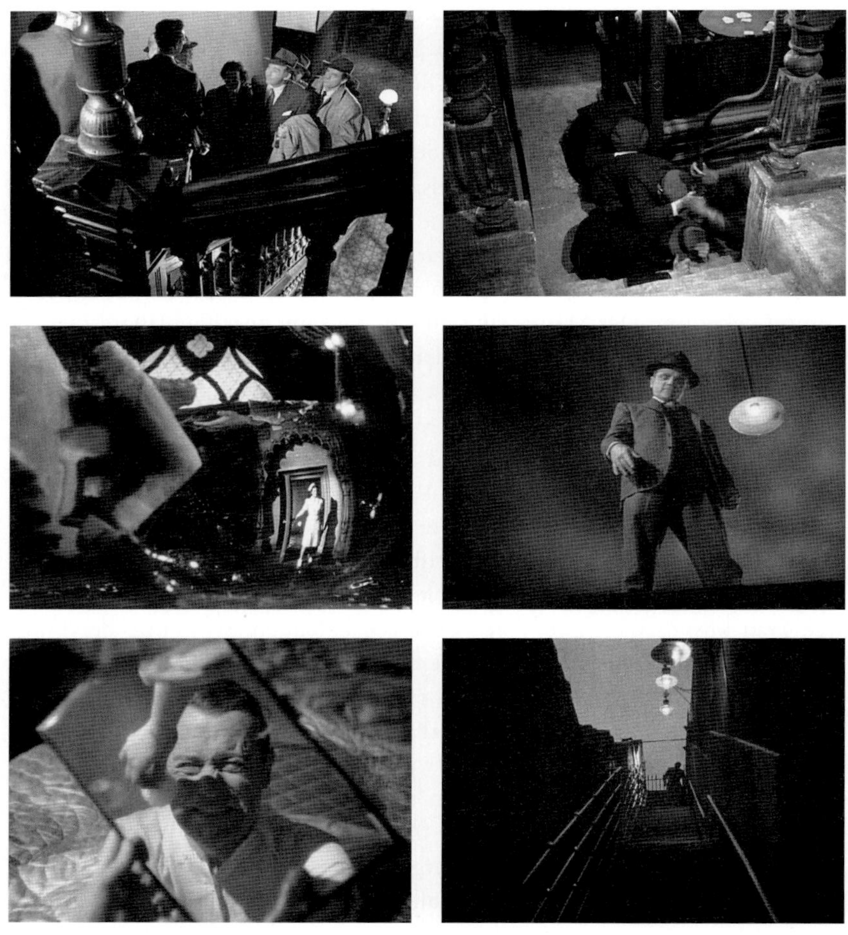

Beispiele aus: All the King's Men, Body and Soul, Citizen Kane, Kiss Tomorrow Goodbye, Lady in the Lake, Night and the City

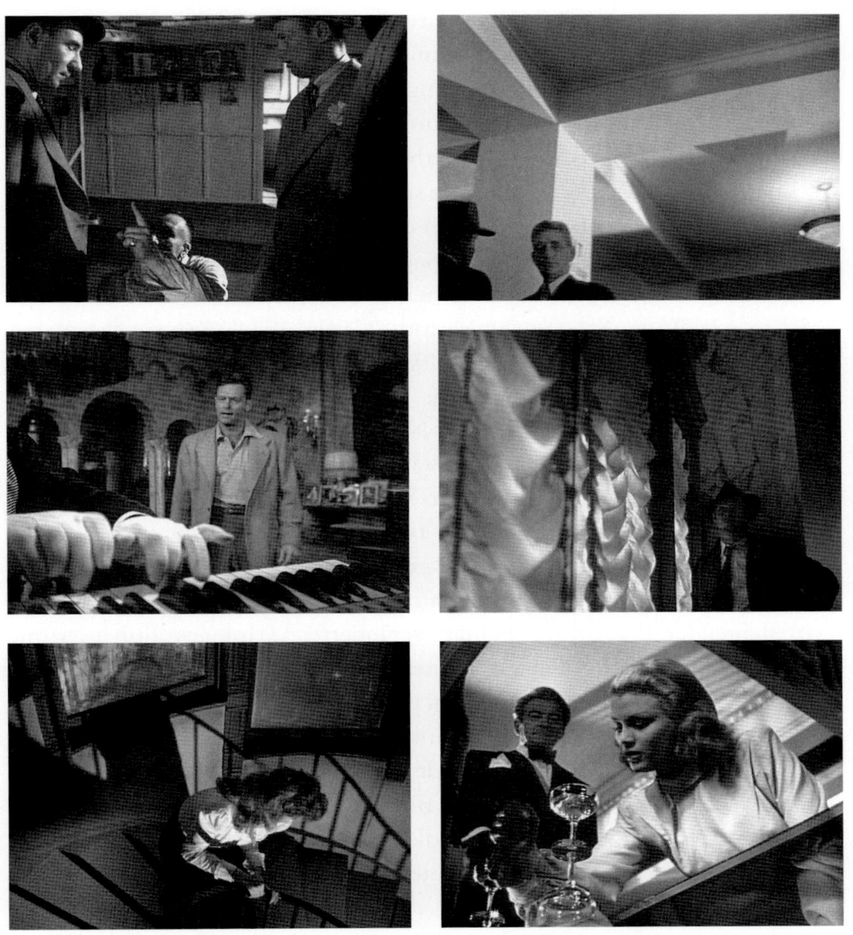

Die Perspektive hängt eng mit dem Point of View zusammen; ausgefallene Perspektiven steigern die Expressivität.

Beispiele aus: Night and the City, Possessed, Sunset Boulevard, The Asphalt Jungle, The Spiral Staircase, The Unsuspected

minderwertig, während die berufstätige Frau dort, wo sie Konkurrentin des Mannes wird, ihrerseits Schuldgefühle entwickelt.

Die Auswirkungen der Kriegswirtschaft kombinierten sich mit einer kriegsbedingten psychologischen Ausnahmesituation. Hans von Hentig hat in seiner soziologischen Untersuchung über *Das Verbrechen* die sozio- und demografischen Daten analysiert. »Auf dem Höhepunkt der Kriegsproduktion im Jahre 1945 nahm man eine Arbeitsarmee von 20.500.000 Frauen an. Eine der größten Wanderungen hatte sich in Bewegung gesetzt, die die Vereinigten Staaten je erlebt hatten.«[68] In diesen Rüstungszentren und Militärstützpunkten wurden überstürzte Kriegsehen geschlossen zwischen Leuten, die sich kaum kannten, die unter normalen Umständen nie geheiratet hätten.

Filme wie WHEN STRANGERS MARRY (Castle, 1944), STRANGERS IN THE NIGHT (Mann, 1944), SHADOW OF A WOMAN (Santley, 1946), LOVE FROM A STRANGER (Whorf, 1947) greifen die Problematik von Paaren auf, die im Grunde nichts voneinander wissen. Nach dem Krieg gab es einen Scheidungsboom; 1946 hatte die mit Abstand herausragende Zahl von 613.000 Scheidungen. Es gab aber nicht nur Scheidungen; Gewalttätigkeiten und Morde an Frauen, die ihre Männer in der Zwischenzeit betrogen hatten, häuften sich ebenfalls. Geschlechtskrankheiten als Indiz für Promiskuität stiegen in den Kriegsjahren sprunghaft an.

In steigender Frauenkriminalität, veränderten Trinkgewohnheiten und anderen Parametern des Sozialverhaltens nähern sich die Frauen den Männern statistisch an. Der Kriegsausbruch Ende 1941 riss traditionelle moralische Schranken wie ein Dammbruch nieder. Harold R. Danforth schildert in seinem Buch *Big City Crimes* geradezu groteske Fälle, die schon an einen hysterischen Totentanz gemahnen.[69] Blutjunge Mädchen gingen in Scharen mit Männern durch, die zum Kriegsdienst einberufen waren. Jegliches Vergehen entschuldigten sie mit der größten Selbstverständlichkeit als Patriotismus. In der Komödie THE MIRACLE OF MORGAN'S CREEK (Sturges, 1944) bekommt eine solche übereifrige Kriegsbraut symbolischerweise Siebenlinge.

Es ist nicht unbedingt neu, dass der Kulturbetrieb auf Zeitströmungen geradezu seismografisch reagieren kann. Es sei nur an Siegfried Kracauers *From Caligari to Hitler* erinnert, wo dies an Beispielen aus der Weimarer Filmgeschichte nachgewiesen wird (auch wenn die Studie ein einseitiges Bild zeichnet, was zu Recht reklamiert wird).[70] Kracauer hat ein Kino im Zustand latenter gesellschaftlicher Hysterie untersucht: Weltkrieg und Agonie des Kaiserreichs, Räterepublik und Bürgerkrieg, Inflation und Verarmung des Bürgertums, wirtschaftliche und politische Dauerkrise. Die deutlichsten

Dual Personality

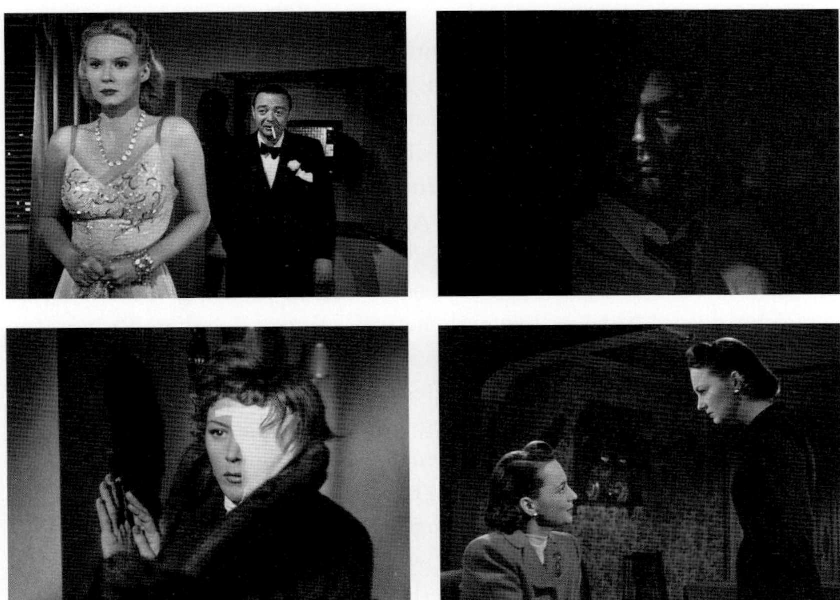

Die Antihelden des Film noir sind vielfach gespaltene Personen zwischen Vergangenheit und Gegenwart, zwischen Loyalitäten, zwischen Lustprinzip und Realitätsprinzip, zwischen Gut und Böse.

Beispiele aus: BLACK ANGEL, KISS OF DEATH, THE BIG HEAT, THE DARK MIRROR

Indizien für eine Vision des Dritten Reichs fand Kracauer im deutschen Dämonenkino, wo es von Doppelgängern, Klaustrophobie und kolportagehaften Alpträumen nur so wimmelt.

Man kann mit guten Gründen annehmen, dass Hollywood zu keinem Zeitpunkt so wachsam gegenüber zeitgeschichtlichen Strömungen war wie damals. Das Zusammentreffen europäischer Emigranten und einer starken Hollywood-Linken war in der Geschichte Hollywoods eine einmalige Konstellation. Aus den Filmlisten des Film noir bei Ottoson und Silver/Ward kann man bei den Regisseuren einen Anteil von über 40% Emigranten (und knapp 40% Emigranten deutscher Filmschule) sowie knapp 10% Opfern des HUAC errechnen; dieselbe Dimension ergibt sich aufgrund des Filmverzeichnisses im Anhang. Erstaunlicherweise finden sich diese Phänomene schon in den ersten Filmbeispielen von 1940/41. Offenbar reichte die akute Kriegsgefahr schon aus, um in den Geschlechterbeziehungen eine spürbare Hysterie auszulösen, wie sie mit Kriegsausbruch offenkundig wurde.

High Sierra (Walsh, 1941) führt einen neuen Typus von Gangster ein. Es wird nicht mehr, in Anlehnung an die traditionelle Storyführung von Erfolg und Hybris, der *rise and fall* eines Gangsters geschildert. High Sierra schildert nur noch seinen *run to death*. Er wird als Mensch präsentiert, der über den Krämergeist seiner Umgebung erhaben ist. Geld an sich spielt für ihn keine Rolle, er träumt von seiner alten Farm. Geld ist das notwendige Übel, auf das er sich einlassen muss. Schon sein Name Roy Earle charakterisiert ihn als *natural aristocrat*. Sein Verhängnis ist die *middle-class*-Stumpfheit um ihn herum. Letzte Station seiner Laufbahn: Er kommt nach Kalifornien, er ist ganz im Westen angekommen und dort scheitert sein American Dream. »High Sierra is interested in exposing (...) the death of the American dream«, heißt es bei Jack Shadoian. Und: »The American dream dies in California, at the edge of the ocean where civilization must confront its corruptions.«[71]

Zu einer Zeit, da Leute zuhauf ihre Farmen verlassen, träumt er von der Rückkehr aufs Land. In Kalifornien trifft er auf die Goodhues, eine Familie wie die aus John Fords The Grapes of Wrath (1940). Diese Leute, denen er helfen will, sind im Grunde Opportunisten, die möglichst rasch in einer *middle-class*-Existenz aufgehen möchten. Er verliebt sich in die Tochter der Goodhues, eine Unschuld vom Lande. Für ihn verkörpert sie seine Sehnsucht nach Harmonie mit der Natur. Er bezahlt ihr die Operation ihres verkrüppelten Fußes: »It is criminal that nothing's ever been done with that girl before.« Der Schuldbegriff des film noir ist durchaus sozialkritisch. Aber als das Mädchen geheilt ist, wendet sie sich einem anderen zu. Sie singt und

Diegetische Musik

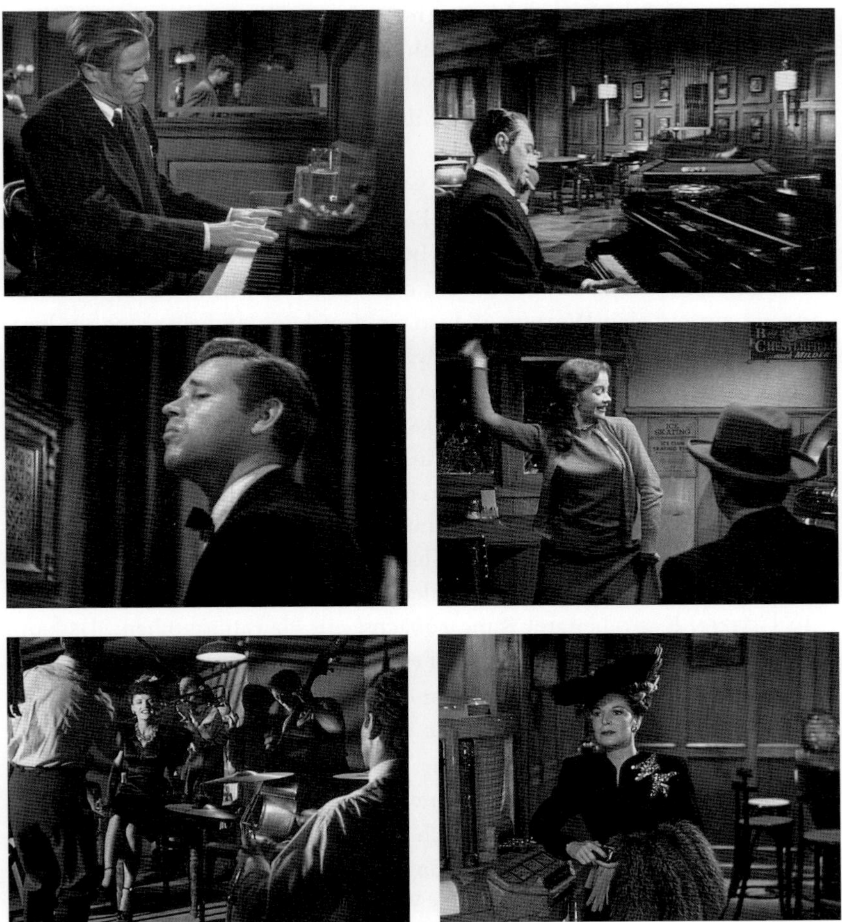

Diegetische Musik spielt im Film noir eine große Rolle. Und der Pianist ist immer melancholisch.

Beispiele aus: Black Angel, Caught, Detour, The Asphalt Jungle, Phantom Lady (2x)

tanzt: »I get a kick out of you.« Jetzt erst erkennt er, dass die Gangsterbraut, die er die ganze Zeit verachtet hat, die eigentlich würdige ist. Sie, die Maria heißt, hält zu ihm bis zum Schluss. Am Ende des Films hat er sich auf einen Berggipfel geflüchtet, dessen Symbolik noch durch die Lichtführung unterstrichen wird. Über Radio hört man: »Natural rock formations shelter him.« Die Natur im film noir besitzt noch ihre alte Symbolik, aber sie ist fest im Würgegriff einer *urbanized society*.

HIGH SIERRA ist der erste Film, der voll mit der Dialektik von *good-bad* und *bad-good girl* spielt. In THE MALTESE FALCON ist Mary Astor als *black widow* eingeführt. »I am a liar, I've always been a liar«, sagt sie und lockt gerade damit Humphrey Bogart an. Sich auf der Couch räkelnd leitet sie eine Liebesszene ein mit den Worten: »I'm so tired of lying and thinking up lies.« Bogart spielt erst den Ironischen: »Loyalty is a good word from you.« Später verliert er sein Gleichgewicht: »I won't play the sap for you, because all of me wants to.« Zum Schluss des Films küsst er sie erst mit den Worten »Maybe you love me, maybe I love you«. Dann liefert er sie der Polizei aus: »Here is another one for you … She killed Archer.« Wie fast immer im Film noir ist die *black widow* ausbalanciert durch eine zweite Frauenfigur. Hier ist es Bogarts Sekretärin, die ihm mehr als bloß eine Sekretärin ist: Gehilfin bei krummen Touren, *good sport* und vielleicht auch mehr.

In CITIZEN KANE heiratet Kane zunächst ein Hausmütterchen; das kann im Film noir nicht gut gehen. Er lernt eine Sängerin kennen, deren Zugehörigkeit zum *good* oder *bad girl* insofern offen bleibt, als die Rückblenden des Films widersprüchliche Facetten der Persönlichkeit liefern. Die Sängerin zerstört seine Ehe und seine politische Laufbahn. Er versucht, ihr eine Karriere an der Oper von Chicago zu ebnen, aber sie, mittelmäßig, versagt. Mit Migräneanfällen quält sie ihn und sich. Später verlässt sie ihn.

Das ist der Anfang von seinem Ende. Er zerschlägt das Mobiliar ihres Zimmers, zum ersten Mal lässt er das Wort fallen, das er auf seinem Sterbebett sagt: Rosebud. Die letzte Einstellung des Films klärt das Rätsel auf, für uns, die Zuschauer: In Rosebud steckt eine Mutterbindung, Rosebud ist die Marke des Schlittens, auf dem der kleine Kane spielte, als er von der Farm seiner Mutter weggeholt wurde. Das *good-bad girl* in HIGH SIERRA ist die Frau, die bereit ist, Bogarts Traum von der Farm seiner Kindheit zu teilen. Die Antihelden des Film noir rennen alle hinter einem Phantom her (Rosebud, der Falke, natürliche Unschuld) und ihre Beziehungen zu Frauen regeln sich über die Beziehungen zu diesem Phantom. Was es damit auf sich hat, bedarf noch weiteren Materials.

Verlust der amerikanischen Unschuld

Die klassische Unterscheidung von Gangster und Westerner ist die von Stadt und Land. Aus der Perspektive des Westerner ist die Stadt (Babel, der Dschungel) synonym mit dem Gangster: »Maybe these gangsters will put up a lot of factories and use all the water in our creeks for power and our trees for paper pulp and our kids to run the machines for them! Maybe if we pay'em enough they'll put up a lot of tall buildings so we can't see the sun for the smoke from chimneys! And all the cowboys left in this country'll get jobs driving trucks« (GUN SMOKE, Sloman, 1931). Die Stadt im Film noir erscheint unter dieser Perspektive. Schon dies ist ein Beweis gegen die Zugehörigkeit des Film noir zum Gangsterfilm und gleichzeitig der Anknüpfungspunkt der Noir-Western.

Die Stadt ist voll von klaustrophoben Räumen und Labyrinthen; nächtliche regennasse Straßen, Hafengegenden, Wasserstraßen sind bevorzugte Schauplätze. Die Städte sind entweder ganz im Westen (San Francisco, Los Angeles) oder ganz im Osten (New York). Die USA im Film noir erscheinen wie eine große Insel, fast ganz von einer Megalopolis überwuchert, die langsam im Wasser versinkt, eine Art Atlantis. Ein Totenort, aquis submersus. Aber auch exotische Schauplätze spielen zeitbedingt eine große Rolle. Selbst ein Film, der nur in den USA spielt, wird es nicht versäumen, eine Schlüsselszene in ein exotisches Restaurant oder nach Chinatown zu verlegen. »That's why you fought the war«, kommentiert ein Veteran ein Chinarestaurant (SOMEWHERE IN THE NIGHT, Mankiewicz, 1946).

Auch die exotischen Schauplätze des Film noir sind an den Rändern der Kontinente angesiedelt: Singapur, Macao, Buenos Aires, Montevideo, die Riverside von London und immer wieder Acapulco. Nirgends ist man im Film noir heimisch. Die exotischen Schauplätze motivieren in besonderem Maße das Zusammentreffen der Antihelden des Film noir mit undurchsichtigen, fremden Frauen. Dieser ›Acapulco-Topos‹ ist im Film noir so häufig, dass sich Orson Welles in THE LADY FROM SHANGHAI darüber mokiert. In Acapulco sagt er zu Rita Hayworth: »I'll take you away to one of the far places.« Sie: »Oh, Michael, we're in one of the far places now.«

Nach Jacques Siclier hat die Erfahrung der weniger dominanten Stellung der Frau in Europa und Asien den Hass gegen vereinnahmende Ehefrauen einerseits und *black widows* andererseits geschürt.[72] Die Bedrohung durch die Fremde/fremde Frau lässt sich deshalb doppelt lesen: Sie ist nicht nur eine Bedrohung des Noir-Helden, sondern auch eine Bedrohung der Stellung der amerikanischen Frau.

Spiegel

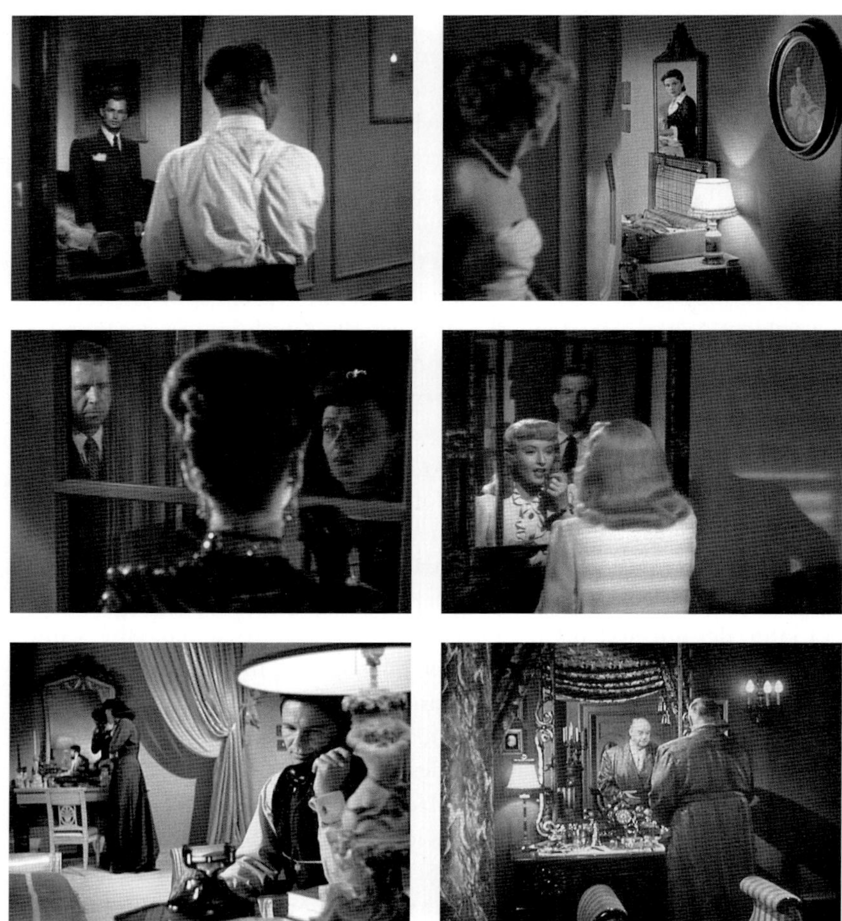

Beispiele aus: Blue Dahlia, Born to Be Bad, Cornered, Double Indemnity, Force of Evil, Ruthless

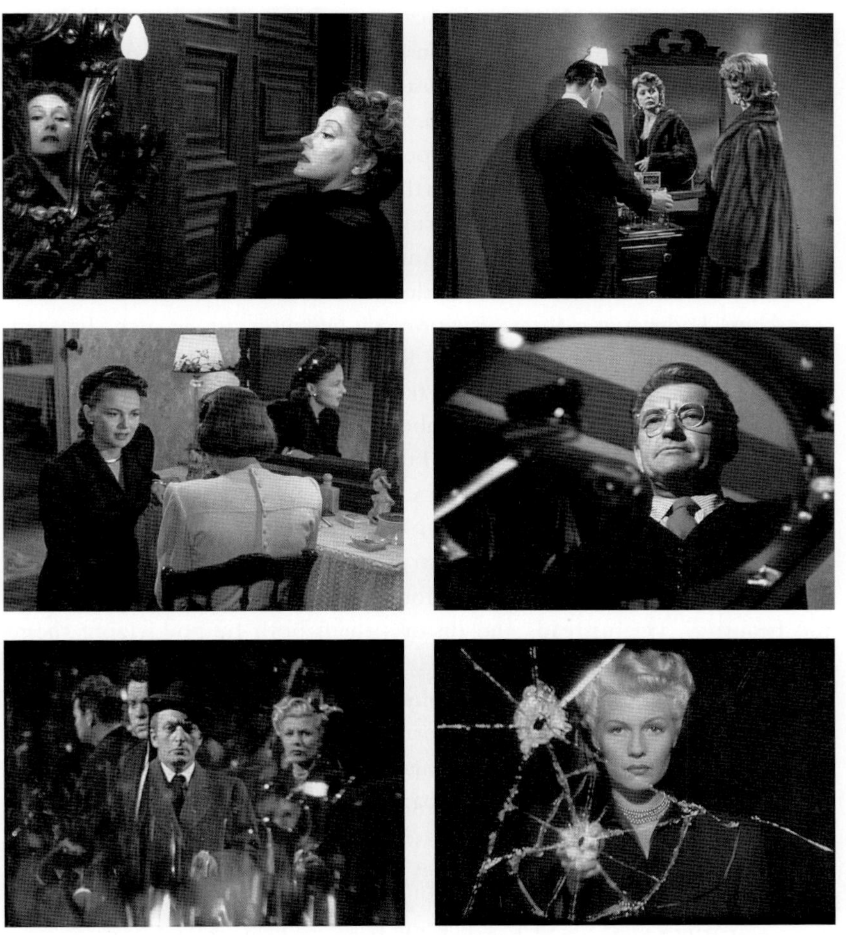

Was wäre der Film noir ohne Spiegel: Wer bin ich und was soll werden? Unzählige Kommunikationsmöglichkeiten mit sich selbst und anderen eröffnet die Welt der Spiegelungen. Oft ist das Spiegelbild das letzte Bild auf die zukünftige Leiche.

Beispiele aus: SUNSET BOULEVARD, THE BIG HEAT, THE DARK MIRROR, THE UNSUSPECTED, THE LADY FROM SHANGHAI (2x)

Symptomatisch für die Bedeutung der Schauplätze im Film noir sind die Handlungsorte in OUT OF THE PAST (Tourneur, 1947): Der erste Teil des *run to death* geht von New York nach Acapulco, dort trifft der Noir-Held das scheinbare *good girl*; auf dem Weg von San Francisco nach Los Angeles entpuppt sie sich als *bad girl*. Die Protagonisten des Film noir scheinen imprägniert zu sein. Wenn es heiß wird, lockern sie die Krawatte, bei Eis und Schnee schlagen sie den Kragen vom Sakko hoch oder ziehen einen Regenmantel an. Dabei kennt der Film noir nur unwirtliche Klimaverhältnisse: Hitze, Kälte, Regenwetter. Zeitstruktur, Raumstruktur und Bildstruktur im Film noir sind ein artifizieller, alptraumhafter Ausdruck zeitgenössischer Erfahrung.

Die Antihelden des Film noir, durch und durch entwurzelte Stadtmenschen, leiden unter ihrer Situation; sie bedeutet für sie nicht Freiheit, sondern *dead end*. Immer wieder ist Kalifornien der Fluchtpunkt, wo sie scheitern. Das mörderische Liebespaar aus GUN CRAZY (Lewis, 1949) will eine Ranch in Mexiko erwerben, aber es klappt nicht; sie wollen in die Berge flüchten, aber sie finden am Fuß eines Berges im Sumpf den Tod. Alles ist ähnlich wie in HIGH SIERRA, aber noch mieser. In HIGH SIERRA spielt eine Liebesszene zwischen dem Noir-Helden und dem *bad-good girl* mit der trügerischen Romantik des gestirnten Himmels. »Earle's yearning for the stars complements his yearning for Velma – for something good, pure and beautiful. He misreads and distorts them both by poeticizing them« (Jack Shadoian).[73]

In THE KILLERS von 1946 philosophieren zwei Männer im Knast über die falschen Gefühle, die der eiskalte Sternenhimmel erweckt; man kann vom Sternenhimmel nur noch einen kleinen Fetzen durch das Zellenfenster sehen. »Gazing on them through the bars of his cell window, he knows that they are not there for him to reach« (Jack Shadoian).[74] In D.O.A. hat der Noir-Held erfahren, dass er tödlich vergiftet ist; unter dem Schock rennt er los bis er nicht mehr kann. Erschöpft bleibt er neben einem Kiosk stehen, neben ihm ein *LIFE*-Magazin. Flehentlich blickt er nach oben, aber was er sieht, ist nur der Smog von San Francisco: Gott ist tot.

Sterling Hayden in THE ASPHALT JUNGLE (Huston, 1950) will die Farm seiner Eltern zurückkaufen. Tödlich angeschossen lässt er sich von seiner Geliebten zu der Farm fahren. Mit letzter Kraft schleppt er sich auf eine Weide und stirbt zwischen grasenden Pferden. James Cagney in WHITE HEAT (Walsh, 1949) geht in den Wald, um mit seiner toten Mutter zu reden; aus maßloser ödipaler Liebe zu dieser Mutter wird er in den Tod rennen.

Die Noir-Helden von THE KILLERS und OUT OF THE PAST haben mit ihrem Leben abgeschlossen, sie sind lebende Tote, sie haben sich auf dem

Lande verkrochen, aber auch dort holt sie ihre Vergangenheit ein. Der Noir-Held aus THEY LIVE BY NIGHT (Ray, 1949) erzählt seinem Mädchen: »Someday I'd like to see all of this country, its mountains, its rivers.« Die beiden richten sich eine Idylle auf dem Land ein, aber die Idylle wird von Maschinengewehren zerfetzt. Der pathologische Polizeidetektiv in ON DANGEROUS GROUND hat sich selbst zum Vigilanten ernannt. Wegen einer Recherche muß er zu einer einsamen, eingeschneiten Hütte im Wald. Mitten in der Hütte wächst ein Baum, es scheint wie Walden Pond; Malden heißen die Leute, die dort wohnen, eine blinde Frau und ihr halbwüchsiger Bruder. Aber die Idylle trügt, der Bruder ist der Mörder. »Moving West is no option (...). Seeking nature is no option«, resümiert Jack Shadoian.[75]

Amerika hat im Film noir endgültig seine Unschuld verloren. Das offenbare Scheitern des American Dream hat alle Züge einer kollektiven Identitätskrise, die der Film noir bevorzugt im Privaten ansiedelt. Eine Identitätskrise ist aber auch im öffentlichen Leben akut, seit der Schritt aus dem Isolationismus heraus erfolgte. F. D. Roosevelt, in seinem einzigartigen Talent immer eine massenpsychologisch griffige Metapher zu finden, hat das Schicksal der Nation als das eines Kranken, der nicht er selbst ist, an die Wand gemalt: »It seems to be unfortunately true that the epidemic of world lawlessness is spreading. When an epidemic of physical disease starts to spread, the community approves and joins in a quarantine of the patients in order to protect the health of the community (...). War is a contagion, whether it be declared or undeclared.«[76] Die Metapher vom gesellschaftlichen Übel als einer Seuche taucht im Film noir immer wieder auf, am deutlichsten in PANIC IN THE STREETS (Kazan, 1950), wo Verbrecher gefasst werden müssen, weil sie die Beulenpest übertragen.

Amnesie und Nachkriegsschock

Robin Cross schreibt über den Film noir: »The rush of postwar films in which amnesiac war veterans return home to stumble on the traumas of their forgotten lives reflect an unconscious desire to ignore the past and an unwillingness to face the future.«[77] Cross übersieht dabei, dass schon während des Kriegs drei Filme entstanden, die die Amnesie (STREET OF CHANCE, Hively, 1942, CROSSROADS, Conway, 1942) und den amnesischen Veteranen (THE FALLEN SPARROW, Wallace, 1943) behandeln. Das Thema des amnesischen Veteranen ist insofern für das Kriegsjahr 1943 tragbar gemacht, als es sich um

Surreales, Groteskes, Absurdes

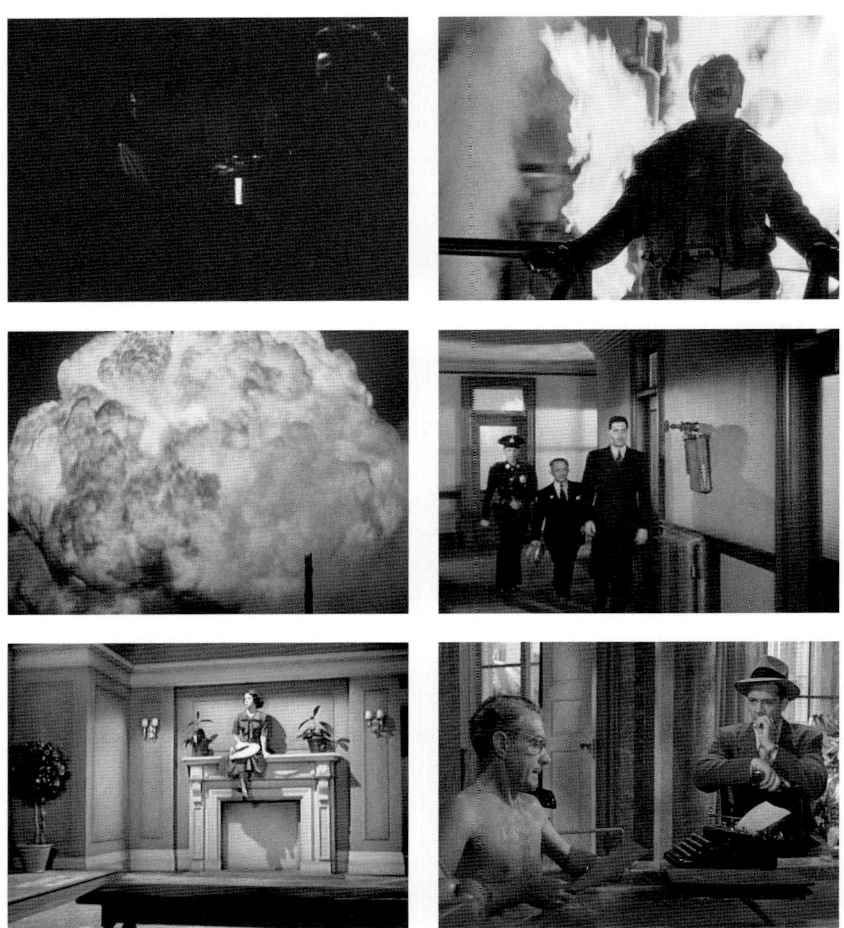

Beispiele aus: D.O.A., WHITE HEAT (2x), CORNERED, FORCE OF EVIL, LAURA

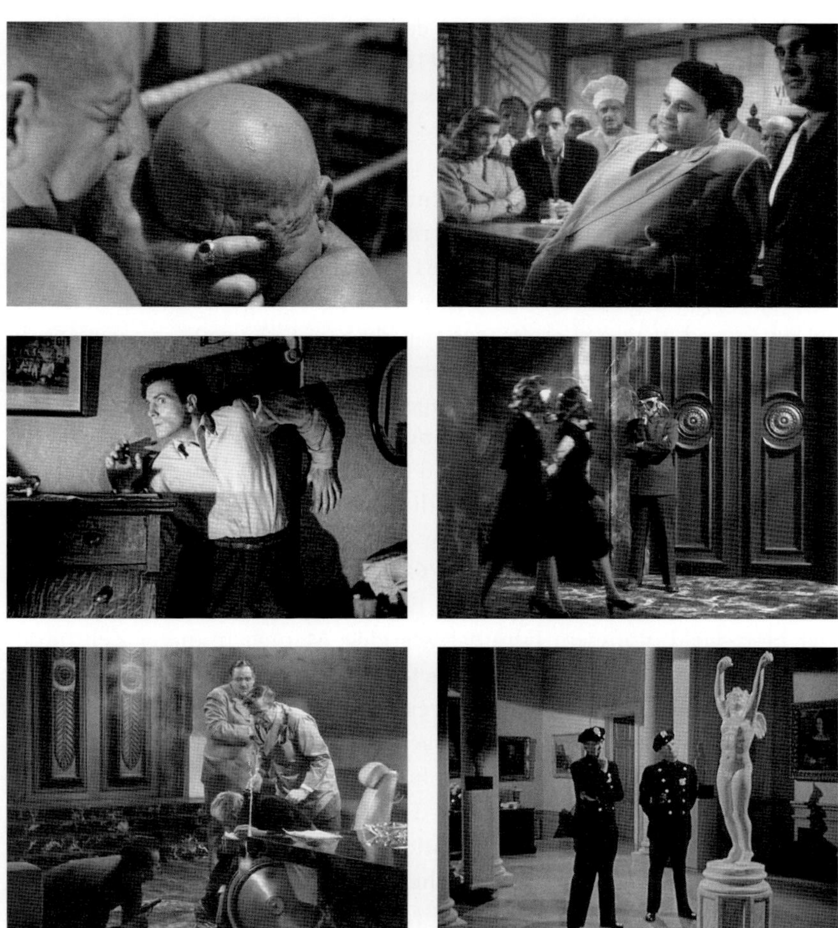

Die atomare Bedrohung schlägt sich in absurden Bildern nieder. Im Dunkeln leuchtet ein Reagenzglas und beweist die Verstrahlung. Ein Wahnsinniger erzeugt eine Explosion wie ein Atompilz. Im Bürohaus werden Gasmasken getragen. Körper befinden sich in surrealen und grotesken Arrangements. Und in einer Galerie, die auch surreales Kunstgewerbe anbietet, sorgt ein Hermaphrodit mit Puttoflügelchen für Verblüffung.

Beispiele aus: NIGHT AND THE CITY, TO HAVE AND HAVE NOT, THE STRANGER ON THE THIRD FLOOR, THIS GUN FOR HIRE (2x), THE DARK CORNER

einen Veteranen des spanischen Bürgerkriegs handelt, der in New York in die Hände von Naziagenten gerät. Aber diese Filme belegen, dass die Latenz des Amnesiethemas schon während des Kriegs vorhanden war. 1945 sind bereits vier Filme zu verzeichnen (HANGOVER SQUARE von Brahm, TWO O'CLOCK COURAGE von Mann, IDENTITY UNKNOWN von Colmes, SPELLBOUND von Hitchcock).

Die Figur des amnesischen Helden ist in verschiedener Hinsicht eine besonders typische Noir-Figur. »(...) film noir are often more concerned with concealment than revealment«, bemerkt Nicholas Christopher.[78] Gegenüber seiner Umwelt ist er der entfremdete Held schlechthin. Er vereinigt in sich Schizophrenie und Paranoia: Er begegnet seinem vergessenen Ego als Doppelgänger und ist wegen etwas, das er nicht kennt, seiner Vergangenheit, in Lebensgefahr. Er ist Detektiv in eigener Sache, das klassische *whodunit* löst sich hier besonders deutlich auf in eine Frage der Selbsterkenntnis. Er ist nicht nur Detektiv, er ist pozentiell auch Täter und Opfer. In SOMEWHERE IN THE NIGHT ist er tatsächlich Detektiv, Mörder und Mordopfer in Personalunion.

Die Amnesiefilme sind im Wesentlichen um drei Schwerpunkte gebaut: dunkle Vergangenheit vor dem Krieg oder Verbrechen während des Kriegs oder Mord an der untreuen Ehefrau/Geliebten. Ein bemerkenswerter Sonderfall ist die temporäre Amnesie in BEWARE, MY LOVELY (Horner, 1952). Der Noir-Held in diesem Film hat wie viele Männer in dieser Zeit in der Arbeitswelt nicht mehr richtig Fuß gefasst. Er verdingt sich als Hausgehilfe bei alleinstehenden Frauen. Immer, wenn man ihm vorhält, dass er »women's work« ausführe, mordet er in vorübergehender Umnachtung seine Arbeitgeberinnen. Das Gesetz der Armee steht über dem *code civil*; Frank Krutnik kommentiert die Problemlösung in DEAD RECKONING (John Cromwell, 1947): »The film's resolution is emphatically coded in terms of the reassertion of ›Army law‹ (as opposed to the civilian law ...).«[79]

Das Motiv der Gegenwart, die völlig beherrscht wird von einer erdrückenden Vergangenheit, überschattet zwangsläufig auch die Zukunft. Im Noir-Helden begegnet uns etwas wirklich Unamerikanisches: Er blickt nicht hoffnungsvoll in die Zukunft, im Gegenteil, er äußert ganz offen Zukunftsängste. Es ist ein generelles Phänomen, dass zu Krisenzeiten Wahrsagen, Hellsehen, Spiritismus und Magie an Bedeutung gewinnen. Aber im Film noir gehört dies mit zu den konstituierenden Motiven. Man sieht dies schon daran, dass die Fragestellung an den Scharlatan oft gedoppelt ist, sie geht nicht nur nach der Zukunft, sondern auch nach der Identität und der Vergangenheit.

Scharlatane nehmen oft dramaturgisch wichtige Nebenrollen ein (MINISTRY OF FEAR, Lang, 1944, MURDER, MY SWEET, CITY THAT NEVER SLEEPS,

Auer, 1953, WOLRD FOR RANSOM, Aldrich, 1954); mitunter fällt ihnen sogar die Hauptrolle zu (NIGHTMARE ALLEY, Goulding, 1947, NIGHT HAS A THOUSAND EYES, Farrow, 1948). Zwischen der Tätigkeit des Scharlatans und der des Psychoanalytikers gibt es fließende Übergänge (WHIRLPOOL, Preminger, 1949, NIGHTMARE ALLEY, SOMEWHERE IN THE NIGHT). In NIGHTMARE ALLEY arbeitet ein Society-Hellseher mit einer korrupten Psychoanalytikerin zusammen, in SOMEWHERE IN THE NIGHT steht auf Fritz Kortners Preisschild: »THE FUTURE?? THE PAST?? THE PRESENT?? Bring your problems to Dr. Oracle!! By the Stars $ 3.00. By the Palm $ 5.00. Psychoanalysis $ 10.00«.

Es gibt auch einige Amnesiefilme, in denen eine Frau unter Gedächtnisverlust leidet. In THE BLUE GARDENIA (Lang, 1953) glaubt eine Frau, in einem Blackout einen Mann ermordet zu haben, nachdem sie von ihrem Geliebten aus Korea einen Abschiedsbrief bekam. In POSSESSED (Bernhardt, 1947) wird eine Frau ohne Erinnerung aufgegriffen, die ihren Geliebten ermordet hat, der sie verlassen wollte. I, JANE DOE (Auer, 1948) ist ein Sonderfall: Eine französische Kriegsbraut hat ihren untreuen Mann ermordet; in einem Akt von Überanpassung an amerikanische Verhältnisse verdrängt sie ihre Vergangenheit bis zum Gedächtnisverlust. Der Film noir ist seit dem Kriegsende voll von mordenden Ex-Frauen, Ex- Geliebten oder Frauen, die in obsessiver Besitzgier einen Mann halten wollen. Frauenüberschuss und Kampf um die verbleibenden Männer werden zu einem Zeitproblem. »Statistics show that there are more women in the world than anything else – except insects«, heißt es in GILDA. In SORRY, WRONG NUMBER ist eine Heiratsszene bewusst wie eine Besitzergreifung inszeniert: »I, Leona, take thee, Henry…« In DON'T BOTHER TO KNOCK (Baker, 1952) hat eine junge Frau ihren Verlobten in Korea verloren. In einer schweren Neurose identifiziert sie einen anderen Mann mit ihrem Verlobten.

Nicht nur die massenhafte Werktätigkeit der Frauen musste von den Männern als Schock empfunden werden, auch der Umstand, dass Frauen dabei allenthalben in Positionen aufrückten, die ihnen bislang nur ausnahmsweise offenstanden. Häufig ist im Film noir die *black widow* in der Rolle des lüsternen Beobachters; sie schminkt sich, manikürt sich die Nägel, raucht, während sich die Männer die Köpfe einschlagen. Das gilt schon für Mary Astor in THE MALTESE FALCON, die Humphrey Bogart von einer Falle in die nächste tappen lässt. Yvonne de Carlo in CRISS CROSS (Siodmak, 1949) rekelt sich genüßlich auf einer Couch, Ava Gardner in THE KILLERS zieht ihre laszive Show ab, Jane Greer in OUT OF THE PAST lehnt verführerisch an der Bar, während die Männer ihren Kleinkrieg austragen. Die *black widow*, das ist

Gitternetze

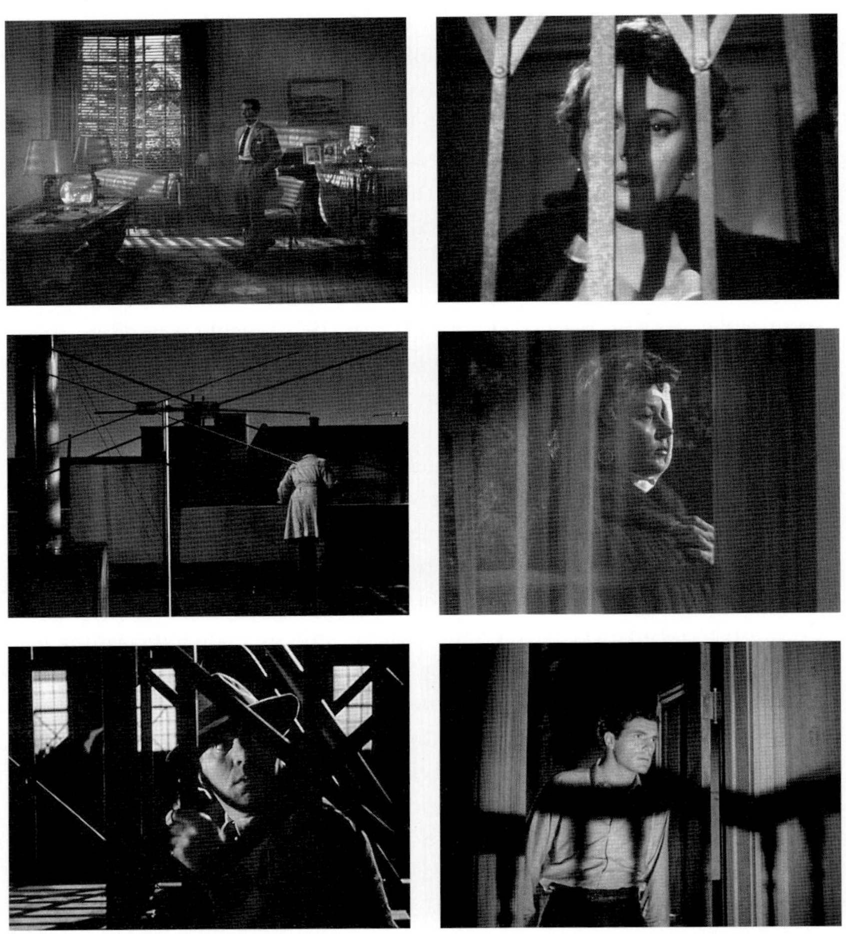

Gitter und Netzstrukturen sind nicht nur expressive Elemente, sie stehen auch im Dialog mit Elementen abstrakter Malerei, die gerade in Mode kommt.

Beispiele aus: Double Indemnity, The Maltese Falcon, Pushover, The Big Heat, The Dark Corner, The Stranger on the Third Floor

auch die Frau, die – zumindest in der Vorstellung der Männer – eine chice Karriere macht, während die Männer im Krieg den Kopf hinhalten müssen. Symptomatisch ist der Noir-Held aus DARK PASSAGE (Daves, 1947). Er wird zwischen zwei schrecklichen Frauen, einer Ehefrau, die er ermordet haben soll, und einer *black widow* aufgerieben; schließlich rettet ihn das *good-bad girl.*

Immer wieder deutet der Film noir Szenen schockierender Gewalt und verbotener Sexualität an, die eigentlich aufgrund des *production code* Tabu waren, indem der Vorgang entweder symbolisch oder in einer Ellipse vollzogen wird. Ob die Kriegssituation homoerotisches Verhalten sonderlich beeinflusste, sei dahingestellt, aber durch die äußeren Umstände wurde die Verborgenheit der Homosexuellen-Ghettos aufgesprengt. Das Tabuthema homoerotischer Beziehungen wird im Film noir häufig über den Umweg von Männerfreundschaften im Krieg oder Jugendfreundschaften angepeilt.

Solchen Beziehungen haftet etwas Heroisches an, sie verpflichten bis über den Tod hinaus (RIDE THE PINK HORSE, DEAD RECKONING, KEY LARGO, Huston, 1948, THE BLUE DAHLIA, Marshall, 1946, CRY OF THE CITY, Siodmak, 1948, KISS OF DEATH, Hathaway, 1947). Erstaunlich deutlich werden die Anspielungen, sowohl auf männliche wie teilweise auch auf weibliche Homoerotik, in Filmen, denen diese storybedingte Motivation fehlt, wie I WAKE UP SCREAMING, THE MALTESE FALCON, THIS GUN FOR HIRE (Tuttle, 1942), GILDA, LAURA und DOUBLE INDEMNITY. In DOUBLE INDEMNITY ist z.B. das Thema des Liebestodes weitaus deutlicher als bei dem heroischen Tod der ersteren Variante. Der sterbende Fred MacMurray wechselt mit Edward G. Robinson folgende Worte. »The guy you were looking for was too close...« – »Closer than that, Walter.« – »I love you too.«

Schizophrenie in Ehe und Liebe

Die Ehe im Film noir erscheint nur zu deutlich als Quelle der Frustration. Frigidität und Impotenz werden angedeutet. Schon in CITIZEN KANE ist die Ehefrau als frigide und kinderlos charakterisiert. Demselben Muster folgen zahllose Films noirs, wie DOUBLE INDEMNITY, GILDA, THE STRANGE LOVE OF MARTHA IVERS (Milestone, 1946), THE FILE OF THELMA JORDAN (Siodmak, 1950), THE PROWLER (Losey, 1951). Die Ausbruchsversuche der Ehefrauen zeigen Züge von ›dual personality‹: Die Ehefrau in THE PROWLER holt die Polizei, weil angeblich ein Mann um ihr Haus streicht. Der Polizist, der

Diegetische Texte

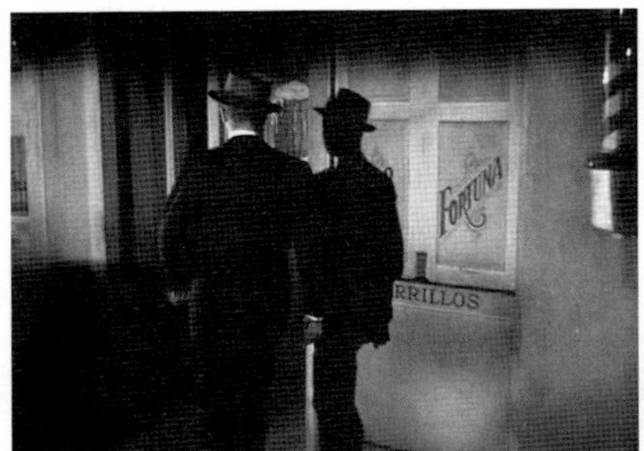

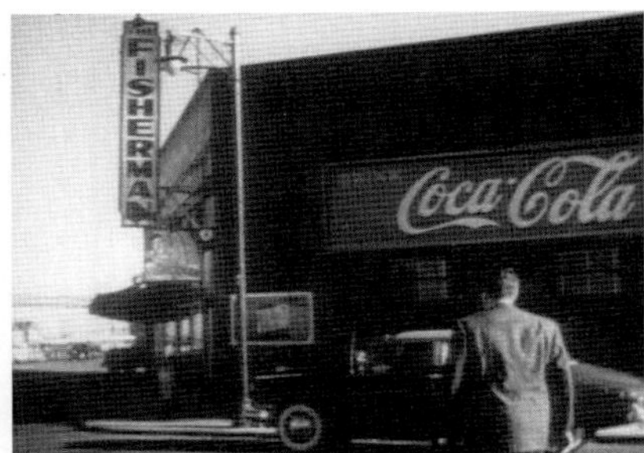

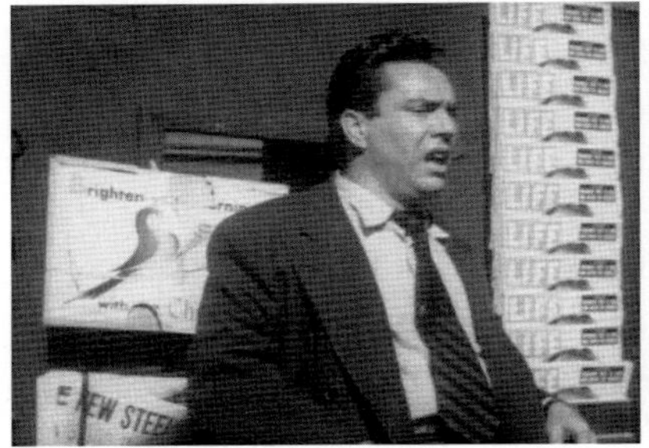

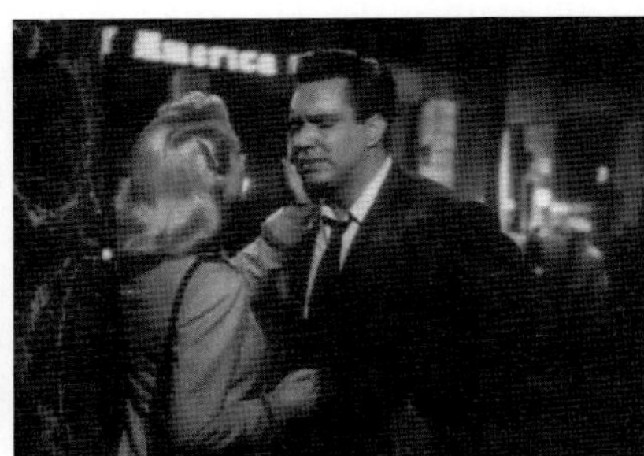

Beispiele aus: CORNERED, D.O.A. (3x)

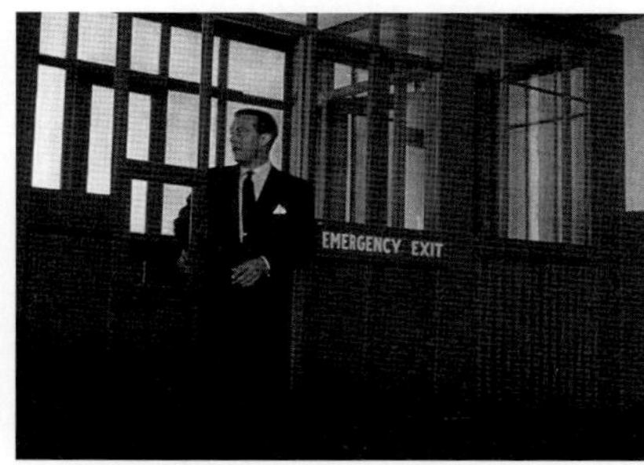

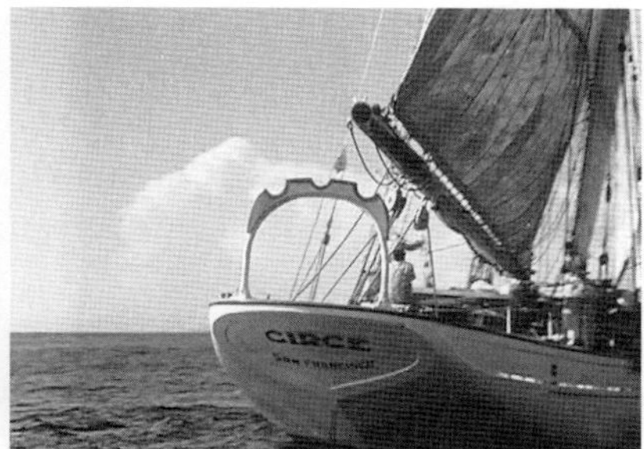

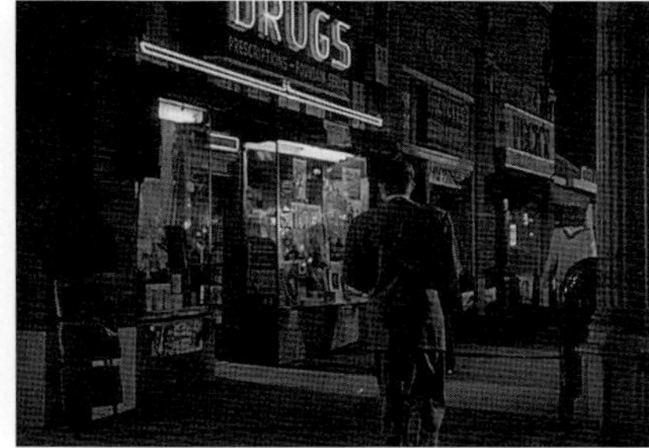

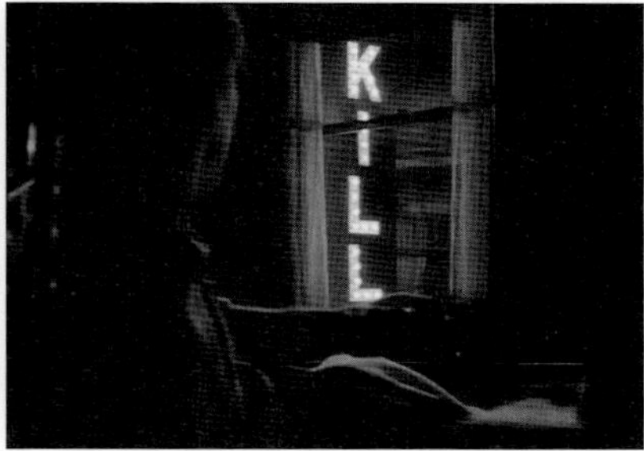

Diegetische Texte wie EMERGENCY EXIT, FORTUNA, DRUGS oder CIRCE sind selbsterklärend. Der lebende Tote in D.O.A sucht den Ort seiner Vergiftung auf, der mit COCA COLA beschriftet ist. Das LIFE MAGAZIN spottet seiner Situation. Unter der Leuchtschrift AMERICA küsst der Tote seine Braut. Und vor dem Fenster des Mörders blinkt die Leuchtreklame KILL.

Beispiele aus: The Big Clock, The Lady from Shanghai, The Prowler, The Unsuspected

kommt, erweist sich dann als der tatsächliche *prowler*, den sie heimlich herbeigesehnt hat. Barbara Stanwyck in THE STRANGE LOVE OF MARTHA IVERS küsst einen anderen Mann – mit einem Knüppel in der Hand. In manchen Filmen wird die gespaltene Haltung der Frau zur Ehe direkt in das Doppelgängermotiv aufgelöst. So die Zwillingsschwestern in THE DARK MIRROR (Siodmak, 1946) und A STOLEN LIFE (Bernhardt, 1946). Hier sind die gute Böse und die böse Gute zum Verwechseln ähnlich. »Are you sure you know whom you have kissed?«, heißt es in THE DARK MIRROR.

Die Ausbruchsversuche der Frauen im Film noir erscheinen als Faszination des Bösen. Häufig verliebt sich die gutbürgerliche Frau in einen Verbrecher; so in FORCE OF EVIL (Polonsky, 1948), THE DAMNED DON'T CRY (Sherman, 1950), THE RECKLESS MOMENT (Ophüls, 1949), RAW DEAL (Mann, 1948). Die Selbstachtung der Ehefrauen im Film noir ist gleich Null. Der Ehemann in THE RECKLESS MOMENT ist in Europa stationiert; als die Frau in die Hände von Erpressern fällt, bejammert sie ihre Hilflosigkeit: »There's no-one.« Die Ehefrau in HUMAN DESIRE (Lang, 1954) bezeichnet sich selbst als »something«: »It's only people like Carl who can kill for something they love.« Häufig ist die Faszination des Bösen identisch mit einer außerehelichen Beziehung. Meist ist die Faszination des Bösen gekoppelt mit dem Motiv des Selbsthasses. Dies wird am deutlichsten in den zahllosen Filmen, wo eine Frau wider alle Vernunft einen Mordverdächtigen, meist einen mutmaßlichen Frauenmörder, liebt (Beispiele: I WAKE UP SCREAMING, PHANTOM LADY, Siodmak, 1944, SECRET BEYOND THE DOOR, Lang, 1948, IN A LONELY PLACE, Ray, 1950, SUSPICION, Hitchcock, 1941).

In THE LOCKET taucht bei einem Mann am Tag seiner Hochzeit ein Psychiater auf. Er gibt sich als Ehemann der Braut zu erkennen und berichtet von dem Besuch eines mysteriösen, sichtlich vom Entsetzen gejagten Fremden in seiner Praxis. Dieser, in einer Rückblende mit Voice-over-Erzählung, berichtet von der pathologischen Kriminalität der Frau; als er mit seinem Bericht fertig ist, springt er aus dem Fenster in den Tod. Das Paar in THEY LIVE BY NIGHT heiratet um Mitternacht bei einem Friedensrichter. Sie haben keine Eheringe, aber dieser verkauft ihnen Talmiringe ebenso wie Heiratslizenzen, Trauzeugen, Hochzeitsmusik aus der Retorte und das romantische Licht von Neonröhren. Die Hochzeitszeremonie ist an Schäbigkeit nicht zu überbieten. Eheschließungen im Film noir sind eine einzige Farce.

Das kriminelle Paar in GUN CRAZY – nach einer ähnlich schäbigen Heirat wie in THEY LIVE BY NIGHT – gerät in Geldschwierigkeiten. Als erstes versetzen sie ihre Eheringe. Später verstecken sie sich bei Verwandten. Dort treffen sie auf ein konventionelles Familienleben. Aber wie immer im Film noir dauert es keine fünf Minuten, und das Familienleben ist zerstört. Das deutet sich schon an als Peggy Cummins in einer Mischung von Abscheu und Neugier sagt: »Gee what cute kids!« Wenig später nimmt sie das Baby als Geisel gegen die Polizei. Intakte Familien – im Film noir ohnehin eine Ausnahme – werden mit einer Geschwindigkeit zerstört, die an Zynismus nicht mehr zu überbieten ist. Glenn Ford als Polizeidetektiv mit glücklichem Familienleben verliert gleich nach der Exposition seine Frau durch ein Bombenattentat (THE BIG HEAT); ganz ähnlich die Story von THE UNDERCOVER MAN (Lewis, 1949). Diese gewalttätigen Formen haben den sinnfälligen Nebeneffekt, dass das traute Heim gleich mit zerstört wird. In PANIC IN THE STREETS – ein Sonderfall – ist die Familie eines Polizeiarztes indirekt mit dem Leben bedroht durch die Seuche, die er zu verhindern sucht; aber sein Job ruiniert auf seine Weise das Familienleben.

Auf der Seite der Antihelden des Film noir gibt es ein ganzes Spektrum ehefeindlicher Aversionen. Die zahllosen Frauenmörderfilme, die alle gegen den Hausfrauentyp gerichtet sind, und die Filme, die um den Mord der Ehefrau kreisen, sind dabei eher die trivialen Beispiele. Filme wie WOMAN IN THE WINDOW (Lang, 1944), SCARLET STREET (Lang, 1945), THE PITFALL (de Toth, 1948) oder THE STEEL TRAP (Stone, 1952) handeln dagegen von Männern, die in einer Midlife-Crisis einen Ausbruch aus ihrem frustrierenden Leben versuchen, ohne deswegen gleich ihre Ehefrau zu ermorden. »I left the same house at the same time for eleven years«, heißt es in der Voice-over-Erzählung am Anfang von THE STEEL TRAP. Wenig später fängt der Bankangestellte Joseph Cotten an, falsch zu ticken: »The difference between the honest and the dishonest is a debatable line... We're suckers if we don't try to grab as much happiness as possible in our brief time, no matter how.«

Der Versicherungsagent in THE PITFALL hat zu Beginn des Films einen charakterisierenden Dialog mit seiner Frau. Er: »I feel like a wheel within a wheel within a wheel.« Sie: »You and fifty million others ... you're John Forbes, average American, backbone of the country.« Er: »I don't want to be.« Später, in einer Bar, lernt er eine *black widow* kennen. »This is the life«, sagt sie zu ihm und lädt ihn ein zu einer Fahrt mit ihrem Boot. Das Boot heißt »The Tempest«, in deutlicher Anspielung auf Shakespeares Zauberinsel, wo die Wünsche in Erfüllung gehen. Edward G. Robinson in WOMAN IN THE WINDOW ist Psychologie-Professor. In der Exposition hält er eine Vorlesung über das Freud'sche Modell von Ich, Über-Ich und Es. Dann verabschiedet er seine Familie, die eine Urlaubsreise antritt. Am Abend geht er aus, um prompt dem Es in Form einer *black widow* zu verfallen. »The men always buy them a drink, and life suddenly becomes a nightmare. These women are signs of a collective male desperation about the world as something that can be understood and put to right« (Jack Shadoian).[80]

Die drei Filme haben gemein, dass die Männer nach schlimmen Erlebnissen wieder in ihre alte Existenz zurückkehren, aber sie lassen auch keinen Zweifel daran, dass das nur die andere Seite des Alptraums ist. Der Versicherungsagent aus THE PITFALL fährt zum Schluss des Films zu seiner Frau in einem klaustrophob gefilmten Aufzug nach unten. »Down … down«, sagt der Portier. Der Bankangestellte aus STEEL TRAP sitzt wieder in der Falle, der er entfliehen wollte. Edward G. Robinson trifft zum Schluss von WOMAN IN THE WINDOW eine Frau, die der *black widow* ähnlich sieht; in Panik rennt er die Straße hinunter.

In SCARLET STREET ist Edward G. Robinson ein Bankangestellter. Sein Arbeitsplatz, ein vergitterter Kassenraum, ist allzu deutlich klaustrophob inszeniert. Seine Frau, ein Ehedrachen, lässt ihn mit der Kittelschürze die Hausarbeit machen. Wegen einer Betriebsfeier geht er eines Abends aus und trifft seine schicksalhafte *black widow*. Er beginnt ein Doppelleben zu führen; er hält die *black widow* aus, stiehlt und veruntreut. Auch bei den Männern, die aus ihrer Rolle ausbrechen, ist die *dual personality* latent. Der Versicherungsagent in THE PITFALL hat einen Doppelgänger in Form eines Detektivs. Wiederholt erscheinen die beiden sogar als Spiegel- oder Schattenbild identisch. In einigen Veteranenfilmen ist nicht der Veteran der Mörder seiner Frau, vielmehr ist er selbst auf der Suche nach dem Mörder. Gewöhnlich hat er aber selbst ein solides Motiv und seine Suche entwickelt sich zusehends zu einer Suche nach seinem Alter Ego (THE UNSUSPECTED, Curtiz, 1947, THE HIGH WALL, THE BLUE DAHLIA, CORNERED, Dmytryk, 1945). In AMONG THE LIVING (Heisler, 1941) ist das Doppelgängermotiv auf Zwillingsbrüder übertragen, der eine ist der Frauenmörder.

In SO DARK THE NIGHT (Lewis, 1946) recherchiert ein schizophrener Polizeidetektiv einen Frauenmord. Über den mysteriösen Täter sagt er: »He does not seem to exist, yet he does exist.« Als er endlich entdeckt, dass er selbst der Täter ist, zerschlägt er sein Spiegelbild im Fensterglas. In STRANGERS ON A TRAIN (Hitchcock, 1951) wird Farley Granger von seinem Doppelgänger ein Plan zum perfekten Mord unterbreitet: Jeder soll den Mord des anderen ausführen. Sein Doppelgänger ermordet für ihn seine Frau, die sich von ihm nicht scheiden lassen will.

Immer wieder erscheinen die schizoiden Charaktere des Film noir in Spiegelkabinetten (FEAR IN THE NIGHT, Shane, 1947, THE UNSUSPECTED, WOMAN

Frame within the frame

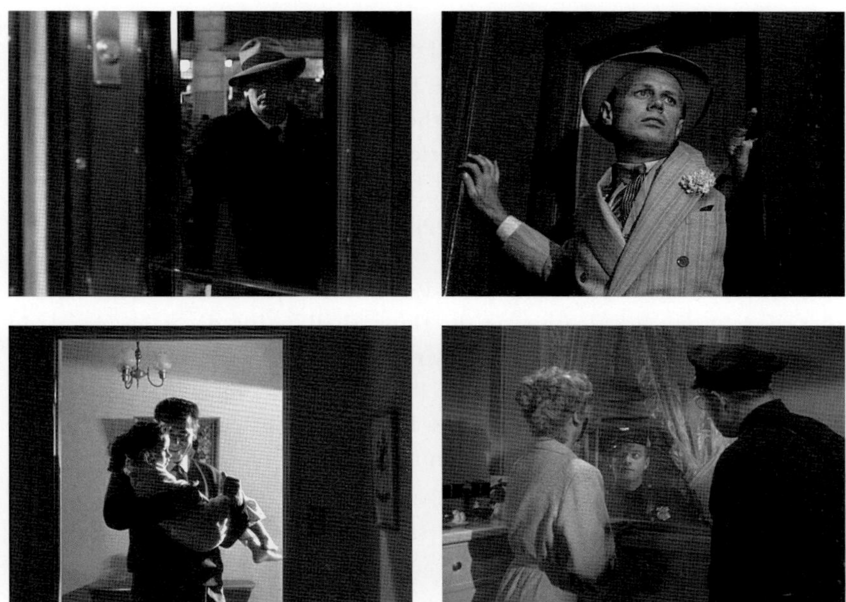

Wer im Rahmen des Bildes nochmals in den Rahmen kommt, ist schon verloren.

Beispiele aus: Kiss of Death, Night and the City, The Big Heat, The Prowler

IN THE WINDOW, SCARLET STREET, THE BLUE GARDENIA, MILDRED PIERCE, THE LADY FROM SHANGHAI) oder als Schattenverdopplungen. Schüsse ins Spiegelbild lassen an Deutlichkeit nichts zu wünschen übrig (MILDRED PIERCE, THE LADY FROM SHANGHAI, FEAR IN THE NIGHT). Die zerborstenen Spiegelbilder von Rita Hayworth in THE LADY FROM SHANGHAI sind nach Siclier[81] auch das Zerbrechen des Mythos von der Unschuld: Am Anfang des Films trat sie im weißen Kleid als verfolgte Unschuld auf, die sich später als *black widow* entpuppt.

In FORCE OF EVIL erscheint der Doppelgänger von Howland Chamberlain als dessen Schattenbild. In STRANGER ON THE THIRD FLOOR ist das Schattenbild des Alter Ego regelrecht wie bei Poe inszeniert: »And my soul from out that shadow that lies floating on the floor/Shall be lifted – nevermore!« In THE KILLERS recherchiert ein Versicherungsdetektiv das Leben eines Ermordeten. Dabei wird er diesem immer ähnlicher, wiederholt Stationen seines Lebens, eignet sich Gegenstände des Toten an, trägt denselben Schal. Auf ähnliche Doppelgänger-Pfade führen die Recherchen in THE MASK OF DIMITRIOS und CROSSFIRE.

Der Noir-Held als Detektiv in eigener Sache

Die starke Präsenz der Persönlichkeit von Orson Welles als Kane in CITIZEN KANE überdeckt leicht einen wichtigen Strang des Films. Joseph Cotten in der Rolle von Jedediah (biblisch: Freund Gottes) Leland ist der wichtigste Weggefährte Kanes, der ihn trotzdem nie versteht. Gegenüber dem maßlosen Kane ist er die Stimme der gesellschaftlichen Konvention. Die Exposition von CITIZEN KANE endet in einem Vorführraum, wo die Manager einer Wochenschaugesellschaft eine Reportage über Kanes Leben begutachten. Der Herausgeber ist mit dem Resultat nicht zufrieden. Noch im Licht der Projektorlampe sagt er zu dem verantwortlichen Reporter: »You‹ve got to tell us <u>who he was</u>.«

Wir haben hier eine dramaturgisch ausgeklügelte Dopplung in mehrfacher Hinsicht. In demselben Licht, in dem eben noch Kane erschien, erscheinen jetzt die Anwesenden als Schemen: Jeder projiziert seine Idee von Kane auf die leere Leinwand. Die Recherche ist somit von vornherein an die Subjektivität gebunden. Für den aufmerksamen Zuschauer ist dies eine Lektion in Medienkunde; auch eine Warnung vor dem Film, der folgt. Aber damit nicht genug. In dem Vorführraum befindet sich auch Joseph Cotten, jetzt seinerseits Wochenschau-Reporter. Joseph McBride schreibt über diese Szene: »Cotten is heard muttering ›Rosebud‹ in a mocking tone of voice, just as he will do later as Leland at the end of Thompson's search; his presence here as a sort of Leland doppelgänger suggests that the search is doomed to failure – Thompson will be running around in circles.«[82]

In mehr oder weniger vereinfachter Form variieren die Recherchen im Film noir das Muster von Citizen Kane: Der Rechercheur stößt auf seine eigene Subjektivität. Dies sind im Wesentlichen zwei Varianten. Entweder der Rechercheur entdeckt, dass er tatsächlich seinem eigenen Alter Ego nachjagt, wie in den obigen Beispielen, oder er entdeckt während der Recherche die Bedeutung des *mystery* für sich selbst: Statt das *mystery* zu lösen, macht er es sich zu eigen. Dem letzteren Schema gehorchen Filme wie, The Maltese Falcon, The Big Sleep, The Dark Corner, Dark Passage, The Brasher Doubloon, Lady in the Lake (Montgomery, 1947), Murder, My Sweet, Dead Reckoning, Ministry of Fear. Der Rechercheur verstrickt sich in einem (scheinbar) sinnlosen Lügenrätsel.

Häufig ist er ein Privatdetektiv, der seine Kunden, die Polizei, die Gangster und selbst die, die ihm helfen wollen, provoziert. Alle rationalen Motive gehen mit Fortschreiten der Handlung verloren; das Geld, das er verdienen könnte, geht verloren, seine Klienten verzichten nachdrücklich auf seine Dienste, und um seine Haut zu retten, wäre es klüger, sich vorzeitig zurückzuziehen. Auch die klassischen emotionalen Triebkräfte scheinen an der Oberfläche des *tough guy* nicht zu existieren. Auf die Frage, wen er eigentlich vertritt, antwortet Bogart in The Maltese Falcon: »There's me.« Und ganz ähnlich in The Big Sleep: »There's no law against working a case without a client.« In einigen dieser Filme steht der Rechercheur selbst unter Tatverdacht; bei der Recherche stößt er beständig auf seine eigenen potenziellen Motive. Hier kommen sich die beiden Varianten schon sehr nahe.

Es ist nicht verwunderlich, dass in Dark Passage teilweise und in Lady in the Lake ganz mit subjektiver Kamera gearbeitet wird. In diesen Filmen spielen naturgemäß Spiegel eine große Rolle (man sieht bei subjektiver Kamera den Noir-Helden ja nur im Spiegel!), sodass sich der Kreis zur ersten Variante wieder schließt. Die Recherchen im Film noir sind Recherchen in eigener Sache. »The classic opposition between man (...) and society shifts to man (...) and himself«[83] (Jack Shadoian). Was es damit auf sich hat, bedarf ebenfalls noch weiteren Materials.

Time is Running Out

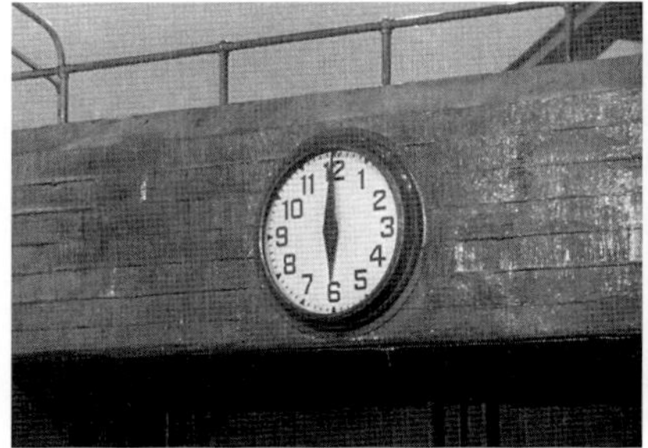

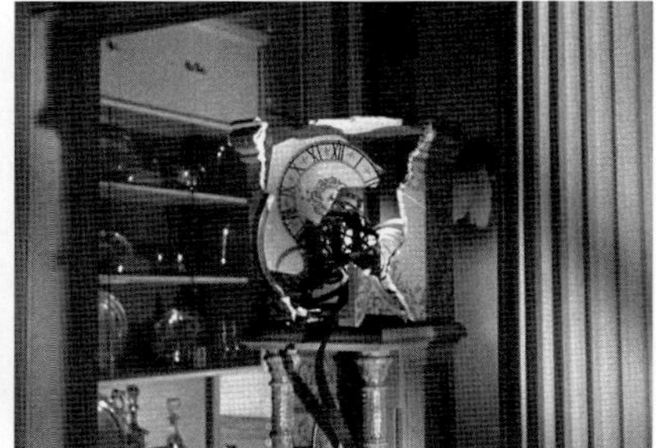

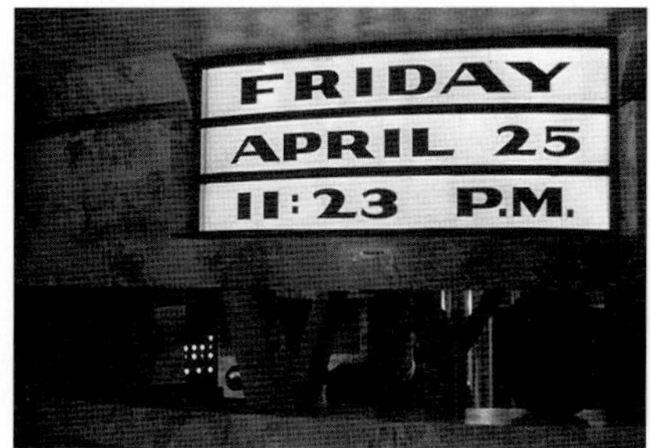

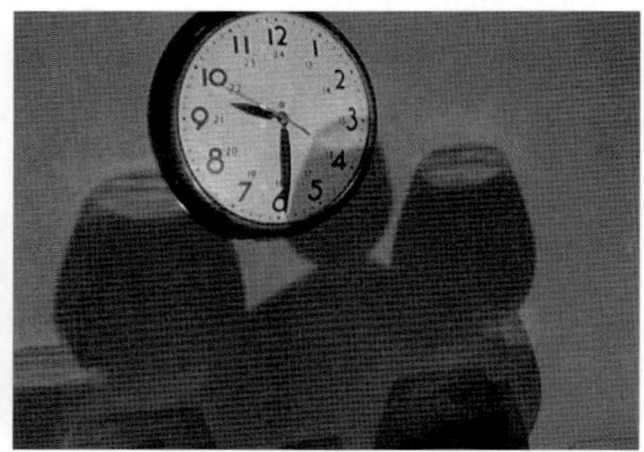

Beispiele aus: Brute Force, Laura, The Big Clock, The Big Heat

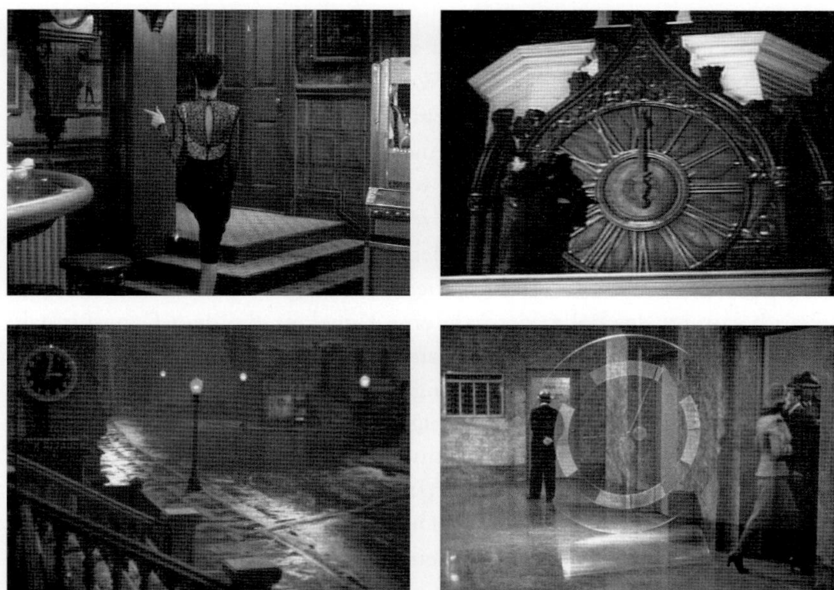

Immer verkünden die metaphorischen Uhren höhnisch ihr ZU SPÄT.

Beispiele aus: The Lost Weekend, The Stranger, The Woman in the Window (2x)

Moralische Ambiguität

Persönlichkeitsspaltung im Film noir ist sowohl psychisch wie auch moralisch angelegt. Die Kollision mit den Werten der Gesellschaft stellt sich dabei, dem Dr.-Jekyll-and-Mr.-Hyde-Schema folgend, bevorzugt als psychische Ambivalenz dar. Es gibt aber auch eine Reihe von Filmen, die umgekehrt gewichtet sind. In CRY OF THE CITY wird der manichäische Dualismus von Gut und Böse herbeizitiert und gleichzeitig relativiert: Der Gangster ist während des ganzen Films weiß gekleidet, der Polizeidetektiv schwarz. Beide sind hinter demselben ›red herring‹ her. Ihre Wege kreuzen sich beständig. Später bekommt der Polizeidetektiv eine Kugel ab, die dem Gangster galt. Zum Schluss des Films liegen beide auf der Straße, der eine tot, der andere dem Tode nahe. Aber ihre Beziehung ist noch enger: Beide sind in Little Italy aufgewachsen, die beiden sind Jugendfreunde.

Wiederholt arbeitet der Film noir mit dem Motiv der Jugendfreundschaft, so in THE KILLERS und KISS OF DEATH. In KISS OF DEATH ist die Irritation gegenüber dem alten Melodramen-Dualismus von Gut und Böse auf die Spitze getrieben. Der Noir-Held ist ein kleiner Ganove, der zu Beginn des Films einen Überfall begeht, weil er kein Geld hat, um seinen Kindern Weihnachtsgeschenke zu kaufen. Nick (Nicolo!) Bianco ist sein Name. In einem klaustrophoben Aufzug steckt er fest und wird verhaftet. Er wird sowohl von der Unterwelt als auch von der Polizei unter Druck gesetzt; beide Seiten üben über seine Familie Druck aus. Seine Frau begeht Selbstmord, seine greise Mutter wird von einem psychopathischen Gangster im Rollstuhl über eine Treppe in den Tod gestürzt.

Als Bianco seine Kinder in einer Klosterschule besucht, erscheint er vor einem Glasfenster als Christusfigur; die Polizeibeamten, die ihn begleiten, werden von den Nonnen für Gangster gehalten. Später verabschiedet Nick Bianco seine Familie am Bahnhof. Im Hintergrund taucht ein bedrohliches schwarzes Auto auf – es sind Zivilpolizisten. Eine Freundin, die zu ihm steht, heißt Nettie (Nettie und Bianco: rein und weiß). Nick Biancos Jugendfreund bei der Polizei heißt Di Angelo; als Nick Bianco am Schluss des Films von Kugeln durchsiebt auf der Straße liegt, kniet Di Angelo neben ihm nieder wie ein Engel in einer Ecce-homo-Szene und sagt: »Thanks.«

Die moralische Ambiguität im Film noir rekurriert beständig auf religiöse Motive. In THE BIG HEAT wäscht sich ein korrupter Polizeioffizier die Hände wie Pilatus. Die sympathischen Gangster in THE ASPHALT JUNGLE haben Kruzifixe über dem Bett hängen. HOUSE OF STRANGERS (Mankiewicz, 1949) arbeitet mit der Jakobslegende. WHITE HEAT greift das Judasmotiv auf. Der ›Song of Songs‹ weckt in BORN TO KILL und WOMAN IN THE WINDOW sehr irdische Gelüste. Die größenwahnsinnige Schauspielerin in SUNSET BOULEVARD wird durch Salome und Delilah charakterisiert. Der bejammernswerte Edward G. Robinson in SCARLET STREET heißt Christopher Cross und der ehrbare Dunkelmann James Mason in THE RECKLESS MOMENT stirbt in Christuspose.

Die feindlichen Brüder in FORCE OF EVIL unterhalten sich über Kain und Abel. »You'll become an evil man. You'll be Cain. You'll be a murderer.« – »I'm not the murderer, the whole thing is the murderer and we don't have much choice anyhow, so let's beat it. We have to survive. Let's be on the top instead of on the bottom, because on the bottom you're doing the same thing, except it's doing more to you than you to it.« Als sich Kain zum Schluss für Abel opfert, geschieht dies unter dem symbolischen Licht eines Leuchtturms. Kain (John Garfield) hatte nicht nur seine Seele verkauft an Roy Roberts (Tucker), dessen Frau verlangte auch noch seinen Leib. »Tucker would own his soul and Edna his body«[84] (Jack Shadoian). Dass einer Leib und Seele gleichzeitig verkauft, ist ein Lieblingsmotiv des Film noir. Das direkteste Bild davon sind die Prostituierte und der Berufsboxer. Ein Boxerfilm heißt tatsächlich BODY AND SOUL.

Die christologischen Figuren im Film noir sind immer die moralisch Ambiguen. Eine Aggression gegen die offizielle Religion ist im Film noir unverkennbar. Kirchen bieten keinen Schutz, sind tödliche Fallen (CRY OF THE CITY, DEAD RECKONING oder EDGE OF DOOM von Robson, 1950). In EDGE OF DOOM wird ein Priester von einem aufgebrachten Jungen aus den Slums umgebracht. Der Amtskirche gilt regelmäßig der Hohn des Film noir. In HOODLUM EMPIRE (Kane, 1951) kommt ein blinder Priester vor; nicht genug, dass er blind ist, er stürzt auch noch in einen Aufzugsschacht, wie einer, der zur Hölle fährt.

Antisoziale und defätistische Tendenzen

Die Aggressivität gegen Priester ist das herausragende Symptom einer generellen Aversion gegen die Stützen der Gesellschaft und Berufe mit Reputation. Polizei und Justiz, Industrielle und Bankiers, Politiker, Ärzte, Anwälte, Künstler sind durchweg korrupt, psychopathisch oder zumindest Charaktere mit dunklen Seiten. Umso bemerkenswerter ist die einzige Ausnahme: der aktive Offizier. Die Armee war sogar für den Film noir Tabu. Das tiefe Miss-

Fate is the fool's name for blind chance

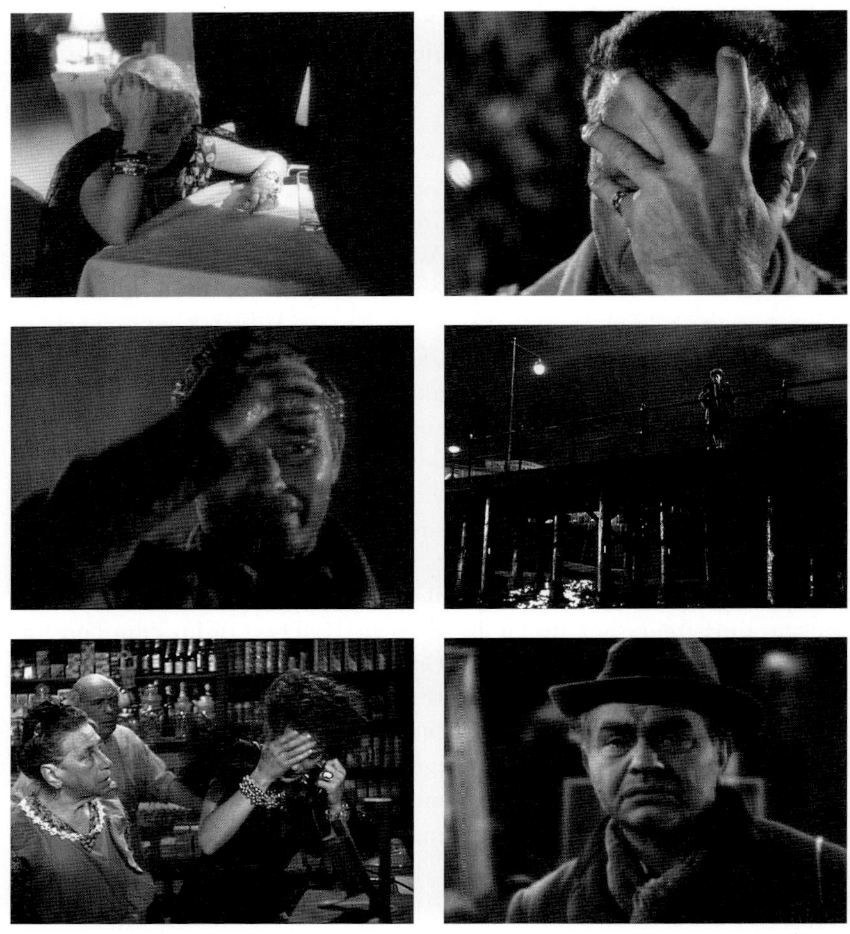

Beispiele aus: CITIZEN KANE, CORNERED, DETOUR, MILDRED PIERCE, PHANTOM LADY, SCARLET STREET

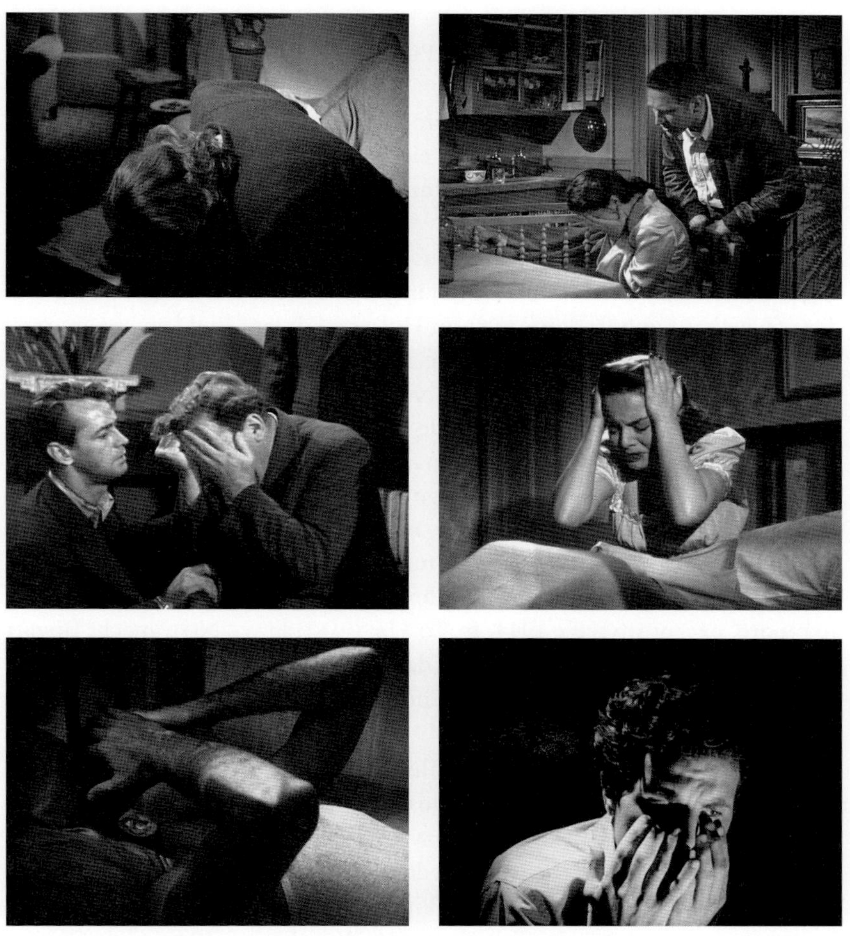

Kein Film noir ohne Bilder der Verzweiflung über ein Schicksal ohne Sinn. »Fate sticks out a foot to trip you«, heißt es in DETOUR.

Beispiele aus: THE ASPHALT JUNGLE (2x), THE BLUE DAHLIA, THE DARK MIRROR, THE KILLERS, THE STRANGER ON THE THIRD FLOOR

trauen gegen alle, die das soziale Geschick und die politische Zukunft der Gesellschaft in Händen tragen, durfte nicht auch noch zweifelnd an der militärischen Führung nagen. Filme, die Mitglieder des Offizierskorps in Verwicklungen zeigen, die sonst in den Film noir einmünden, bleiben hier vor der Tür des Genres stehen. MY REPUTATION (Bernhardt, 1945) handelt von einer Kriegerwitwe, die kurz nach dem Tod ihres Mannes gegen den Widerstand ihrer Söhne und ihrer Mutter ein Verhältnis mit einem Offizier anfängt. Knapp an der Grenze zum Film noir bleibt der Film letztlich ein reguläres Melodram.

Der Konflikt mit Werten und Tabus der Gesellschaft im Film noir nimmt gegen Ende des Zweiten Weltkriegs durchaus defätistische Züge an. Die Zeit der offiziellen Euphorie ging auch in Hollywood dem Ende entgegen; moralische Aufrüstung und patriotische Propagandaschinken kamen aus der Mode. Jener Katzenjammer, der die Nation nach dem Krieg erfasste, setzte im Film noir schon gegen Kriegsende ein. Es sei nochmals daran erinnert, dass die Antihelden des frühen Film noir bei ihren patriotischen Pflichtübungen schon sehr seltsame Umwege gehen. In THIS GUN FOR HIRE etwa ist es ein psychopathischer Killer, der, nachdem er sich betrogen fühlt, einen Großindustriellen ermordet, der heimlich an die Japaner liefert. In CASABLANCA (Curtiz, 1942) erklärt Humphrey Bogart: »I'm fighting for anything any more, except rnyself.« 1944, in TO HAVE AND HAVE NOT, macht Bogart mit dieser Ankündigung ernst: Mit den Faschisten arbeitet er nur deshalb nicht zusammen, weil sie seine Geschäfte stören, und den Antifaschisten hilft er nur gegen Geld.

Nach Kriegsende wird der demoralisierte Veteran zum wichtigsten Protagonisten des Film noir. Für arbeitslose Männer, die nichts gelernt haben, außer den Umgang mit Waffen, verwischt sich der Unterschied zwischen Töten im Krieg und Morden im Frieden. Der Typus des Veteranen-Kriminellen entsteht (z.B. THE CHASE, Ripley, 1946, RIDE THE PINK HORSE, SOMEWHERE IN THE NIGHT, THE CROOKED WAY, Florey, 1949, GUN CRAZY, THE BEAKING POINT, TRY AND GET ME!, Endfield, 1950). Glenn Ford in HUMAN DESIRE muss sich von Gloria Grahame sogar vorhalten lassen, dass er, der im Krieg das Töten gelernt hat, nicht in der Lage sei, einen betrunkenen Ehemann zu ermorden.

»I've seen enough of flags«, sagt der Noir-Held in RIDE THE PINK HORSE. Wie viele Noir-Helden ist er im Krieg mit Menschen zusammengekommen, mit denen er sonst nie Kontakt gehabt hätte. Jetzt, im Frieden, hängt ihm das als Bedrohung seiner bisherigen Existenz nach. Der Krieg ist auch eine Art *melting pot* sozialer Schichten. In immerhin zwei Filmen wird sogar an das

Feuer

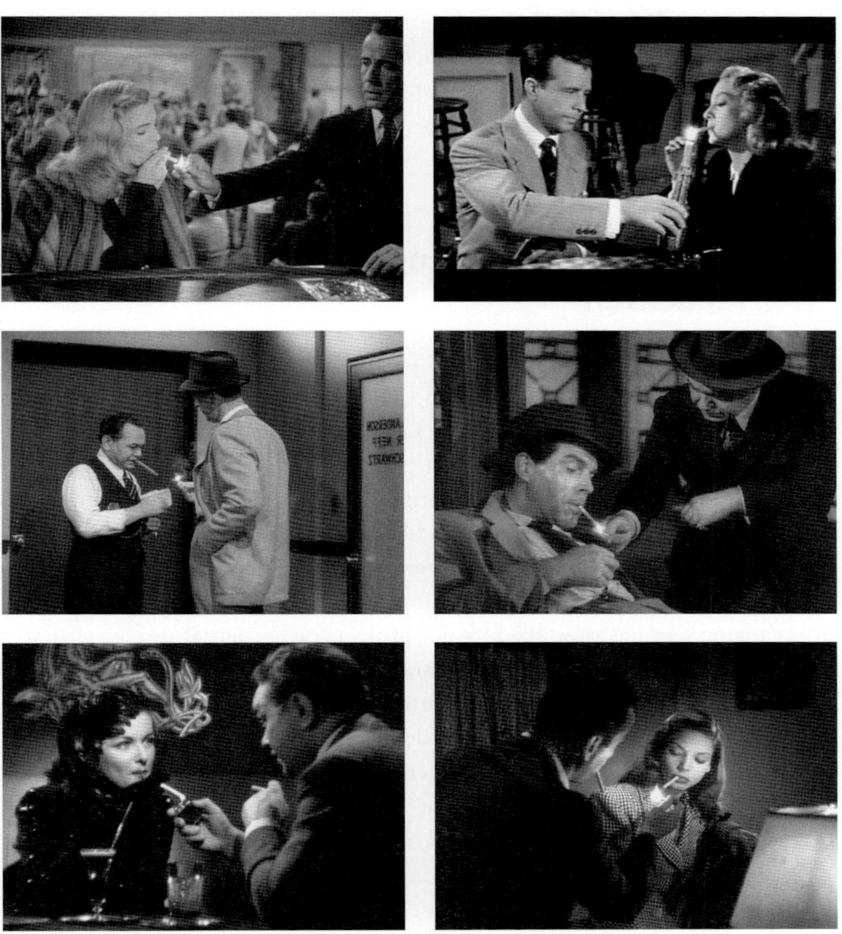

Die Zensur des *production code* lässt keinen Sex zu. Aber dafür gibt es Feuer geben und gemeinsames Rauchen. Beim Sehen der Filme muss man diesen Vertrag mit dem Publikum beachten. Das bot dramaturgisch viele Vorteile, weil jeder seine eigene Fantasie einsetzen kann. Im Neo-Noir muss man zuschauen, wie sich sonst erstklassige Schauspieler schweißtreibend als drittklassige Pornodarsteller abquälen. Die Aufhebung des *production code* und das Rauchverbot sind das Schlimmste, was dem Neo-Noir passieren konnte.

Beispiele aus: Dead Reckoning, Johnny O'Clock, Double Indemnity (2x), The Woman in the Window, To Have and Have Not

Tabu des Kriegsversehrten gerührt. In CRY DANGER (Parrish, 1951) ist ein verkrüppelter Veteran der Schurke. Und in WHERE THE SIDEWALK ENDS (Preminger, 1950) wird ein Kriegsversehrter das Opfer eines psychopathischen Polizeidetektivs, der die Verdächtigen lieber gleich umlegt, bevor er sie verhaftet. Von hier bis zu antiamerikanischen Tendenzen ist der Weg nicht mehr weit.

Politische Polarisierung und antiamerikanische Tendenzen

1945 wird die UNO gegründet. Die UNO, so die Intention, soll mehr als ein palavernder Völkerbund sein. Die UNO soll mit Machtmitteln ausgestattet sein, sogar mit eigenen Truppen, sog. Friedenstruppen. Die UNO ist sichtlich ein Kind der Weltfriedensutopie, die mit der offiziellen Euphorie der Kriegszeit verknüpft ist. 1946 erscheint im *Harper's Magazine* ein Artikel, der die pessimistische Gegenansicht vertritt. Der Autor N. A. Pelcovits, Historiker und Veteran, schreibt: »(...) for at least the past four hundred years every major war has produced its pet project for perpetual peace (...). Still less can we convince men that they are brothers by frightening tales of Hiroshima (...). Making war illegal for nations and legal only for the world federation is destined to be a vain endeavour. No one has ever been known to ask for an advisory opinion on whether it is legal to go to war.«[85]

Ich habe diesen Artikel, der sich im Tenor von anderen Stimmen der Zeit nicht wesentlich unterscheidet, aus zwei Gründen ausgewählt. Einmal spricht er genau jene Rolle an, die die UNO auf dem Weg der USA zum Weltpolizisten spielen sollte: Mit einer damals gegebenen Vormachtstellung der USA in der UNO ging General MacArthur quasi mit einem UNO-Mandat im Rücken nach Korea, um dort Krieg zu führen. Der kalte Krieg drohte ein heißer zu werden. Noch zu Zeiten des New Deal wäre es schier undenkbar gewesen, dass sich die USA militärisch in einen Bürgerkrieg in einem Land wie Korea einschalten. Aber der Artikel von Pelcovits hat noch eine zweite Pointe: »Americans need hardly be reminded that the Constitution, which even foreign statesmen hailed as the most perfect instrument of its kind, did not stand the test of a house divided. That is always the test. Not the perfection of a constitution, but the degree of basic unity within a house, a society, or a state determines peace.«[86] Der rhetorische Umweg über Lin-

Labyrinth

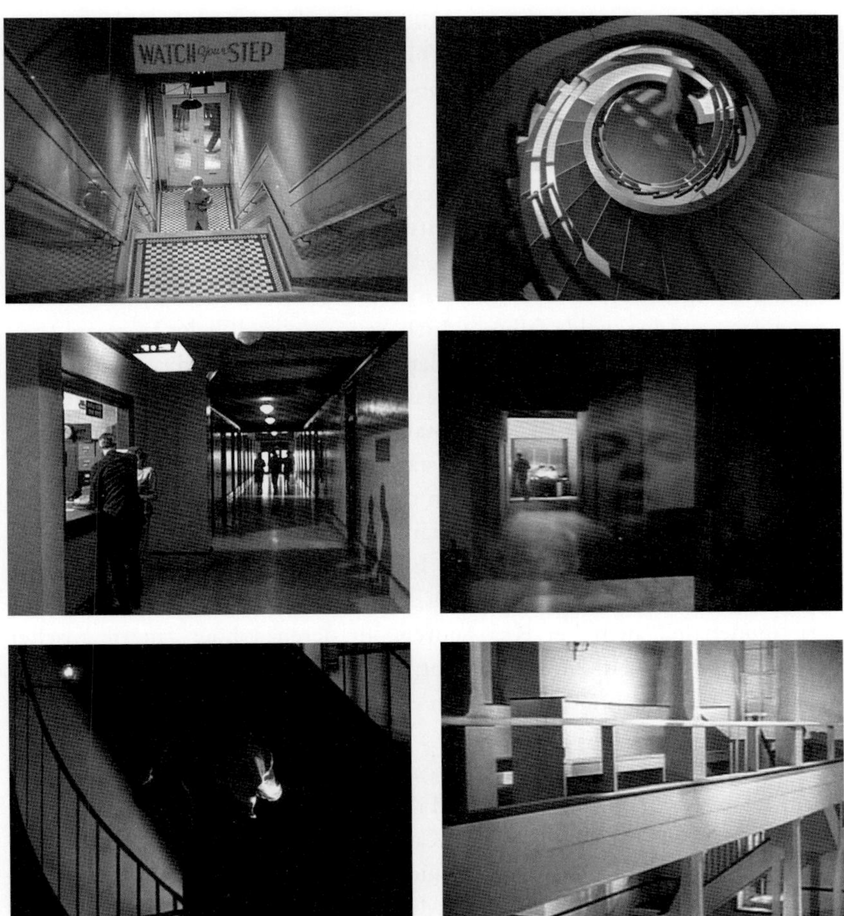

Die Antiheldinnen und -helden des Film noir verlieren sich nicht nur im Labyrinth der Erzählung, sondern auch in Räumen, die an Borges erinnern: »Ich folge Jahr um Jahr verhasstem Mauerweg, der mir bestellt vom Schicksal. Schnurgeraden Säulengängen, sich endlich drehend wie Geheimgewinde.«

Beispiele aus: KILLER'S KISS, MILDRED PIERCE, PUSHOVER, THE BIG COMBO, THE SPIRAL STAIRCASE, THE STRANGER

coln erinnert daran, dass in der neuen weltpolitischen Rolle der USA plötzlich »basic unity« gefordert war. Die amerikanische Linke, die im Windschatten des New Deal eine gewisse Blüte erlebt hatte, wurde in der Ära des kalten Kriegs zum inneren Feind. McCarthy war nur ein Symptom der Zeit. 1947 nahm das HUAC seine berühmt-berüchtigten Befragungen in Hollywood auf.

1948 schreibt Robert Warshow in seinem Artikel »The Gangster as Tragic Hero«: »At a time where the normal condition of the citizen is a state of anxiety, euphoria spreads over our culture like the broad smile of an idiot (...). Even within the area of mass culture, there always exists a current of opposition, seeking to express by whatever means are available to it that sense of desperation and inevitable failure which optimism itself helps to create (...). The gangster film is remarkable in that it fills the need for disguise (though not sufficiently to avoid arousing uneasiness) without requiring any serious distortion.«[87] Mangels zeitlicher Distanz spricht Warshow hier nur vom Gangsterfilm, aber die Aussage trifft exakt auch den Film noir.

In der Tat fällt vieles, was der Film noir der Nachkriegszeit auf die Leinwand brachte, in die Kategorie antiamerikanischer Aversionen. Und dies bemerkenswerterweise nicht nur bei Emigranten oder späteren Opfern des HUAC, wo die Absicht aus zahlreichen Interviews wohl verbürgt ist, sondern tendenziell auch bei Regisseuren, an deren solider amerikanischer Grundeinstellung kein Zweifel besteht, wie Raoul Walsh oder Phil Karlson; man könnte argumentieren, sie haben sich von der Logik des Genres mitreißen lassen.

Hatte man während des Kriegs faschistisches Gedankengut mit dem Feind identifizieren können, entdeckte der Film noir nach dem Krieg dasselbe Gedankengut in den eigenen Reihen. Rassenhass in NO WAY OUT, Antisemitismus in CROSSFIRE, Hass auf ›Minderwertige‹ in THE SPIRAL STAIRCASE (Siodmak, 1946) oder Gefängnisse, die wie KZs geführt werden (BRUTE FORCE), mit Beamten, die Gefangene zu Wagnerklängen zu Tode prügeln. Andere Filme attackieren den amerikanischen Kapitalismus.

FORCE OF EVIL beginnt mit einer Totale der Wallstreet, von oben aufgenommen, ein Gewimmel wie in einem Ameisenhaufen. Der Film schildert *big business* und arriviertes Gangstertum als ununterscheidbar. »What do you mean gangsters? This is business«, heißt es in dem Film. Wiederholt werden alte amerikanische Ideale gegen die Wirklichkeit ausgespielt. Ein Hotelzimmer mit der Nummer 776 wird sarkastisch mit »the old liberty number« kommentiert. Ähnlich in BODY AND SOUL, wo es heißt: »It's a free country. Everything's for sale.« In dem Kapitalistendrama RUTHLESS (Ulmer, 1948) macht der Schluss kein Hehl aus seiner Botschaft, dass es sich nicht um skrupellose Individuen, sondern um ein skrupelloses System handelt: »He wasn‹t just a man. He was a way of life.«

In D.O.A. findet eine der absonderlichsten Liebesszenen der Filmgeschichte statt. Ein Mann, der weiß, dass er nur noch wenige Stunden zu leben hat, erklärt einer Frau, dass es keinen Sinn hat, ihr irgendetwas zu erklären, sie würde ihn doch nicht verstehen, aber er liebe sie. Und das alles unter der Leuchtschrift »Bank of America«, von der man nur das »America« im Bild sieht. In 99 RIVER STREET hängen alle vier Hauptpersonen dem amerikanischen Karrieretraum nach, jeder von ihnen scheitert kläglich. Einmal heißt es: »A chance at the top. It's the most important thing in the world.« WHITE HEAT endet mit einer Apokalypse. In einer Totale sieht man eine chemische Fabrik, darüber weht die amerikanische Fahne. Wenig später sprengt ein explodierender Tank die Fabrik in die Luft. Die Explosion steht wie ein Atompilz im Bild, die Kamera vibriert.

Kalter Krieg und atomare Bedrohung

»The year 1949 was (...) a turning point. August, the concession of China to the Communists; September, the announcement of the Soviet atom bomb; August and September and the months before and after, the explosive questions raised by the Hiss case - 1949 was a year of shocks, shocks with enormous catalytic force.« So schreibt Eric F. Goldman in seinem Buch *The Crucial Decade: America, 1945 – 1955.*[88] Eine der rekurrierenden Sentenzen des Film noir lautet: »Don't trust anybody.« Man kann niemand trauen, nicht einmal dem, den man liebt; er/sie kann ein Doppelleben führen, in Untreue oder Bigamie, als Mörder oder Agent.

Hitchcock war ein Meister darin, diese verschiedenen thematischen Stränge in einem *plot* zusammenzuziehen; so in SABOTEUR (1942) und NOTORIOUS (1946). Geht es in diesen Filmen noch um deutsche Saboteure bzw. Atomspione, werden aus denselben *basic plots* Ende der 1940er Jahre Filme mit kommunistischen Agenten. Aber während eine neue Welle von Propagandafilmen jetzt zum Antikommunismus hetzt und später den Koreakrieg verherrlicht, ist der Film noir alles andere als umstandslose Propaganda des Kalten Kriegs. Die Ambivalenzen des Film noir bestehen fort.

Das lässt sich gut an dem Film PICKUP ON SOUTH STREET von Samuel Fuller demonstrieren, da Fuller unter den Regisseuren des Film noir sicherlich

Rätsel und Puzzle

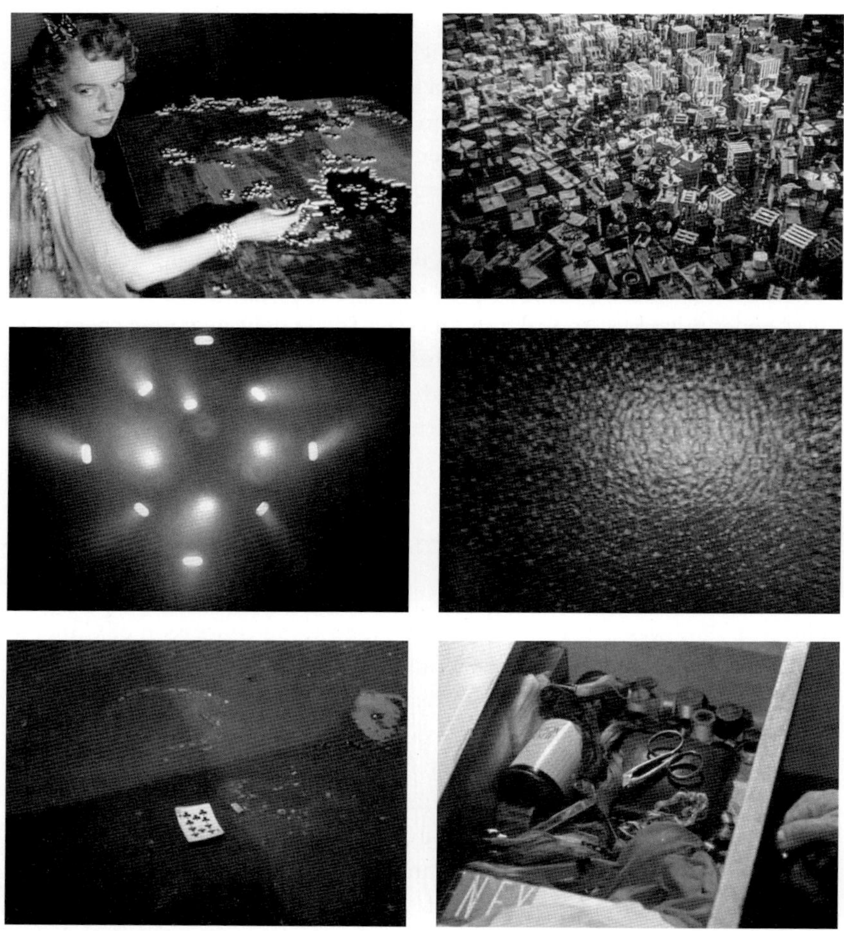

Die Unauflösbarkeit von Rätsel- und Puzzlebildern ergänzt die Endlosigkeit der labyrinthischen Orte.

Beispiele aus: Citizen Kane (2x), Dead Reckoning, Pitfall, This Gun for Hire, The Woman in the Window

der exemplarische kalte Krieger ist. Selbst bei einem so dezidierten Vertreter des *right wing* erscheinen die FBI-Agenten genauso sehr als Dunkelmänner wie die kommunistischen Atomspione. Der Noir-Held ist ein professioneller Taschendieb, der, ohne es zu ahnen, dem *good-bad girl* einen Mikrofilm aus der Handtasche klaut. Er lebt mitten in New York außerhalb der Zivilisation, auf einem Bootshaus, das nur über einen wackeligen Steg zu erreichen ist. Ähnliches gilt für Thelma Ritter, eine alte Frau, die Krawatten, *ties*, verkauft; sie verkauft aber nicht nur Krawatten, sondern vermittelt auch die Kommunikation zwischen den Personen. Die Bindungen, *ties*, zwischen Noir-Held und *good-bad girl* werden durch sie geknüpft.

Diese Außenseiter erscheinen als die eigentlich menschlichen Personen gegenüber den politischen Intrigen, patriotischen Sprüchen und den Agenten beider Seiten, die wie Maschinen funktionieren. Ihre Gegenmoral lautet schlicht: »Gotta eat.« »Throughout the film Skip ridicules abstract concepts of politics and patriotism«, schreibt Jack Shadoian.[89] Die Symbolik einer Liebesszene fasst das heimliche Thema des Films in einem Bild zusammen: Richard Widmark und Jean Peters küssen sich zwischen zwei gleichermaßen bedrohlichen Bildsignalen, auf der einen Seite eine Schlinge, auf der anderen Seite ein Haken, der an einer Kette hängt.

Robert Warshow spricht in dem weiter oben zitierten Artikel von »the need for disguise«. Stets tauchen die Themen der Zeit im Film noir in einer Maskierung auf, die der Verwandlung der Traumarbeit nicht unähnlich ist. Das Alptraum-Thema der Atombombe ließ sich, spätestens seit die Sowjetunion ihre eigene entwickelt hatte, nicht mehr verharmlosen: Die makabre Formel vom Gleichgewicht des Schreckens kam auf. Aber die Atombombe selbst taucht im klassischen Noir nicht auf – dies ist erst nach der Blütezeit des Film noir der Fall, als zwar weiterhin Filme im Noir-Stil gedreht wurden, aber mangels Nachfrage deutlich weniger. KISS ME DEADLY, in dem es tatsächlich um eine Art Atombombe geht, gehört bezeichnenderweise in diese ›byzantinische‹ Phase des Film noir.

In D.O.A. ist dagegen der atomare Alptraum einer klassischen Noir-Maskierung unterworfen. Der Film beginnt auf einer Polizeistation. Ein Mann, Mittelmaß in jeder Hinsicht, bahnt sich den Weg durch endlose labyrinthische Korridore bis zur Mordkommission: »I wanna report a murder«. Die Leiche ist er selbst. In der Voice-over-Rückblenden-Technik erzählt der Film die absonderliche Geschichte dieses Mannes. Edmond O'Brien ist Steuerberater in einem gottverlassenen Kaff. Über tödlich langweiligen Zahlenkolonnen zerrinnt sein Leben. Er hat dort eine Sekretärin, die ihn wohl gerne heiraten möchte, aber wie schal ihre Beziehung ist, merkt man schon

Noir-Frauen, mal gut, mal böse

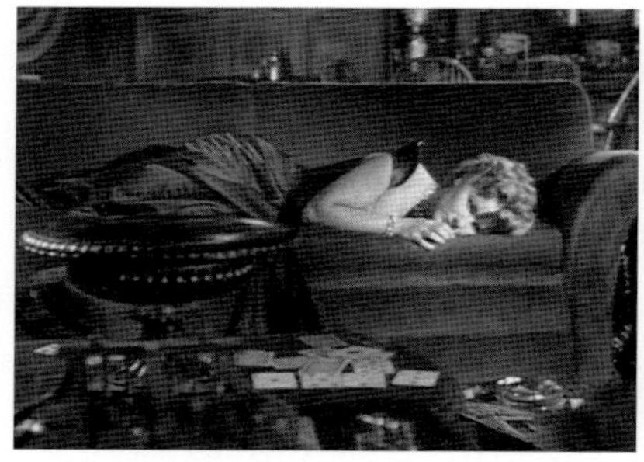

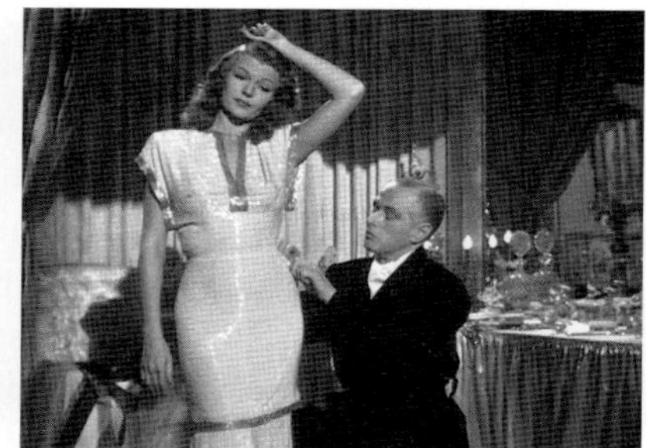

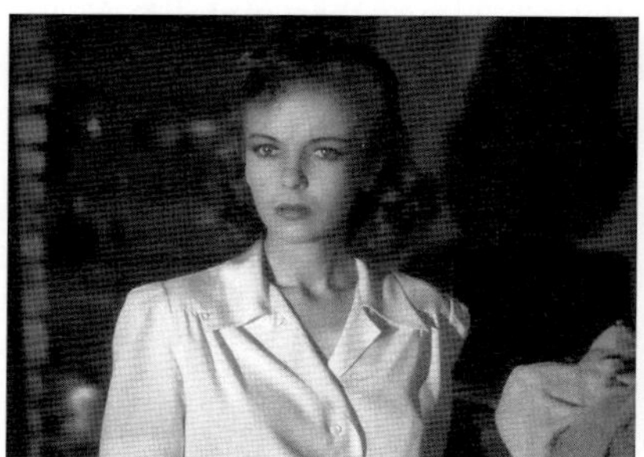

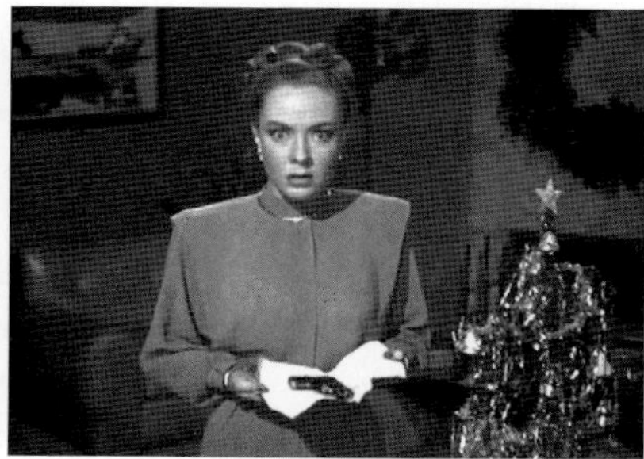

Beispiele aus: CAUGHT, GILDA, HIGH SIERRA, LADY IN THE LAKE

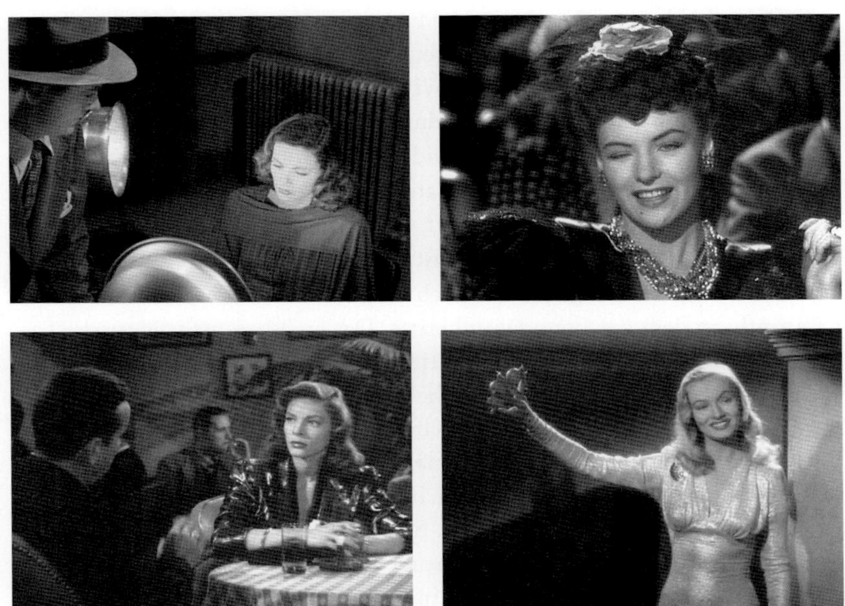

Aus dem *good sport* der 1930er Jahre wird das *good bad girl*.

Beispiele aus: Laura, Phantom Lady, The Big Sleep, This Gun for Hire

an dem Bier, das sie zusammen trinken: Sie nippt nur an ihrem Glas, schiebt es ihm zu, er macht der Sache ein Ende und kippt auch ihr Bier runter.

O'Brien ist der typische Noir-Held: von vornherein ein lebender Toter. Beruflich muss er nach San Francisco, ein Toter auf Urlaub. Sein Hotel ist voll mit Geschäftsleuten aus der Provinz, sie alle wollen für ein paar Tage etwas haben vom Leben. Man zieht durch Nachtlokale. Die Stadt ist ein lockender Irrgarten. Die erste Nacht endet in einem trunkenen Totentanz im Hotelflur mit Wein, Weib und Gesang. Ein Individuum hat O'Brien ein Glas untergeschoben, er hat es geleert, nachts wird ihm schlecht, am nächsten Tag hat er etwas, das schlimmer ist als ein gewöhnlicher Kater. Er fängt an zu recherchieren. Die Stadtlandschaft verwandelt sich in ein bösartiges Labyrinth, in dem der Fremde umherirrt. Das Sichtbare ist trügerische Fassade, die Straßen sind voll von reflektierenden Glasfronten.

Die Wahrheit dagegen wird kenntlich bei vollständiger Dunkelheit, wenn die Scheinwelt des Sichtbaren ausgeschaltet ist: In einem Krankenhaus wird O'Brien über seinen Zustand aufgeklärt, ein phosporeszierendes Reagenzglas, als solches nur im Dunkeln sichtbar, beweist, dass er mit tödlicher Nuklearstrahlung verseucht ist. Jack Shadoian schreibt über den Film: »It questions the sustaining premise of the medium, that seeing is believing, that show and tell are valid. In D.O.A. seeing is disbelieving – in us and the film. It reflects the culture's paranoia by incorporating the paradox that one can look and look and not see what is happening.« Und: »The truth is there to see, but only under conditions of total darkness.«[90]

Die Duplizität der Ereignisse ist auch hier von elementarer Wichtigkeit. Zweimal wird O'Brien ein Glas zugeschoben. Das erste Glas tötet ihn psychisch, das zweite physisch. Strahlentod und psychischer Tod sind einander wechselseitig Metapher. Die Strahlenverseuchung hinterlässt ebenso wenig eine sichtbare Wunde wie eine psychische Krankheit. Ja, die Gewissheit des wirklichen Todes heilt auf paradoxe Weise den Scheintoten. In der Gewissheit des Todes wird O'Brien für wenige Tage so lebendig wie noch nie. Alle paranoiden Ängste und bürgerlichen Zwänge sind von ihm abgefallen, seine Recherche wird zum Amoklauf. In einer Szene gerät er in die Hände von Gangstern. Ein sadistischer Schläger versucht, ihm mit den üblichen Methoden Todesangst einzujagen. O'Brien schaut ihn nur gelangweilt an. Der Chef pfeift seinen Laufburschen zurück, er sieht, die Sache hat keinen Sinn. Der Schläger heißt Chester (= *jester*), er heult auf wie ein kleiner Junge, dem man sein Spielzeug wegnimmt.

Auch dieses kleine hässliche Meisterwerk folgt dem irrwitzigen Noir-Schema des Detektivs in eigener Sache, der potenziell Mörder und Opfer

Das Bild der Frau

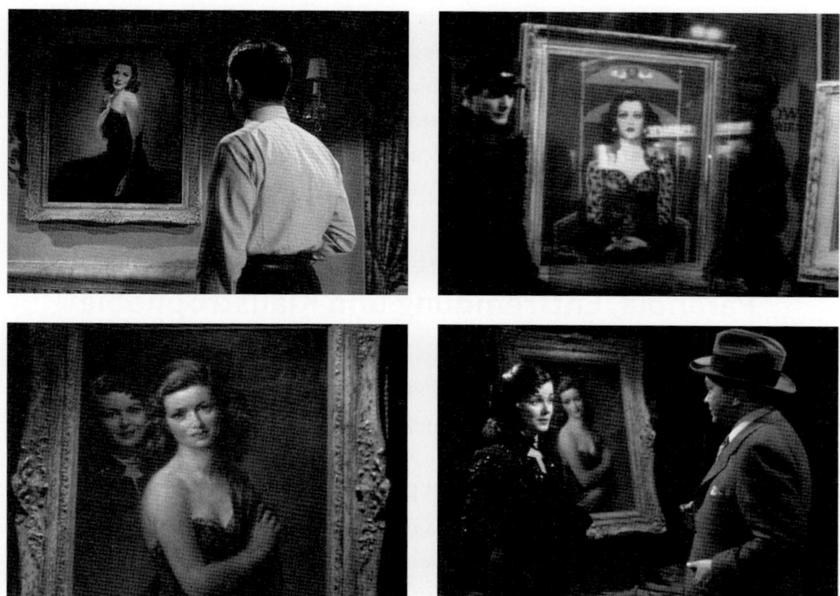

Aus dramaturgischen Gründen ist das Porträt im Film noir konventionell. Das tote Gemälde regt romantische Träume an, die auf gefährliche Weise lebendig werden.

Beispiele aus: Laura, Scarlet Street, The Woman in the Window (2x)

zugleich ist. Die Reise nach San Francisco ist eine Reise ins eigene Innenleben. Die wenigen Stunden radikalen Lebens sind auch Stunden radikaler Wahrheit. O'Brien hört auf, sich etwas vorzulügen, der Trick mit dem Phosphoreszenztest markiert die Wende in seiner Existenz. O'Brien begreift, dass schon lange vorher alle seine Beziehungen letal waren, dass er so, wie er gelebt hat, sich selbst getötet hat. Spätestens bei jener absonderlichen Liebesszene unter der Leuchtschrift »America« merkt man, dass dieser kleine hässliche Film auch ein subversiver Film ist.

Paranoia, Entfremdung und Klaustrophobie

Die ersten Vorladungen des HUAC 1947 lösten in Hollywood zunächst eine heftige Opposition aus. Aber der Druck der Presse und das Exempel, das an den ›Hollywood Ten‹ statuiert wurde, bewirkten, dass die erste Opposition rasch in hysterische Angst umschlug.[91] Paul Jensen zeigt in seiner Publikation »The Return of Dr. Caligari/Paranoia in Hollywood« auf, dass der paranoide Strang des Film noir Ende der 1940er Jahre starke Impulse erhält.[92] So ist etwa das Thema des falschen Schuldigen/Verdächtigen, der sich vergeblich zu rehabilitieren sucht, in dieser Phase des Film noir auffällig gehäuft.

Die Gewichtsverschiebung vom schizoiden zum paranoiden Charakter lässt sich auch quantitativ bestätigen. Das eigentlich interessante Ergebnis ist dabei, dass speziell für das Thema des unschuldig Schuldigen im Jahr 1947 selbst sich die absolut herausragende Zahl von acht Filmbeispielen ergibt (DARK PASSAGE, THE HIGH WALL, BOOMERANG von Kazan, KEY WITNESS von Lederman, FALL GUY von LeBorg, IVY von Wood, RAILROADED von Mann, THEY WON'T BELIEVE ME von Pichel). Wir stehen hier wieder einmal vor dem Phänomen, dass die Themen des Film noir geradezu seismografisch auf Zeitströmungen reagieren.

Die Alptraum-Frage der McCarthy-Ära, »Are you now or have you ever been …?«, impliziert nicht nur das Thema des unschuldig Schuldigen. Zwei andere Noir-Themen erhalten ebenfalls Ende der 1940er Jahre verstärkte Impulse, das Thema der Entfremdung und der Klaustrophobie. Eine rekurrierende Sentenz des Film noir lautet: »I am a stranger here myself.« Nicholas Ray, einer der wichtigsten Regisseure des Film noir sagt selbst: »I have one working title: I'm a Stranger Here Myself.«[93] Emil White, einer der renommiertesten Vertreter der amerikanischen naiven Malerei fertigt 1947 ein Bild mit diesem Titel an: Mitten in einer menschenleeren Noir-Straße sitzt ein

Mann auf seinem Seekoffer. Abraham Polonsky, Regisseur des Noir-Klassikers FORCE OF EVIL und Opfer des HUAC, sagt in einem Interview mit den *Cahiers du Cinéma* über die sozialpsychologischen Auswirkungen der Hexenjagd: »On devient alors un homme etrange, comme quelqu'un qui aurait une maladie secrete.«[94] F. D. Roosevelts Vision von der kranken Nation findet sich hier in verwandelter Form wieder.

Das Thema der Entfremdung war ursprünglich konzentriert auf den GI/Ex-GI, der weder in der Fremde noch zu Hause Fuß fassen kann. Der Ex-GI von RIDE THE PINK HORSE wird regelrecht als »the man with no place« charakterisiert. Den umgekehrten Weg beschreiten Filme wie THE BIG CLOCK (Farrow, 1948). Hier ist der Noir-Held sozial scheinbar völlig integriert. Er ist Reporter und recherchiert einen Mordfall. Durch seine Recherchen bringt er sich selbst in Mordverdacht. Plötzlich fällt er aus allen sozialen Bindungen, nirgends kann er sich mehr blicken lassen. Aber nicht genug, dass er unschuldig schuldig ist und ein Fremder überall, wo er heimisch war: Er unterliegt auch noch einer doppelten klaustrophoben Situation. Er ist eingeschlossen in dem Verlagsgebäude seiner Zeitung, das von der Polizei abgeriegelt wurde. Und innerhalb dieses Gebäudes ist er nochmals eingeschlossen in dem Uhrwerk einer riesigen Uhr.

Die Klaustrophobie, in den Anfängen des Film noir nur ein beliebtes Motiv in bedrohlichen Situationen, wird gegen Ende der 1940er Jahre zu einem Noir-Thema. Seit Borde/Chaumeton das erste Mal in ihrem Buch auf den zeitlichen und thematischen Bezug von Sartres *Huis clos* zum Film noir aufmerksam machten, ist die Literatur zum Film noir voll von Verweisen dieser Art. In der Tat lassen sich fast alle Elemente des Film noir in diesem kurzen Stück finden. Selbst die trügerische Evasion in ein fernes Acapulco kommt bei Sartre vor: »Et puis, à l'heure du danger, on t'a mis au pied du mur et (...) tu as pris le train pour Mexico.«[95] Der Film noir ist voll von *Huis-clos*-Orten: fensterlose Räume, Korridore, Aufzüge, Anstalten und Häuser wie Mausefallen. Aber nicht nur die Orte, auch die filmtechnischen Mittel des Film noir sind geeignet, Klaustrophobie zu erzeugen. Es gibt im Film noir kaum Totalen, aber einen häufigen Gebrauch des Close-up, das in Verbindung mit bedrohlich eingesetztem Licht und Aufnahmewinkel einengend wirkt. Ebenso einengend wirkt die Technik des »frame within the frame«, die den Akteur innerhalb des Bildes nochmals isoliert.

Der erste Film, in dem Klaustrophobie zum Thema wird, ist THE PRETENDER (W. L. Wilder, 1947). Der paranoide Protagonist verbarrikadiert sich vor einem unbekannten Mörder, um sich schließlich in einem selbstgebauten Gefängnis eingeschlossen zu finden. Als er beobachtet, wie sich ein verdäch-

Unhappy Ending

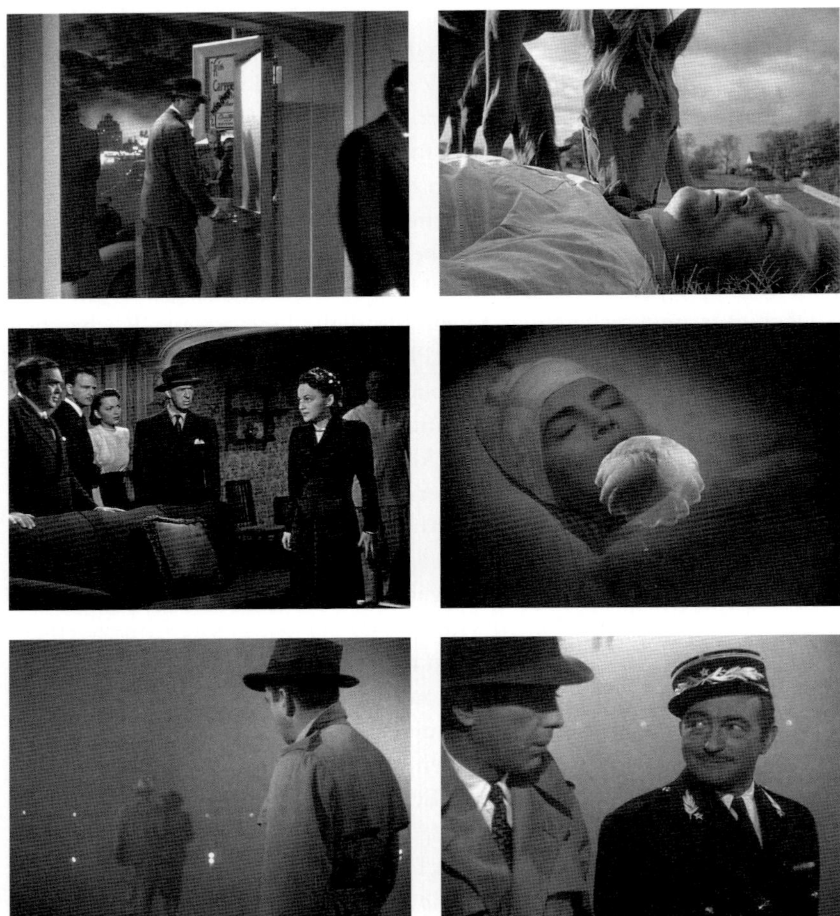

Das Happy Ending im Film noir fällt aus oder ist trügerisch. Ein Mann tritt hinaus in eine düstere Straße und auf dem Plakat sieht man, dass alles weitergeht wie bisher. Ein Mann hat die Farm seiner Träume erreicht und stirbt. Eine Frau hat ihr Es abgetrennt, glücklich ist niemand. Eine Frau wird zum romantischen Kollateralschaden des Kriegs. Eine Frau verlässt ihre Liebe zugunsten der Pflicht. Dem so Verlassenen bietet ein Mann seine besondere Freundschaft an; wenn Michael Curtiz es gewagt hätte, dass ihm Claude Rains eine Zigarette anzünden darf, wäre CASABLANCA wirklich genial.

Beispiele aus: BLACK ANGEL, THE ASPHALT JUNGLE, THE DARK MIRROR, DEAD RECKONING, CASABLANCA

tiges Subjekt herumtreibt, bricht er aus und rast in panischer Angst mit seinem Wagen in den Tod. Es folgen eine ganze Reihe von Filmen, die um dieses Thema gebaut sind (SORRY, WRONG NUMBER, SECRET BEYOND THE DOOR, CAUGHT von Ophüls, 1949, CAGED von Cromwell, 1950, ACE IN THE HOLE von Wilder, 1951, THE NARROW MARGIN von Fleischer, 1952, JEOPARDY von Sturges, 1953).

Eine kuriose Variante bildet den Schlussstein dieser Reihe: THE OTHER (Haas, 1954). Hugo Haas, Regisseur des Films und Emigrant, spielt selbst die Hauptrolle: ein emigrierter Regisseur in Hollywood. Haas spielt einen Opportunisten, der alles versucht, um seine Karriere zu ebnen – bis er schließlich dafür einen Mord begehen muss. Mit jedem Schritt schließt sich der Ring um ihn enger, das Filmstudio wird schließlich zur Falle. Am Anfang des Films führte er Regie bei einer Gefängnisszene, am Schluss des Films sitzt er selbst im Gefängnis und philosophiert über *happy endings*: an das Publikum gewandt sagt er, dass es im wirklichen Leben kein *happy ending* gibt.

Im Film noir gilt ziemlich genau das, was Douglas Sirk über das *happy ending* in seinen Filmen sagt: »Dass das Happy-End als typisch amerikanisch gilt, ist daraus verständlich, dass der amerikanische Zuschauer vor allem nicht wissen kann, dass er ein Versager – ein failure – sein kann, im Beruf, in der Liebe, in der Auseinandersetzung mit sich selbst. So wie er im dunklen Mutterschoß des Zuschauerraums rechts und links stets von jenen Türen flankiert ist, über denen das blutrote EXIT des Notausgangs leuchtet, so erhofft er sich auch einen solchen Notausgang für die Figuren des Films, mit denen er sich identifiziert. Er braucht ein EXIT für sie wie für sich aus allen bedrängenden Nöten, wie unwahrscheinlich, wie höhnisch traurig und unhappy auch dieses Happy-End dem Film angeklebt sei.«[96] Soweit der Film noir überhaupt ein *happy ending* hat, fällt dies stets unter die Kategorie des *›unhappy‹ happy ending*. Denn die trübselige Existenz, die den Noir-Helden bleibt, wenn sie überleben, lässt für die Zukunft nur noch Schlimmeres erwarten: Die Ästhetik der *Huis-clos*-Motivik entlässt die Noir-Helden immer nur in die Hölle der anderen.

Eine wichtige Variante der *Huis-clos*-Motivik ist der nihilistische Held, der sich weniger aus Angst denn aus Verachtung der menschlichen Gesellschaft überhaupt abschließt von der Hölle der anderen, um seine eigene Hölle zu wählen. So in THE KILLERS, OUT OF THE PAST, THE GANGSTER (Wiles, 1947), HE WALKED BY NIGHT (Werker, 1948). »I knew everything I did was low and rotten. What did I care what people thought of me. I despiced them«, heißt es in THE GANGSTER. Und später: »My sins are that I wasn't tough enough. I

Hassliebe und Amour fou

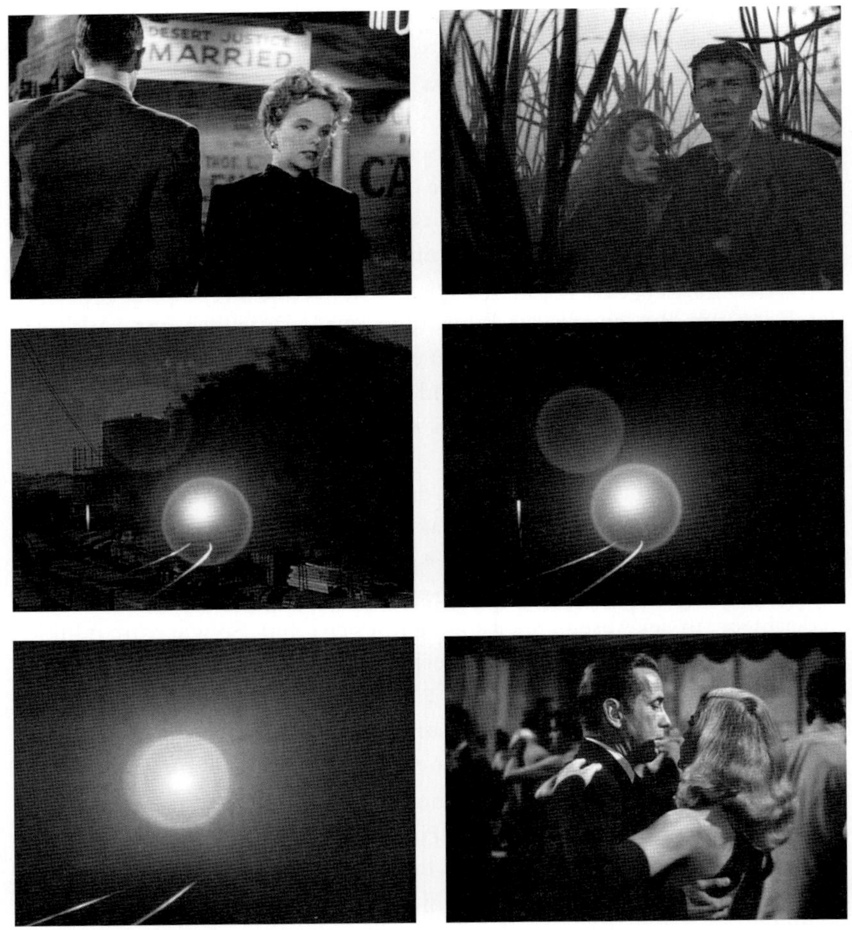

Beispiele aus: Gun Crazy (5x), Dead Reckoning

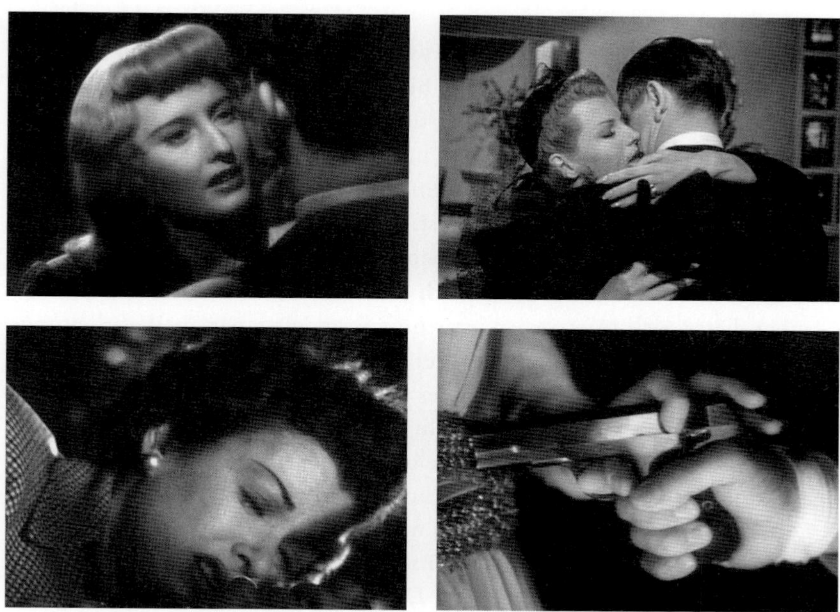

Zu den Bildern gehören Texte wie »I hate you«, »I hate you too« oder »Everything in me hated her« oder »Hate is a very exciting emotion«. Für das Paar in GUN CRAZY hat sich der Kameramann (Russell Harlan) etwas Besonderes einfallen lassen: Zwei Lichtkegel, die sich langsam vereinen, um dann in der Überblendung zu verschwinden. »I was five and he was six, We rode on horses made of sticks (...) Bang bang, my baby shot me down, Down, down, down ...«

Beispiele aus: DOUBLE INDEMNITY, GILDA, THE RECKLESS MOMENT, THE STRANGE LOVE OF MARTHA IVERS

should have smashed first. That's the way the world is.« Robert G. Porfirio fühlt sich bei diesen Helden zu Recht an Dostoevskijs *Aufzeichnungen aus einem Kellerloch* erinnert.

Porfirio schreibt über HE WALKED BY NIGHT: »Living alone in a darkened room in a typical Hollywood court, his only companion a small dog, he is literally the underground man, using the sewers as a means of travel and escape.«[97] Und Dostoevskijs Nihilist: »(...) das Vergnügen liegt gerade in dem allzu grellen Bewusstsein eigener Erniedrigung; in dem Bewusstsein, dass man an der letzten Mauer angelangt ist; dass es zwar schändlich ist, aber auch nicht anders sein kann; dass man keinen Ausweg hat, dass man nie und nimmer ein anderer Mensch werden wird; dass, selbst wenn man noch Zeit und Glauben hätte, sich in etwas anderes umzuwandeln, man in Wahrheit eine solche Umwandlung gar nicht wollte; wollte man sie aber, so würde man auch nichts ausrichten können, weil es im Grunde genommen vielleicht gar nichts gibt, in das man sich umwandeln könnte.«[98] Ich halte es für die äußerste Entfremdung Amerikas von sich selbst, wenn es gedanklich bei den Helden des russischen Nihilismus angekommen ist.

Das Auslaufen des klassischen Film noir in den 1950er Jahren hatte sicherlich mit der Konsolidierung einer konservativen Politik nach dem Ende des Koreakriegs zu tun. Psychologische Differenzierung und moralische Relativierung waren nicht mehr gefragt. »Domesticity« war wieder unbestrittenes Leitbild, Verbrecher waren wieder richtige Verbrecher, über deren Platz in der Gesellschaft es keinen Zweifel gab, und Detektive bekamen Perspektive. I, THE JURY (Essex, 1953), die erste Mickey-Spillane-Verfilmung, markiert einen Endpunkt des Film noir. Christopher La Farge sieht in der Figur Mike Hammers eine »Apotheosis of McCarthyism«.[99] Mit der Besessenheit eines Captain Ahab türmt Mike Hammer Leichenberge auf. Er hasst Frauen, Homosexuelle, Intellektuelle, Commies und Gangster ohne Ansehen der Person in einer Selbstgerechtigkeit, die der Film durch nichts relativiert.

Die enigmatische Hyperstruktur: Die Leiche lebt

Ich habe im vorhergehenden Kapitel zweimal den Faden fallen lassen mit der Begründung, dass es zu einer genaueren Erklärung des Phänomens weiteren Materials bedarf. Dies war bei der Feststellung, dass die Noir-Helden alle hinter einem Phantom her sind und, dass die Recherchen der Noir-

Helden im Grunde immer Recherchen in eigener Sache sind. Was es damit auf sich hat, lässt sich bei einer genaueren strukturellen Untersuchung des Film noir festmachen. Die unzähligen Fragen nach der Existenz kulminieren in der scheinbar paradoxen Frage: »Wer ist die Leiche?« Die Frage wandert von Film zu Film wie ein Rätsel ohne Antwort, ein Labyrinth ohne Ausgang, ein Puzzle mit unendlich vielen Steinen. Die Filme befragen sich gegenseitig in einem Alptraum ohne Ende. Der Noir-Held ist ein lebender Toter, er war immer schon die Leiche und deshalb kann die Kriminalistik keine Antwort liefern. Denn diese Leiche lebt ewig fort, von Film zu Film.

Die klassische Erzählstruktur des Film noir ist die Voice-over-Rückblenden-Erzählung. Der Film beginnt mit einem Eingangs-Enigma: Das Publikum wird mit einer rätselhaften Situation konfrontiert. Das *mystery* wird in der Voice-over-Erzählung des Noir-Helden (oder manchmal auch der Noir-Heldin) angedeutet, der Tonfall schwankt zwischen lyrischer Melancholie und romantischer Ironie. Mediengeschichtlich ist die Voice-over-Erzählung vom Radio entliehen; in LAURA wird dies deutlich gemacht, indem der Erzähler gleichzeitig eine *broadcast-personality* ist. Die Voice-over-Erzählung geht dann über in eine oder mehrere Rückblenden, wobei die Voice-over-Stimme dem zynischen Alltagsjargon weicht. Die Stimme des Voice-over ist wie aus einer anderen Welt, die Noir-Helden sind lebende Tote, der Film erzählt ihren *run to death*. Dies gilt auch dort, wo die Erzählstruktur traditioneller ist, wo das mysteriöse Handlungsmotiv an den Anfang einer (scheinbar) linearen Erzählstruktur gesetzt ist.

Die konsequenteste Variante des lebenden Toten findet sich in SUNSET BOULEVARD. William Holden treibt leblos in einem Swimmingpool und im Voice-over heißt es: »That‹s Sunset Boulevard, and I'm dead.« In CALCUTTA affirmiert der Noir-Held, dass er gerade noch lebt: »And I am still alive.« D.O.A. beginnt mit der nicht minder makaberen Wendung: »I wanna report a murder« – nämlich die eigene Ermordung des Antihelden. Mitunter wird der Voice-over-Erzähler während der Rückblenden-Erzählung ermordet, aber die Erzählung schreitet ungehindert fort (LAURA, CRISS CROSS). Oder Personen, deren Tod verkündet wird, tauchen später lebend wieder auf (LAURA, GILDA); über die tote Laura, die plötzlich wieder auftaucht, heißt es: »Love is stronger than life – it reaches beyond the shadow of death.«

Häufig wird ganz offen ausgesprochen, dass die Personen so gut wie tot sind. »He's dead except he's breathing« (THE KILLERS). Und in NIGHT AND THE CITY (Dassin, 1950) heißt es: »You've got it all, but you're a dead man, Fabian, a dead man.« Ray Milland in THE LOST WEEKEND spielt einen Alko-

Lebende Leichen

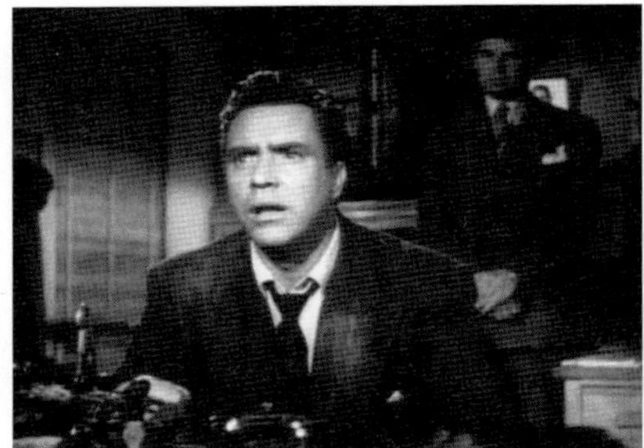

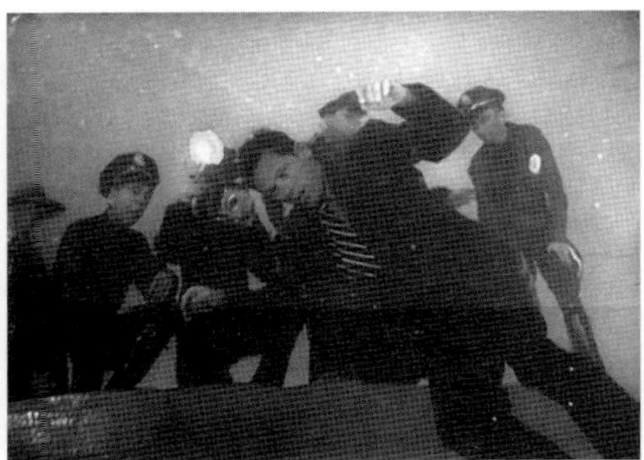

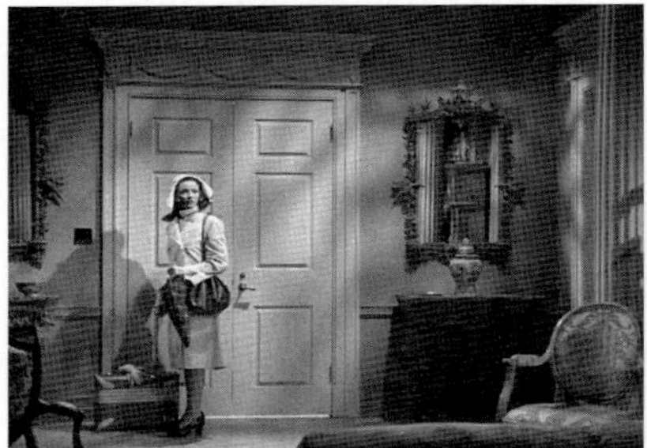

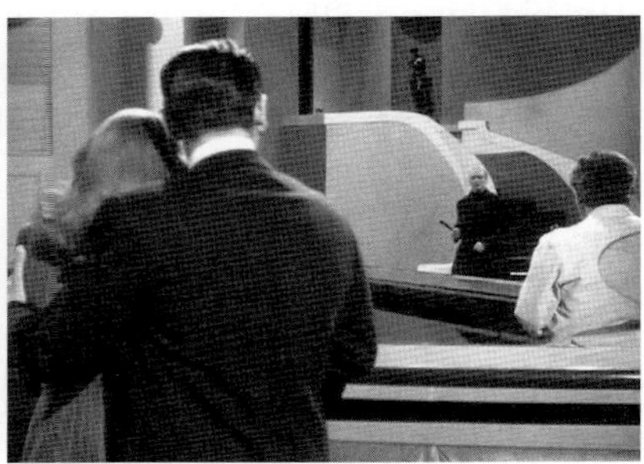

Viele der Protagonisten des Film noir sind lebende Tote, nur wissen sie es noch nicht. Aber manche werden schon als Leiche eingeführt (D.O.A, SUNSET BOULEVARD) oder kehren aus dem Reich der Toten zurück (LAURA, GILDA).

holiker-Schriftsteller wie eine Synthese aus all den grauenvollen Biografien der wirklichen Autoren der *hard-boiled school.* In einer der Rückblenden sagt er: »Tell them, I'm dead.« Mitunter verhandeln die Akteure auch darüber, wer die Leiche sein soll: »Both THE MALTESE FALCON and OUT OF THE PAST contain scenes where the protagonists openly discuss choosing a fall guy from their midst«.[100]

Der Film noir hat eine ganze Generation von Darstellern hervorgebracht, die sich durch ihr minimalistisches Spiel, ihre geradezu schlafwandlerische Präsenz auszeichnen. James Agee schreibt über Robert Mitchum in OUT OF THE PAST: »Bob Mitchum is so very sleepily self-confident with the women that when he slopes into clinches you expect him to snore in their faces.«[101] Foster Hirsch schreibt über Barbara Stanwyck in DOUBLE INDEMNITY: »Her face frozen, her voice and body forbiddingly rigid, she seems like a somnambulist, a walking zombie in a waking nightmare.«[102]

Die berühmten psychologischen Horrorfilme der Val-Lewton-Produktion, in denen Katzenfrauen, Zombies und andere Phantome der Fantasie des Zuschauers überlassen werden, sind im Grunde nichts anderes als Varianten des Film noir: CAT PEOPLE (Tourneur, 1942), I WALKED WITH A ZOMBIE (Tourneur, 1943), THE LEOPARD MAN (Tourneur, 1943), THE SEVENTH VICTIM (Robson, 1943), THE GHOST SHIP (Robson, 1943), ISLE OF DEATH (Robson, 1945). Der Zusammenhang zwischen psychologischem Horror und Film noir verdankt sich wesentlich auch der Kameratechnik: »Cameramen dismember the human body (…) to make them inanimate; faces are made up to suggest death masks, expanded to an unearthy size, spotlighted in dark, unknown vacuums; metaphorical direction twists a chimp's burial (SUNSET BOULEVARD) into an uncanny experience by finding a resemblance between monkey and owner« (Manny Farber).[103]

Das Labyrinth der Erzählung

Es ist natürlich klar, dass Tote nicht erzählen können. Aber die Stringenz der Story ist im Film noir auch gar nicht gefragt. Die gesamte Inszenierung zielt von vornherein darauf ab, den Zuschauer auf die Ebene eines Traums/Alptraums zu locken. Der Film noir spottet der erzählerischen Logik wie selten im Erzählkino. Die Rückblenden-Erzählung berichtet regelmäßig von Dingen, die der Erzähler gar nicht wissen kann. Mitunter irrt sich die Rückblende oder überlappende Rückblenden geben kein einheitliches Bild. In STAGE

SM-Motive

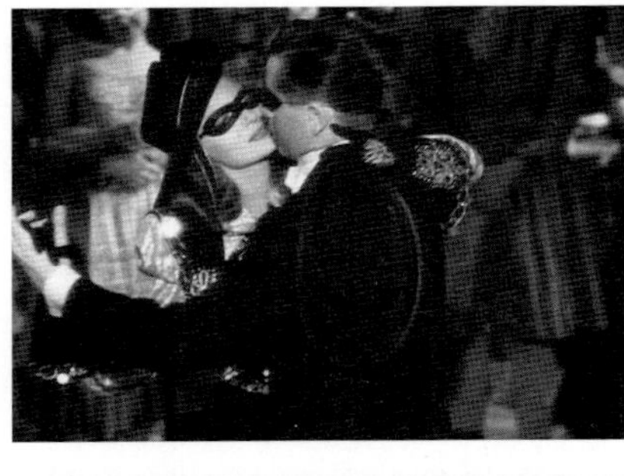

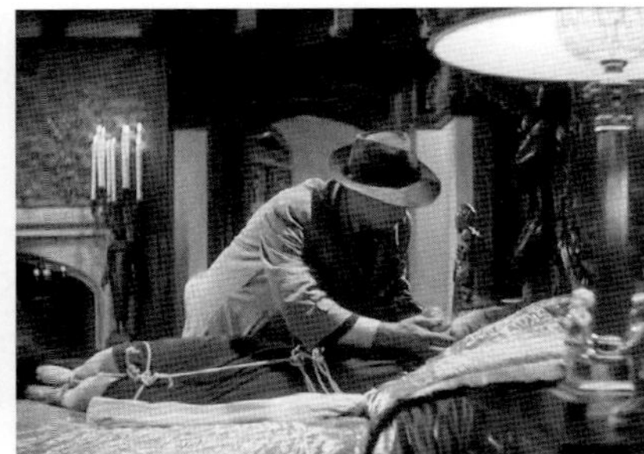

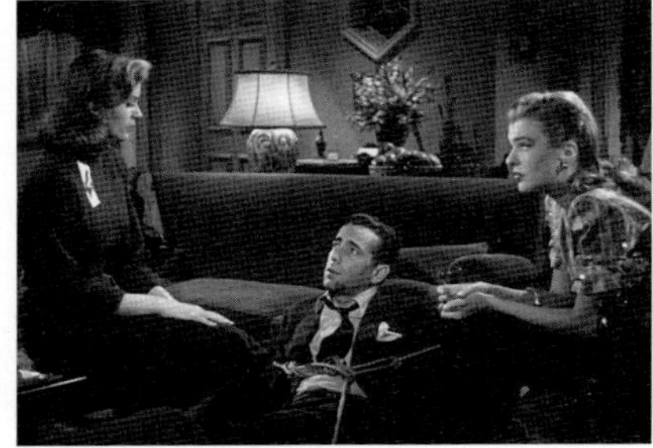

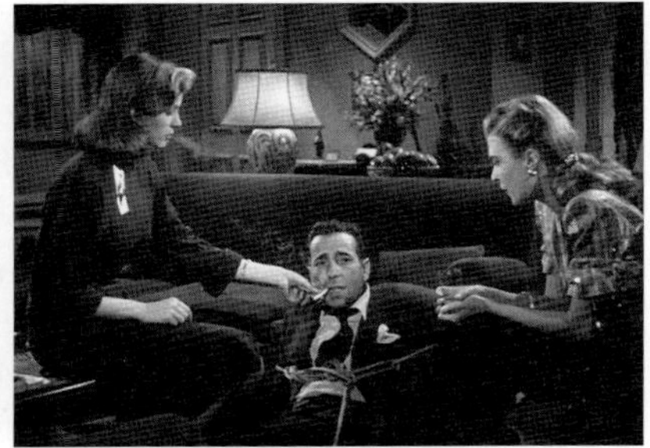

Natürlich gehören in die Motivreihe der schwarzen Romantik auch SM-Motive, aber Howard Hawks setzt immer noch eins drauf und lässt den gefesselten Humphrey Bogart mit zwei gestrengen Damen eine Zigarette rauchen.

Beispiele aus: GILDA, THIS GUN FOR HIRE, THE BIG SLEEP (2x)

FRIGHT (1950) führt Hitchcock eine Rückblende ein, die sich als Lüge erweist. In MILDRED PIERCE basiert die gesamte Voice-over-Rückblenden-Erzählung auf einer Lüge.

Selbst wo der Film noir eine lineare Erzählstruktur hat, verliert sich die Vordergrundhandlung zusehends hinter den mysteriösen Handlungsmotiven der Noir-Helden. Wir stoßen hier wieder auf das, was schon Borde/Chaumeton als Unklarheit der Motive bezeichnet haben. Das schon fast legendäre Beispiel ist die Storyführung von THE BIG SLEEP, ein Film, der (scheinbar) eine lineare Erzählstruktur hat. Aber weder Regisseur noch Drehbuchautor noch Autor waren in der Lage, die Story des Films zu erklären. Dieser wahrhaft amüsante Sachverhalt existiert in verschiedenen, mehr oder weniger ausgeschmückten Fassungen.[104] Im Film noir verliert sich jedes lineare Erzählprinzip in unübersehbaren Mäandern.

Die Zeit im Film noir ist schon durch die Erzähltechnik bei weitem fiktiver als im normalen Erzählkino. Aber der Film noir kennt zudem eine Uhren-Symbolik, die ihrerseits klar macht, dass die Handlung außerhalb realer Zeit angesiedelt ist. Die Verliebten in THEY LIVE BY NIGHT schenken sich gegenseitig Uhren, aber die Zeit, die sie anzeigen, ist rein fiktiv, da sie die tatsächliche Uhrzeit nicht wissen. In LAURA nimmt eine Uhr eine zentrale Stellung ein, sie enthält das Indiz eines Mordes; zum Schluss des Films ist die Uhr/die Zeit zerstört. Dramaturgisch wichtige Uhren im Film noir gehen verkehrt, sind defekt und/oder stehen still (THE BIG CLOCK, NIGHT HAS A THOUSAND EYES, THE STRANGER).

Wie sehr die Ästhetik des Film noir sich auf der Ebene des Traums/Alptraums bewegt, kann man auch daran sehen, dass Traumszenen im Film noir häufig ästhetisch problematisch sind oder gar als Stilbruch empfunden werden. Ästhetisch sind sie oft mit Elementen aus der surrealistischen Malerei angereichert; Hitchcock hat sich für SPELLBOUND sogar eine ganze Traumsequenz von Dalí gestalten lassen. Diese Verdopplung durch den Traum im Traum wird vor allem deswegen störend-problematisch, weil die Ästhetik des Film noir von sich aus dazu tendiert, die Handlung an Schauplätze surrealer Qualität zu verlegen. So das Glashaus in THE BIG SLEEP, das Aquarium, das chinesische Theater in THE LADY FROM SHANGHAI, der Probealarm in THIS GUN FOR HIRE, der ein ganzes Hochhaus plötzlich mit Gasmaskenträgern bevölkert, der Lunapark in STRANGERS ON A TRAIN und THE LADY FROM SHANGHAI.

Aber auch im Detail der Inszenierung findet sich viel Surreales, die Khmer-Statue mit einer Kamera in THE BIG SLEEP, ein Buñuel'sches Rasiermesser in FEAR IN THE NIGHT, Sirks Vorliebe für halbgeöffnete Schränke, Schubladen, Türen (SHOCKPROOF, 1948, SLEEP, MY LOVE, 1947). Gegenüber

Poe'sche Tiere

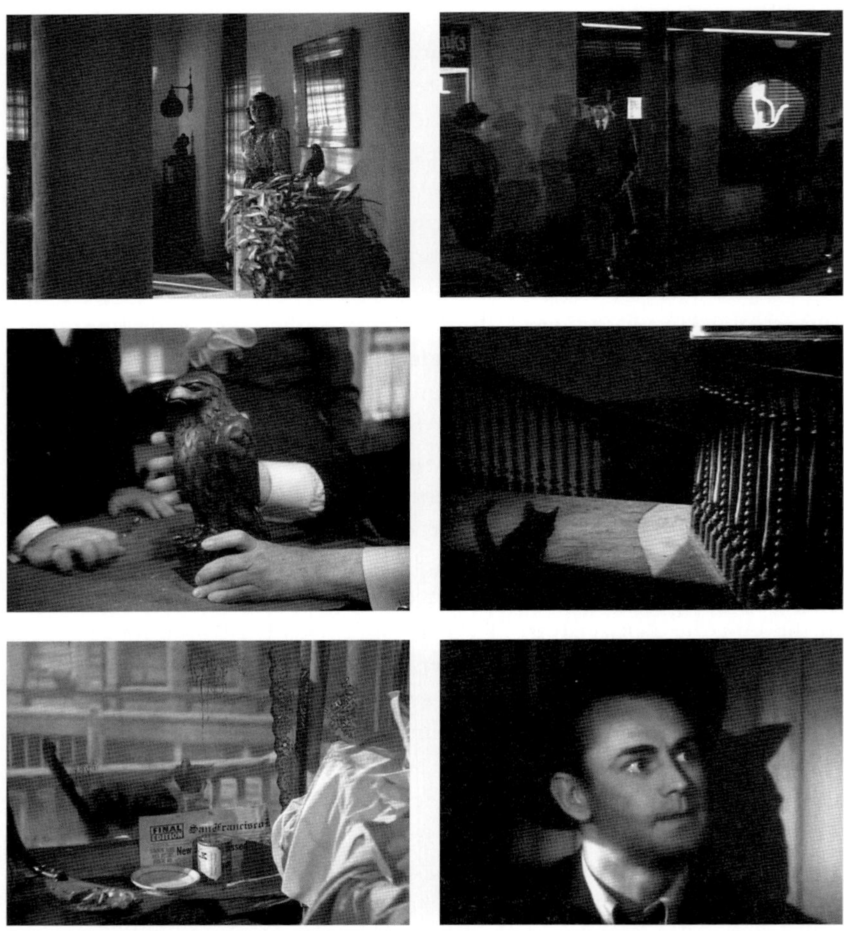

Katzen und Flugräuber, die Poe'schen Lieblingstiere, sind auch im Film noir exklusiv vertreten. Der Antiheld in THIS GUN FOR HIRE hat den Spitznamen RAVEN. Die Bildgestaltung greift das auf.

Beispiele aus: CASABLANCA, ON DANGEROUS GROUND, THE MALTESE FALCON, THE STRANGE LOVE OF MARTHA IVERS, THIS GUN FOR HIRE (2x)

solchen immanenten Surrealismen wirken die inszenierten Surrealismen der Traumsequenzen mitunter hölzern und gequält. Unproblematisch sind dagegen Filme, in denen sich später die Haupthandlung als Traum erweist (WOMAN IN THE WINDOW, THE CHASE). Hier wird der Zuschauer nicht mitten in der Handlung irritiert, sondern am Schluss nochmals auf die eigentliche Handlungsebene hingewiesen.

Ödipus und Elektra

Die dominierende Figur im Film noir ist der Detektiv, sei es der Polizeidetektiv, der Privatdetektiv, der Versicherungsdetektiv, der Kriminalreporter oder der Laie in der Rolle des Detektivs, wie z. B. der Amnesiekranke. Die zweitwichtigste Personengruppe sind Psychiater, in aller Regel Psychoanalytiker Freud'scher Schule. Im übertragenen Sinn sind auch sie Detektive. Aber die Recherchen im Film noir, wie bereits erwähnt, sind im Grunde stets Recherchen in eigener Sache. Raymond Durgnat schreibt in seinem Text von 1970: »(...) the ›black‹ thriller is a hardy perennial, drawing on the unconscious superego's sense of crime and punishment. The first detective thriller is ›Oedipus Rex‹, and it has the profoundest twist of all: detective, murder, and executioner are one man. The Clytemnestra plot underlies innumerable films noirs...«[105] In der Tat sind die Noir-Helden in einem Ausmaß Träger des Ödipuskomplexes, dass Foster Hirsch von einer wahren »epidemic of Oedipal complexes« spricht.[106] Aber auch der Elektrakomplex findet sich regelmäßig bei den Tochter-Beziehungen.[107]

Da die 1940er Jahre das Jahrzehnt sind, in dem die USA Freud entdeckten, könnte man vermuten, dass diese Handlungsstrukturen dem aktuellen Interesse an Freud verdankt sind. Aber diese Betrachtung ist sicher zu oberflächlich für die Erklärung eines ganzen Stranges der Filmgeschichte. Das schon fast klischeehafte amerikanische Familienschema kennt die starke Mutter und den eher schwachen Vater. Der Momismus, zurückreichend auf die starke Stellung der Frau in der Pionier- und Einwanderungszeit, mit der Fixierung der Mutter auf die Karriere ihrer Kinder im amerikanischen System, ist Grund genug für verhängnisvolle Mutterbindungen und den Elektrakomplex der Töchter. Einen aktuellen Impuls erhält der Momismus in der ökonomisch selbstständigen Frau, die den Mann überflügelt. »Those kids come first in this house. I'm determined to do the best I can for them«, sagt Joan Crawford in MILDRED PIERCE.

Ödipus und Elektra, Laios und Klytämnestra

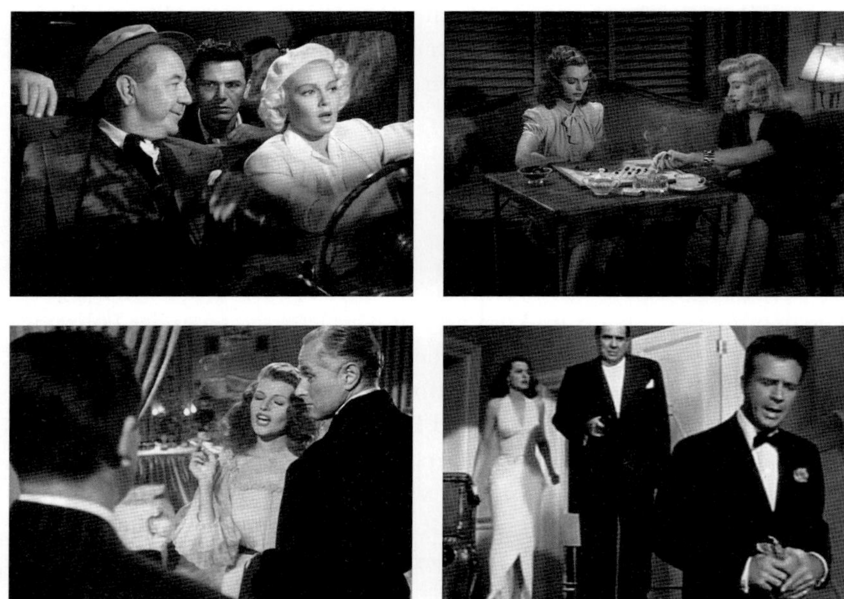

Beispiele aus: The Postman Always Rings Twice, Double Indemnity, Gilda, Johnny O'Clock

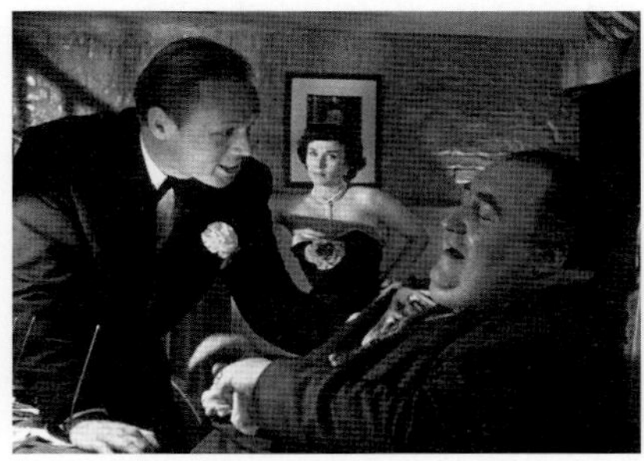
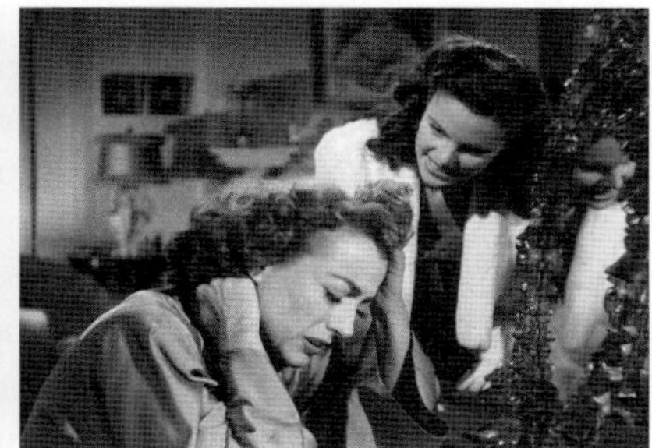
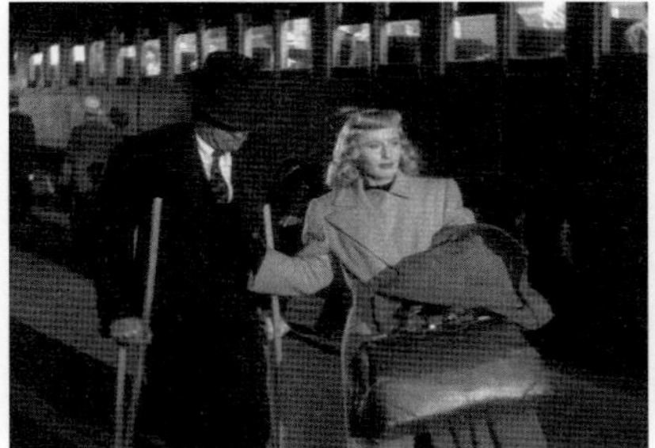
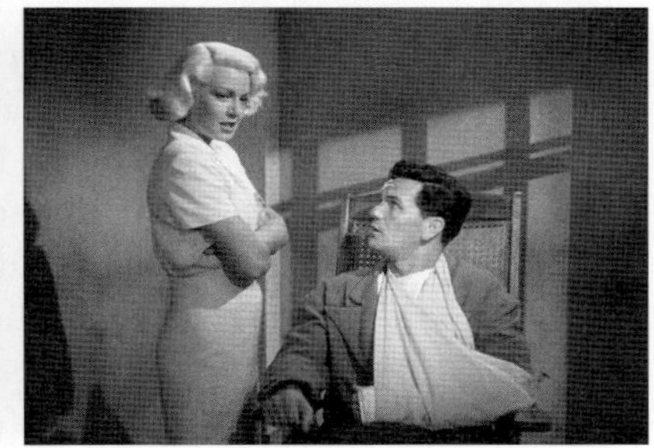

Jüngere Männer rivalisieren mit Männern, die ihre Väter sein könnten, um eine Frau. Töchter rivalisieren umgekehrt mit ihren Müttern. Ödipus und Elektra leben in den Vorstädten von L. A. und New York. Laios und Klytämnestra müssen immer wieder aufs Neue sterben. Ödipus (= Klumpfuß) muss mit körperlichen Defekten bezahlen.

Beispiele aus: Night and the City, Possessed, Double Indemnity, The Postman Always Rings Twice

Hingegen ist der Einwanderer-Vater, der mit dem amerikanischen System nicht zurechtkommt, als prädestinierter Versager wenig verdächtig für ödipale Fixierungen. Dem Kommentar von David Riesman zu der Vaterfigur in HOUSE OF STRANGERS verdanke ich hier einen entscheidenden Hinweis: »Thus in the recent movie, HOUSE OF STRANGERS, the Italian-born banker who, like Giannini or Ponzi, rises out of an immigrant setting and departs from his own father's pattern, sets for himself ambitious goals of power and money such as he believes to be characteristic of a true-born American, while his wife is a stereotype of the woman who clings to the tradition-directed ways of her early background.«[108]

Die Periode der Masseneinwanderung war spätestens durch die Restriktionen von 1921 beendet. Die amerikanische Gesellschaft hatte sich seit der Jahrhundertwende dahingehend amerikanisiert, dass die Vätergeneration der 1940er Jahre in hohem Maße jene starken innengelenkten Persönlichkeiten repräsentierte, wie sie Riesman am Beispiel von Edward G. Robinson in HOUSE OF STRANGERS findet. Entsprechend stark sind die ödipalen Konflikte zwischen diesem überstarken Vater und seinen vier Söhnen, die eher schwach sind und hinter seinem Rücken intrigieren. Sie tendieren schon zum Typus, den Riesman als »außengelenkt« bezeichnet. Man kann also durchaus sagen, dass Amerika reif dafür war, den Ödipuskomplex zu entdecken, und dass diese Handlungsstrukturen nicht nur ein modisches Kokettieren mit Freud sind.

Ödipale Konstellationen finden wir im film noir in allen nur denkbaren Varianten. Der Muttersohn in STRANGERS ON A TRAIN, der seinen Vater ermorden will. Die Hamlet- Variante in STRANGE ILLUSION (Ulmer, 1945). Die Söhne mit dem Vaterkomplex, die, um es besser zu machen als die Väter, zum Vigilanten oder zum Betrüger werden (WHERE THE SIDEWALK ENDS, NIGHT AND THE CITY). Inzestuöse Mutterbindungen in CHRISTMAS HOLIDAY (Siodmak, 1944) und pathologische Mutterbindungen in EDGE OF DOOM, WHITE HEAT, AMONG THE LIVING. Übermächtige Mutterfiguren, die schon durch ihre riesigen Porträts dominieren (die Mutter des Gangsterbosses in THE BIG HEAT, die alternde Schauspielerin in SUNSET BOULEVARD). Der Millionärssohn, der sich selbst zum Vater machen will, indem er noch viel mehr Millionen macht als dieser, der sich prinzipiell über alle Vaterfiguren (Ärzte, Psychiater) hinwegsetzt und eine Mutterfigur heiratet, nur, um von ihr einen Sohn zu bekommen, der ihn als Vater unsterblich macht (CAUGHT).

Die häufigste Maskierung des Ödipuskomplexes ist das Thema des jungen Mannes, der die Frau eines älteren Mannes begehrt und diesen in den Ruin treibt oder tötet oder es zumindest versucht: GILDA, DOUBLE INDEMNITY, THE LADY FROM SHANGHAI, RUTHLESS, THE KILLERS, THE POSTMAN ALWAYS RINGS TWICE (Garnett, 1946), HUMAN DESIRE. Meist geht es dabei nicht nur um die Frau, sondern auch um Macht und Reichtum der Vaterfigur. Oft hilft die Frau dabei mit (Übergang zum Klytämnestra-Thema). Manchmal ist der Vater auch zu stark und ermordet den Sohn, wie in THE GLASS KEY, oder zerbricht ihn, wie in ALL THE KING'S MEN (Rossen, 1949).

Einen Elektrakomplex finden wir z. B. in den Mutter-Tochter-Beziehungen von POSSESSED, MURDER, MY SWEET oder DOUBLE INDEMNITY, ebenso in den mordenden Töchtern von MILDRED PIERCE und ANGEL FACE (Preminger, 1953). In NOTORIOUS steht Ingrid Bergman unter dem Stigma ihres Vaters, Claude Rains unter dem Stigma seiner Mutter. Die beiden heiraten und bilden eine, von neurotischen Spannungen zerrissene, Familie. Oft werden im Film noir Pseudofamilien gebildet. Fred MacMurray in DOUBLE INDEMNITY wird zum Ersatz des ermordeten Vaters von Barbara Stanwycks Stieftochter; ähnlich ist die Konstellation in ANGEL FACE. In SUNSET BOULEVARD entwickelt sich eine makabere Romanze zwischen einer älteren Frau und einem jungen Mann, der ihr Sohn sein könnte, während ihr Ex-Ehemann jetzt als ihr Butler beschäftigt ist. Die drei Außenseiter von PICKUP ON SOUTH STREET bilden eine Pseudofamilie von Mutter, Sohn und Schwiegertochter aus; als die ›Mutter‹ ermordet wird, läuft der ›Sohn‹ Amok.

Motive des Unbewussten

Die Konflikte mit Vätern und Müttern und die daraus resultierenden Fixierungen der Söhne und Töchter gehören selbst zum Enigma des Film noir. Hier, auf der Ebene der mysteriösen Handlungsmotive, findet sich ein weiteres Mal das Phänomen einer psychischen Ambivalenz. Dies sei an einem ausführlichen Beispiel genauer erläutert. In DOUBLE INDEMNITY ist der Versicherungsvertreter Neff hin- und hergerissen zwischen Phyllis Dietrichson, die ihn zum Mord an ihrem Mann und zum Versicherungsbetrug verführen will, und dem Versicherungsdetektiv Keyes, seinem väterlichen Freund. In einer Szene steht Neff in einer halbgeöffneten Tür, hinter der Tür versteckt ist Phyllis Dietrichson, auf der anderen Seite, hell im Licht, steht Keyes. Die Szene ist wie eine Illustration von Ich, Über-Ich und Es. Keyes sagt über

Who Is Who

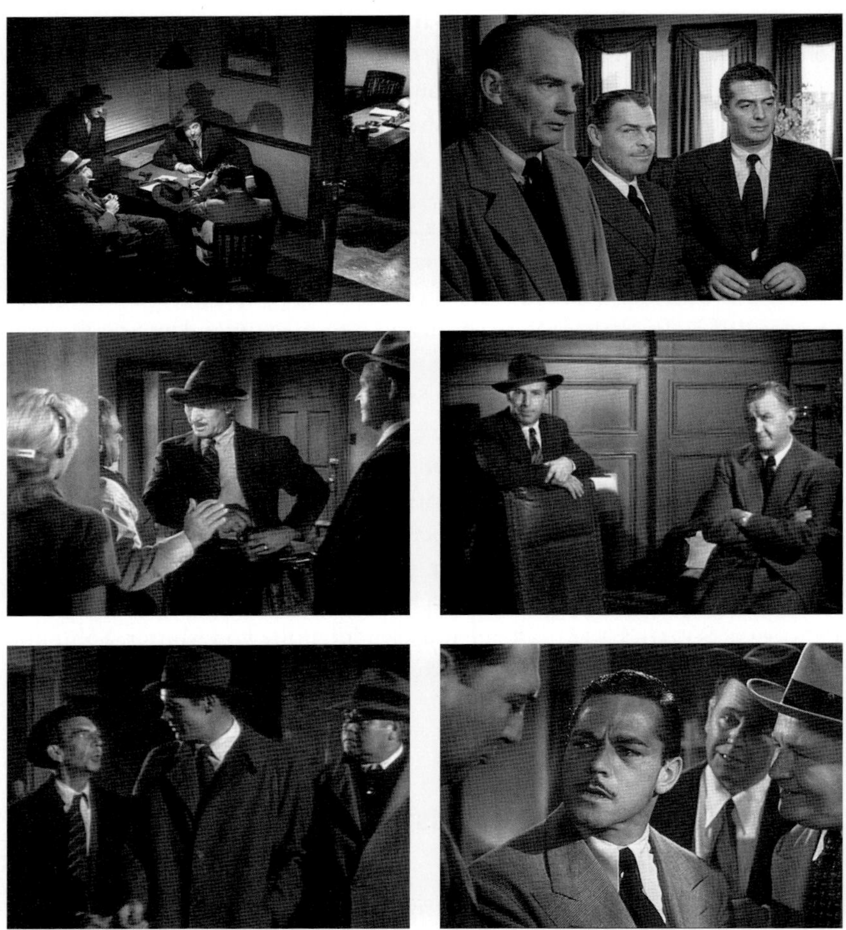

Beispiele aus: Black Angel, Kiss of Death, Kiss Tomorrow Goodbye, Lady in the Lake, On Dangerous Ground, Phantom Lady

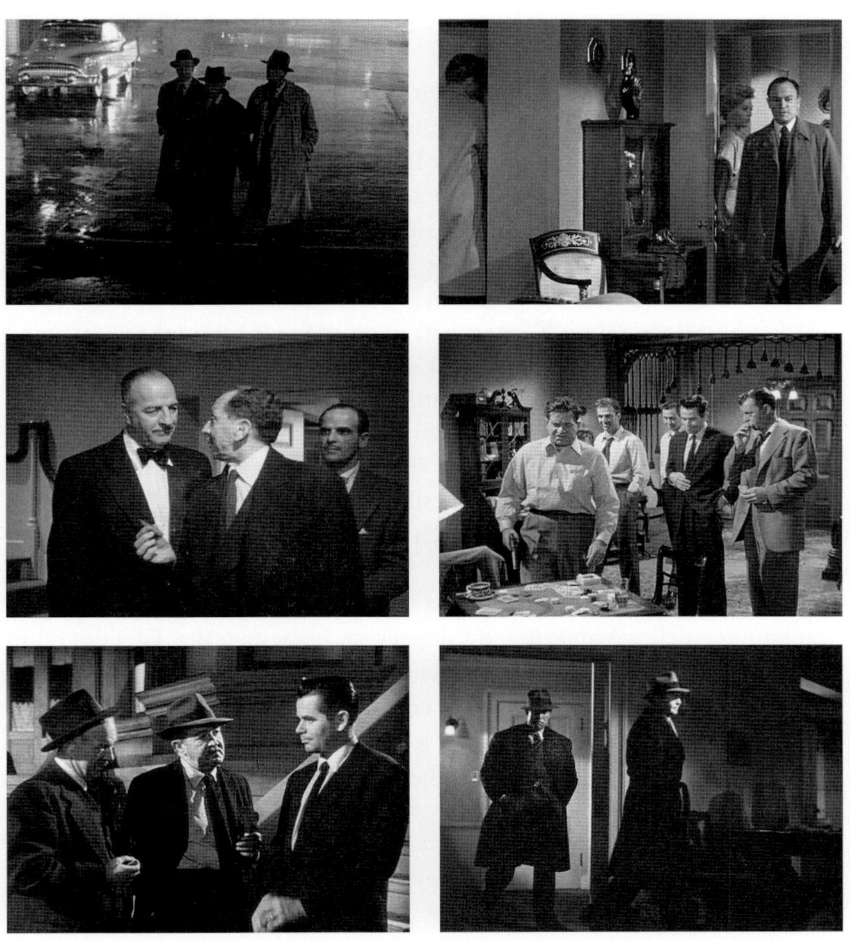

Ohne genaue Kenntnis der Filme wird niemand sagen können, wer von diesen Herren formal auf der Seite des Gesetzes steht oder umgekehrt. Gut und Böse sind auch ikonografisch ununterscheidbar geworden.

Beispiele aus: PUSHOVER (2x), THE ASPHALT JUNGLE, THE BIG HEAT (2x), THE MALTESE FALCON

Phyllis einmal abschätzig: »I'll bet she drinks from the bottle!« Als Neff später Phyllis besucht, ist die Hausbar abgesperrt; zum Dienstmädchen sagt Neff: »I have my own keys (= Keyes).« Ein andermal sagt Neff zu Keyes: »I'll think with your brains, Keyes.«

Aber die Beziehungen der Personen sind noch bei weitem komplizierter. Phyllis Dietrichsons Stieftochter heißt Lola; die Anspielung auf Marlene Dietrichs Vamp Lola-Lola im BLAUEN ENGEL ist unübersehbar. Jacques Siclier spricht von einer Aufspaltung in die zerebralen und körperlichen Komponenten der Lola-Lola. »Personnage combien plus maléfique que Lola-Lola, dont le pouvoir était essentiellement charnel. Phyllis n'est que volonté et érotisme cérébral.«[109] Phyllis Dietrichsons sexuelle Attraktion stellt sich über eine Fetischisierung ihres Körpers her; in einer Szene schminkt sie sich und Neff, der im Vordergrund steht, steht gleichzeitig hinter ihr im Spiegel und grinst verzückt. Phyllis trägt ein auffällig inszeniertes Fußkettchen; Neff verabredet sich mit ihr mit den Worten: »Same perfume, same anklet?« Lola, die Phyllis Dietrichson physisch sehr ähnlich ist, tritt mit der Attraktion jugendlicher Unschuld auf. Aber sie ist alles andere als dies; in einem schweren Elektrakomplex zwingt sie Neff nach der Ermordung ihres Vaters in ein Verhältnis.

Das Dreieck Neff-Phyllis-Keyes ist auch ein Dreieck aus heterosexueller und homosexueller Attraktion mit doppeltem Liebestod; der Titel des Films ist durchaus mehrdeutig. In einer Szene, die die sexuelle Klimax parodiert, erschießen sich Phyllis und Neff in enger Umarmung. Aber Neff, schwer verletzt, kann sich noch in sein Büro schleppen, wo er auf Keyes trifft. Zwischen Keyes und Neff gibt es als *running gag* eine deutliche erotische Anspielung: Keyes hat nie Streichhölzer bei sich und Neff zündet ihm regelmäßig seine dicken Zigarren an. Als Neff in den Armen von Keyes stirbt, zündet Keyes ihm die Zigarette an. Neff, der den älteren Mann von Phyllis Dietrichson ermordet, muss als Alibi für einige Zeit den Ermordeten spielen. Aber der Ermordete hatte einen Unfall, sein Bein ist im Gips. Neff wird nun im wörtlichen Sinn Ödipus = Klumpfuß. Der körperliche Defekt substituiert die Bestrafung durch Kastration.

Aber das Ödipus-Thema geht noch weiter. Als der Mord ausgeführt ist, aber weder der sexuelle noch der finanzielle Erfolg sich einstellt, treffen sich Phyllis und Neff in der sterilen Atmosphäre eines Supermarkts (ironischerweise jener Ort, der im Kapitalismus den gesellschaftlichen Reichtum repräsentiert); die beiden tragen schwarze Brillen wie Blinde. Das Thema der Blindheit ist im ödipalen Motivfeld von zentraler Bedeutung. Die Handelnden sind – dies auch in bester Melodramen-Tradition – Verblendete; als

Black widow und Femme fatale

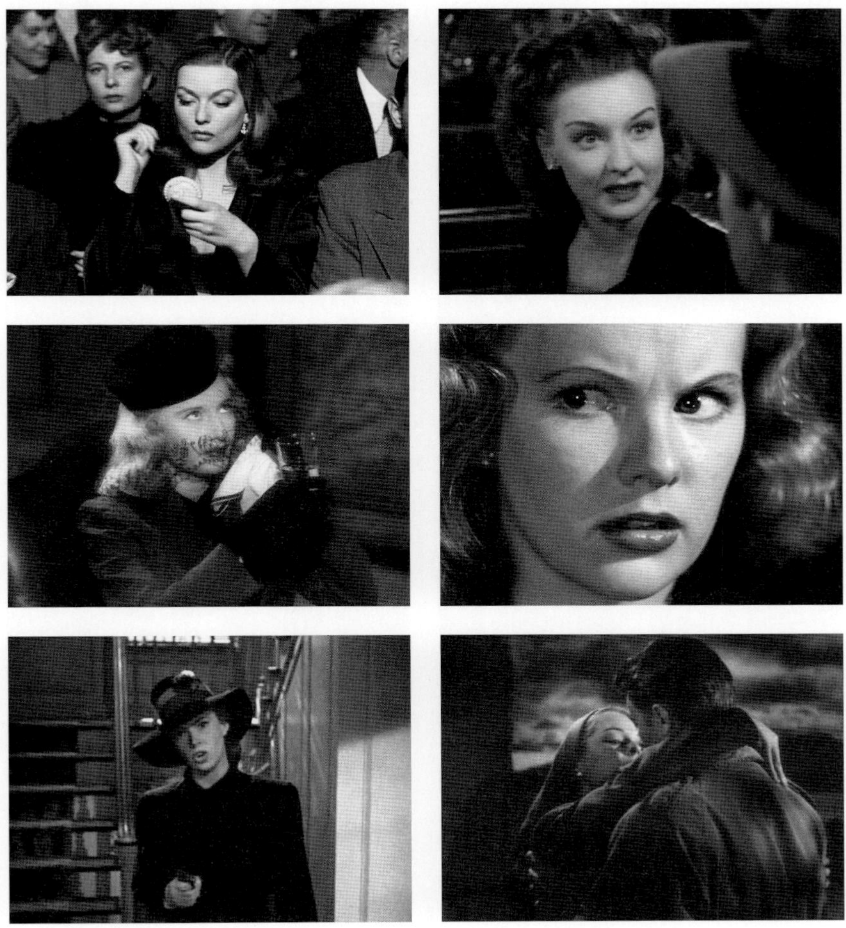

Beispiele aus: BODY AND SOUL, DETOUR, DOUBLE INDEMNITY, GUN CRAZY, LADY IN THE LAKE, OUT OF THE PAST

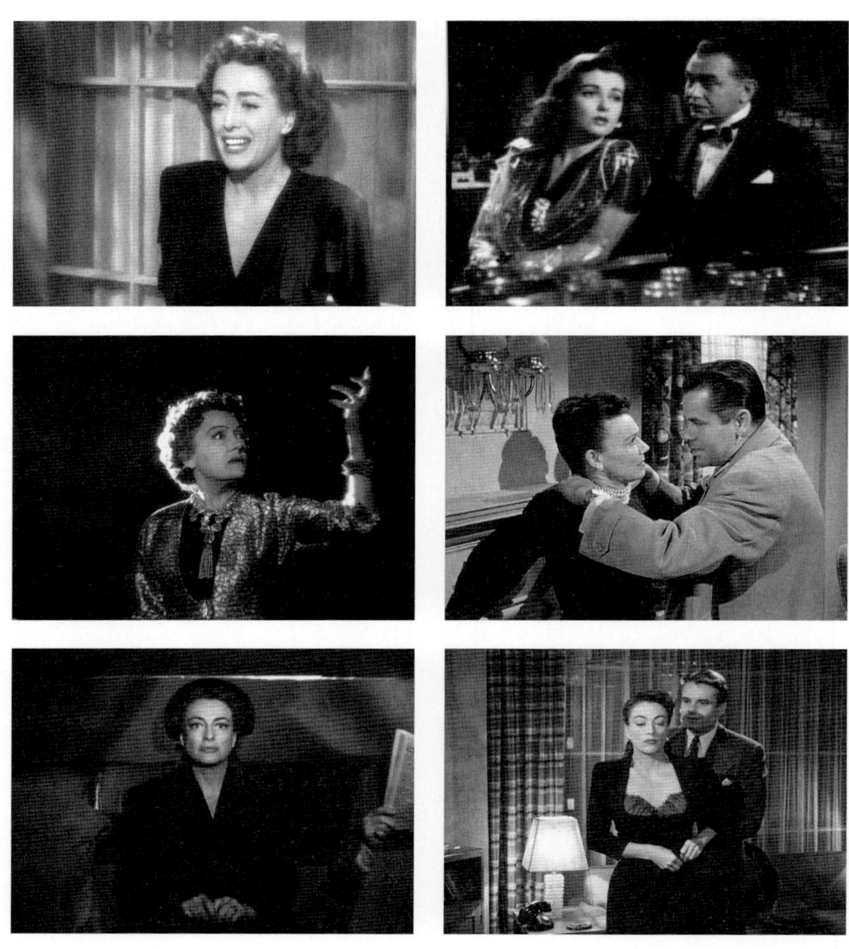

Beispiele aus: POSSESSED, SCARLET STREET, SUNSET BOULEVARD, THE BIG HEAT, THE DAMNED DON'T CRY (2x)

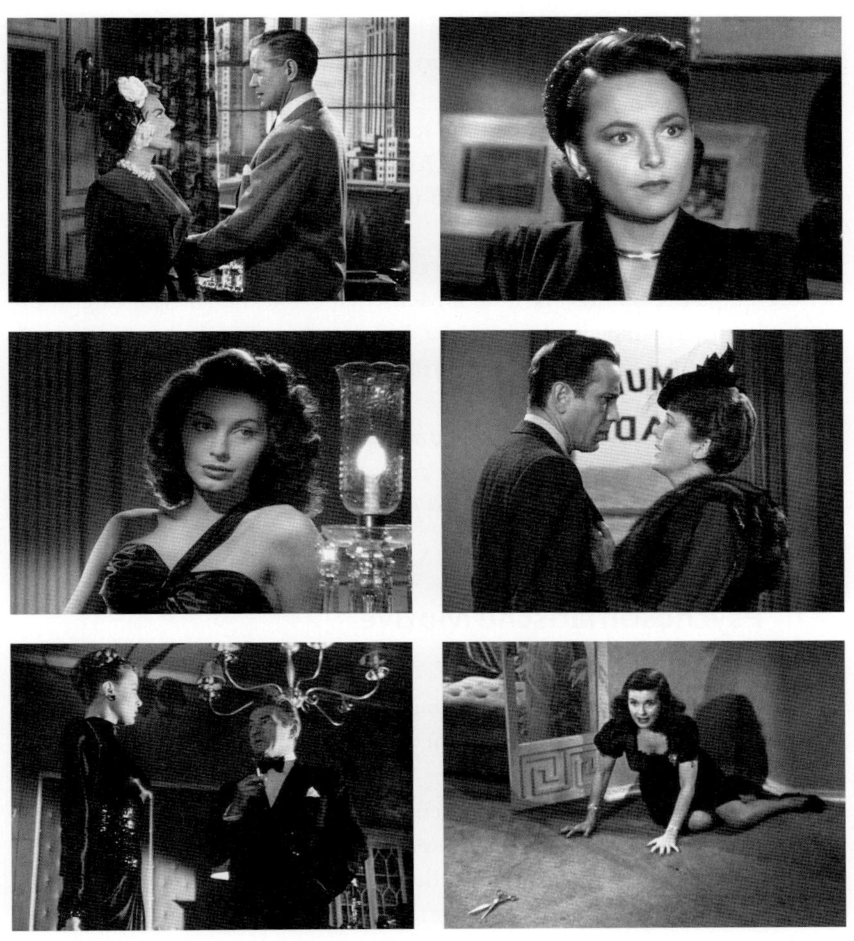

Die gute alte Femme fatal wird im Film noir links überholt von Witwen aller Art, echten, falschen, schwarzen und wahnsinnigen.

Beispiele aus: The Damned Don't Cry, The Dark Mirror, The Killers, The Maltese Falcon, The Unsuspected, The Woman in the Window

Geblendete werden sie dagegen wirklich sehend. Der blinde Teiresias, der die Wahrheit sieht, Ödipus, der sich im Angesicht der Wahrheit blendet. Der verblutende Neff, der in der Voice-over-Erzählung die Wahrheit in das Diktaphon spricht, bis ihm die Sinne schwinden, ist ein solcher Ödipus. Der Versicherungsdetektiv Keyes ist eine Art Teiresias, der alles entschlüsselt hat bis auf einen blinden Punkt: Er weiß (noch) nicht, dass Neff der Komplize von Phyllis ist.

Die ödipale Verblendung ist ein Resultat von Verdrängung: Ödipus ist es, der die Frage der Sphinx nach dem Menschen errät; die Aufspaltung in die zerebrale Phyllis und die körperliche Lola ist deshalb sehr wichtig. Auch Phyllis ist eine Art Sphinx (Phytia, Pythia, Phix): Sie fragt ihn, wie man eine möglichst hohe Versicherungssumme auf den Tod ihres Mannes erzielen kann; und er beantwortet ihre Frage und setzt hinzu: »But you can't get away with it.« Und dann im Voice-over: »I knew I had hold of a red hot poker and it was time to drop it before it burned my hand off.«

Psychosomatische Motive

Ich habe bei den letzten Beispielen die Kadmeer- bzw. Atreidensage etwas stark strapaziert. Aber gerade der Film noir belegt auf Schritt und Tritt, dass diese elementaren Mythen zumindest auf der phänomenologischen Ebene durchaus archetypisch sind. Wir wissen, dass die Männerlinie des Kadmeergeschlechts doppeldeutig ist: Die Namen der Männer sind ebenso Herrschernamen wie Bezeichnungen körperlicher Defekte.[110] Es ist wie eine von Generation zu Generation vererbte Kastrationsabwehr in einem körperlichen Defekt. Die ödipalen Fixierungen im Film noir gehorchen genau diesem Schema. Ödipale Impulse sind gebunden an körperliche Lädierung, eingegipste Glieder (DOUBLE INDEMNITY, THE POSTMAN ALWAYS RINGS TWICE, CRISS CROSS, THE KILLERS).

Krankheiten erscheinen stets psychosomatisch motiviert. James Cagney in WHITE HEAT bekommt Anfälle affektiver Migräne, damit er sich auf den Schoß seiner Mutter verkriechen kann. Robert Ryan in CAUGHT bekommt Herzanfälle, wenn ihn die Mutterfigur verlässt. Gregory Peck in SPELLBOUND wird ohnmächtig, wenn er an die Schuldgefühle gegenüber seiner Mutter erinnert wird. Impotente Protagonisten hinken, leiden unter Zwangsneurosen, unter Amnesie (THE LADY FROM SHANGHAI, THIS GUN FOR HIRE, PHANTOM LADY, BLUE DAHLIA).

Run to Death

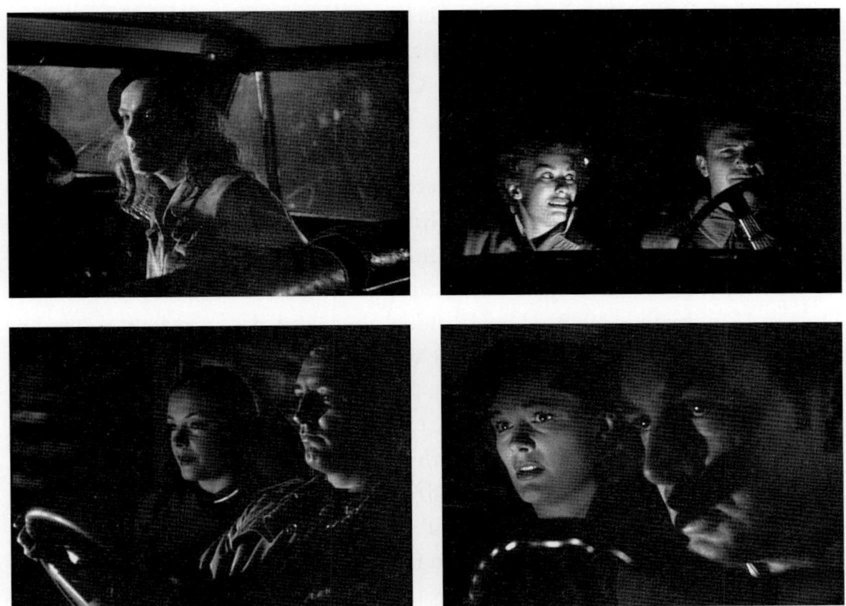

I run to death, and death meets me as fast,
And all my pleasures are like yesterday. (John Donne)

Beispiele aus: Dead Reckoning, Kiss Me Deadly, Out of the Past, The Asphalt Jungle

Eine rekurrierende Frage des Film noir lautet: »Who am I?« Es ist die Frage nach der eigenen Identität, die Sphinxfrage. Oft wird die Frage vom Psychoanalytiker aufgeworfen. Der Hass auf die Sphinx und der Hass auf den Psychoanalytiker laufen motivisch zusammen, vor allem dann, wenn es sich um eine Psychoanalytikerin handelt. Gregory Peck in SPELLBOUND ist nahe daran Ingrid Bergman zu ermorden, Tyrone Power in NIGHTMARE ALLEY droht Helen Walker.

Die Noir-Helden sind Verblendete; sie tragen dicke schwarze Sonnenbrillen oder Augenmasken wie Blinde (SUNSET BOULEVARD, THE RECKLESS MOMENT, GUN CRAZY, THE BIG SLEEP, THE BIG HEAT, THEY LIVE BY NIGHT). »You're a sleepwalker, you're blind«, heißt es in SHADOW OF A DOUBT (Hitchcock, 1943). Die Blinden aber sind die wirklich Sehenden (SABOTEUR, WOMAN ON THE BEACH von Renoir, 1947, SHOCKPROOF, ON DANGEROUS GROUND, THE PARADINE CASE von Hitchcock, 1947, THE BLUE GARDENIA).

Wenn die Noir-Helden mit der Wahrheit konfrontiert werden, werden sie von Erinnyen in den Wahnsinn und/oder in den Tod getrieben (SUNSET BOULEVARD, RUTHLESS, THE STRANGE LOVE OF MARTHA IVERS). Oft ist ein Autounfall Rächer der Tabuverletzung, Vollstrecker schicksalhafter Schuldgefühle (ANGEL FACE, THE MOMENT, DEAD RECKONING, THE FILE ON THELMA JORDAN). Das durchgängige Spiel mit bekannten Mythen-, Sagen-, Märchenstoffen und religiösen Motiven im Film noir ist keine Spielerei, es ist ein Appell an das kollektive Unbewusste.

Fetischismus, Amnesie und Verdrängung

Oben wurde schon erwähnt, dass der *production code* den Film noir zu einer Fetischisierung sexueller Sachverhalte zwingt. Aber das Thema des Fetisch erhält seine eigentliche Brisanz im Film noir dadurch, dass dieser tatsächlich als Ersatz des Verdrängten fungiert. Fetischismus einerseits und Amnesie als besonders schwerer Fall von Verdrängung andererseits gehören deshalb zusammen. Freud schreibt über den Fetischismus: »Der Kastrationsschreck beim Anblick des weiblichen Genitales bleibt wahrscheinlich keinem männlichen Wesen erspart. Warum die einen infolge dieses Eindruckes homosexuell werden, die anderen ihn durch die Schöpfung eines Fetisch abwehren und die übergroße Mehrzahl ihn überwindet, das wissen wir freilich nicht zu erklären (...). Bei der Einsetzung des Fetisch scheint vielmehr ein Vor-

Brot und Spiele, Fetisch und Geld

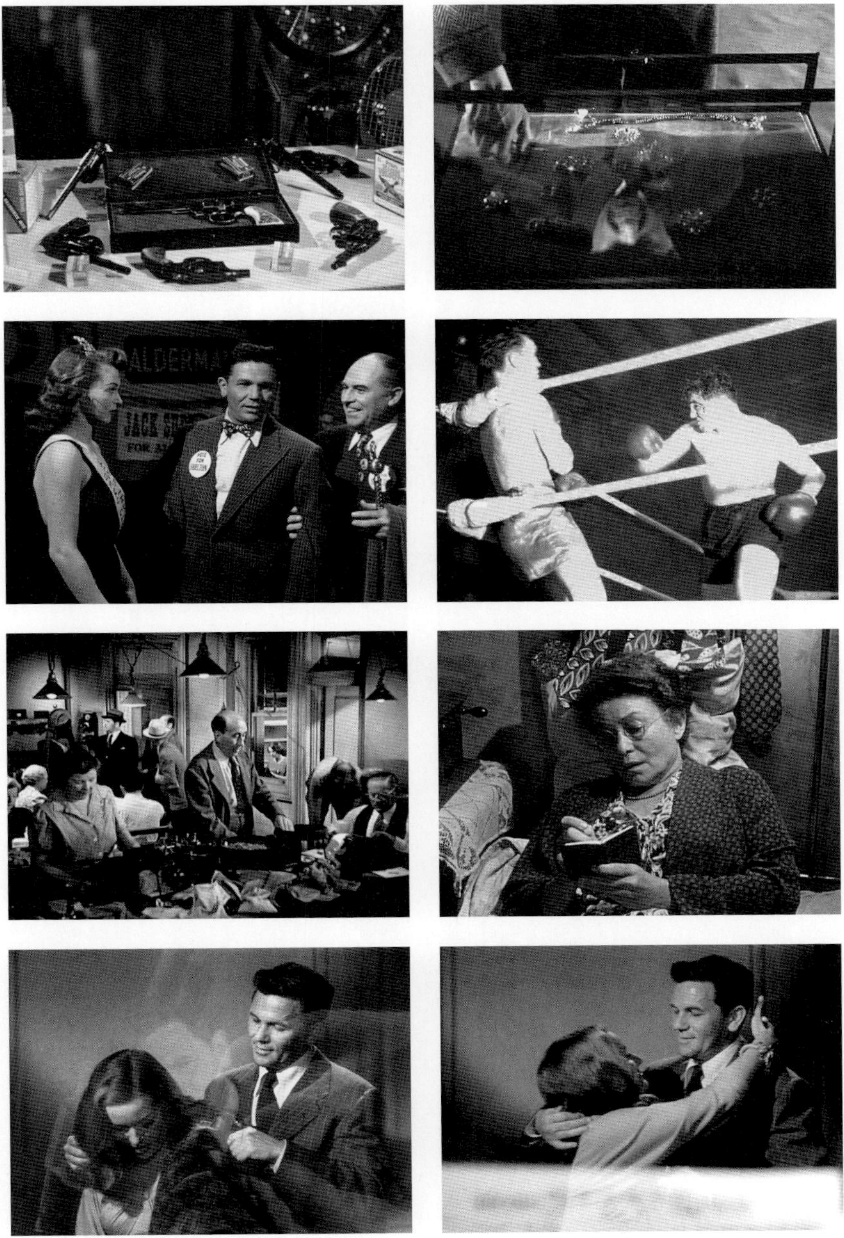

Beispiele aus: GUN CRAZY, KISS OF DEATH, BODY AND SOUL (2x), FORCE OF EVIL, PICKUP ON SOUTH STREET

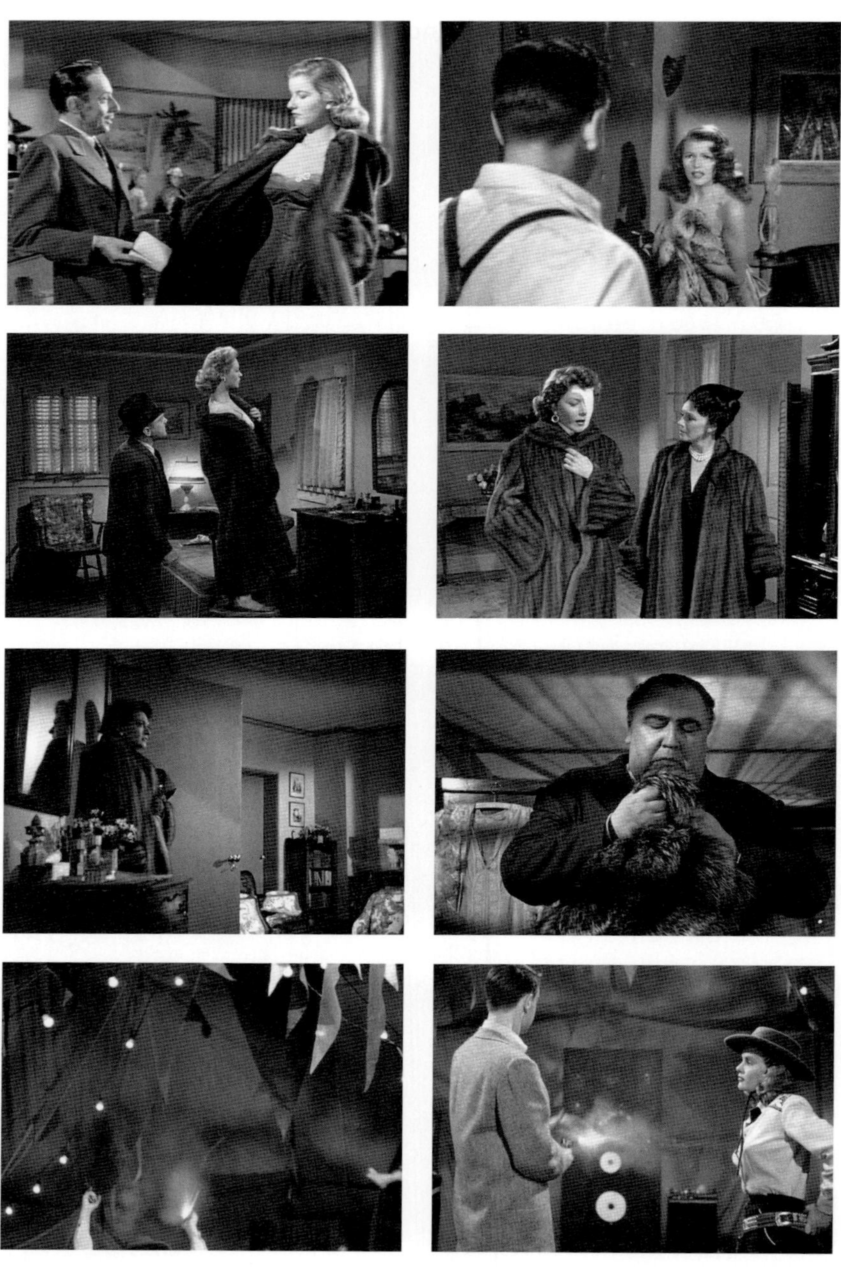

Beispiele aus: Caught, Gilda, White Heat, The Big Heat, Mildred Pierce, Night and the City, Gun Crazy (2x)

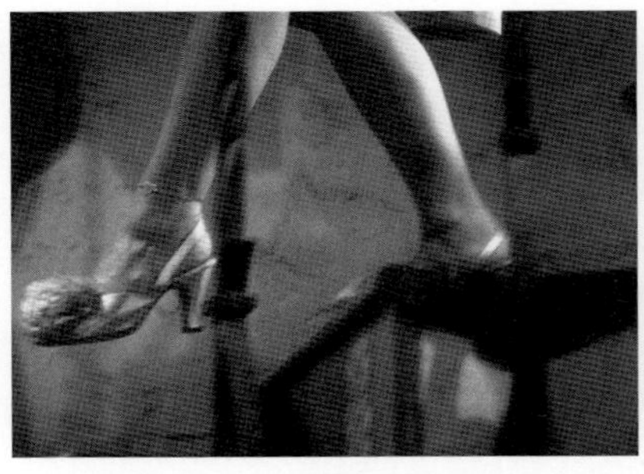
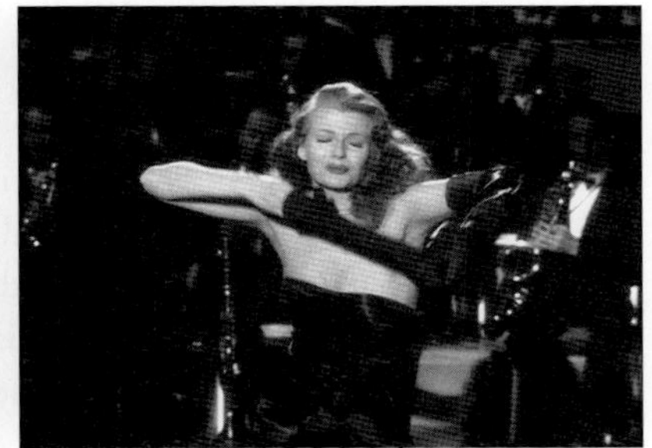
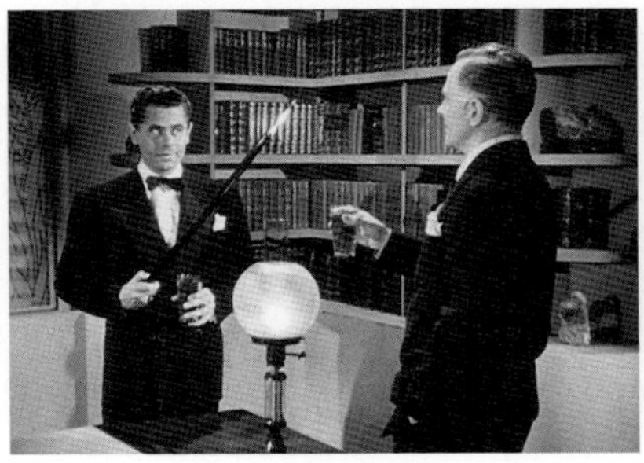
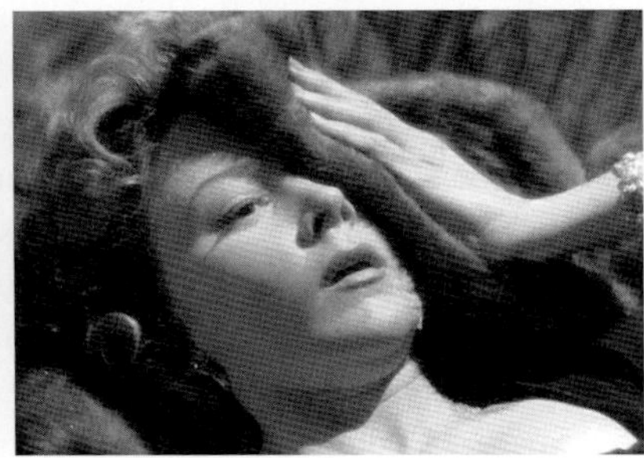

Moderne Gladiatoren und mafiöse Paten mischen sich mit skrupellosen Geschäftsleuten und korrupten Politikern und Beamten. Das Schwarzgeld, das in Hinterzimmern verwaltet wird, soll in legale Kanäle fließen (FORCE OF EVIL). Buchführung ist auch in kleinen Heftchen möglich. Die alte Dame in PICKUP ON SOUTH STREET verkauft Krawatten und Beziehungen (*ties*). Die Beziehungen der Menschen sind Geld. Aus Geld wird ein Nerz und aus einem Nerz wird ein Kuss (BODY AND SOUL). Der Homme fatal braucht Geld, um die Fetische zu beherrschen, mit denen sich die Femme fatale selbst ermächtigt. Der Nerz ist nicht nur der Erfolgsornat der Noir-Frau, sondern auch ein zentraler Fetisch neben vielen anderen Fetischen wie Geld oder Waffen. Das Erste, was der Antiheld aus GUN CRAZY von seiner Geliebten sieht, sind ihre Hände mit Revolvern. In DOUBLE INDEMNITY gilt der erste fetischisierende Blick einem Fußkettchen. Rita Hayworth in GILDA veranstaltet einen Striptease mit einem Handschuh. Die Frau ist ein Luxusobjekt, das öffentlich zirkuliert, aber die Konsumption bleibt privat. »Feder, Pelze und Handschuhe durchdringen die Frau weiter mit ihrer magischen Kraft, selbst dann noch, wenn sie längst entfernt sind« (Roland Barthes). Ein phallischer Stockdegen in GILDA ist ein ganz besonderer weiblicher Fetisch, weil er sich, so sein Besitzer, unter unseren Augen in etwas Anderes verwandelt. Und die sterbende Noir-Frau bedeckt ihre Wunden mit einem Nerz.

Beispiele aus: DOUBLE INDEMNITY, GILDA (2x), THE BIG HEAT

gang eingehalten zu werden, der an das Haltmachen der Erinnerung bei traumatischer Amnesie gemahnt.«[111]

Dieser Zusammenhang ist der Schlüssel zu den verbleibenden strukturellen Rätseln des Film noir. Das verwirrende Nebeneinander homosexueller und heterosexueller Strebungen wird erst verständlich, wenn man erkennt, dass die Noir-Helden die Konflikte der Objektfixierung neu aufrollen. Der Promiskuität als Leitbild des Film noir auf der deskriptiven Ebene entspricht auf tiefenpsychologischer Ebene Bisexualität. GILDA dürfte sicherlich der Film mit der kompliziertesten, aber auch aussagekräftigsten Dreiecksbeziehung überhaupt sein. Jeder liebt jeden, jeder hasst jeden, ein dreifaches Dreiecksverhältnis aus Hassliebe.

George Macready trägt in GILDA einen Stockdegen; Glenn Ford und George Macready diskutieren darüber, ob die Waffe männlich oder weiblich sei. Sie kommen zu dem Ergebnis, dass sie weiblich sei, da sie sich unter ihren Augen in etwas anderes verwandle! In einer der raffiniertesten Fetischszenen des Film noir tanzt Rita Hayworth einen Striptease und singt dazu: »Put the blame on Mame (sic!) boys, put the blame on Mame. One night she started to shim and shake, that brought on the Frisco quake.« Aber der ganze Striptease besteht nur darin, dass sie einen langen schwarzen Handschuh auszieht.

Die Texte von GILDA sind an Hassliebe nicht mehr zu überbieten. Im Voice-over heißt es: »I hate her so I couldn't get her out of my mind for a minute (…). She was in the air I breathed and the food I ate.« Bevor sich Glenn Ford und Rita Hayworth in die Arme fallen, antwortet sie auf seine Hasstiraden mit: »Hate is a very exciting emotion. I hate you too, Johnny. I hate you so much I think I'm going to die from it.« Die Militärs tauften 1946 die Atombombe von Bikini auf den Namen Gilda.

Die seltsamen erotischen Beziehungen im Film noir tragen stets sadomasochistische Untertöne. »You're strength, excitement, and depravity«, sagt Claire Trevor in BORN TO KILL. »I don't wish to die of loving you«, sagt Beatrice Pearson in FORCE OF EVIL. Die Noir-Helden ergehen sich gern in zynischen Euphemismen. »You're good, you're awfully good, just about the best I've ever seen« (NIGHTMARE ALLEY). »You do awfully good« (DEAD RECKONING). »You're good, you're very good« (THE MALTESE FALCON). »You're wonderful, you're magnificent« (OUT OF THE PAST).

Es gibt keine Noir-Heldin, die nicht durch ein komplexes Bezugsfeld von Fetischisierungen charakterisiert wäre. Das weiße Kleid erscheint als der Fetisch der (trügerischen) Unschuld (oft am Anfang des Films), das dann dem langen Schwarzen der todbringenden Frau weicht (Beispiele: OUT OF THE PAST, THE LADY FROM SHANGHAI, DOUBLE INDEMNITY, GILDA). Der Pelz, meist ein Nerz, ist der Erfolgsornat der Noir-Frau. In THE RECKLESS MOMENT leiht die Mutter ihrer Tochter einen Nerz, damit sie sich einen Mann angeln kann. In CAUGHT verlässt die Mutterfigur Robert Ryan, als Zeichen dafür gibt sie den Nerz zurück. In THE BIG HEAT sagt Gloria Grahame zur Frau eines korrupten Polizisten: »We're sisters under the mink.« Später, als sie mit entstelltem Gesicht stirbt, deckt sie die Entstellung mit ihrem Pelzmantel ab.

Die aktive Frau erscheint oft mit direkten männlichen Attributen. Madame Rose in CRY OF THE CITY, eine Masseuse mit Muskelpaketen, verprügelt die Noir-Protagonisten. Mildred Pierce im gleichnamigen Film (schon der Name ist maskulin) trägt oft Kostüme, die den wattierten Anzügen der Männer nachempfunden sind; ebenso Phyllis Dietrichson in DOUBLE INDEMNITY. Die schießwütige Peggy Cummins in GUN CRAZY trägt Hosen; eine Frau, die sie deswegen beschimpft, knallt sie nieder.

Waffenfetischismus und Nekrophilie

Man kann unmöglich auch nur annäherungsweise einen Überblick über die Vielzahl der Fetische geben, mit denen Noir-Frauen charakterisiert werden, aber das Gewicht, das ihnen die Dramaturgie beimisst, ist unübersehbar. Von zentraler Bedeutung beim Wechsel von femininer zu maskuliner Besetzung ist aber der Waffenfetischismus. »A dame with a gun is like a guy with a knitting needle«, heißt es in OUT OF THE PAST. Die Bedrohung durch eine Waffe in der Hand der Frau ist stets auch die Faszination der phallusbewehrten Frau. »A kill is just a kiss. But the difference is that the terms are no longer equal and bisexual but masculine, violent, and phallic« (Molly Haskell).[112]

Hier fließen tödliche Bedrohung und Fetisch direkt zusammen. Sex als Bedrohung, als tödliche Faszination ist in GUN CRAZY zum eigentlichen Thema erhoben. Das Amour-fou-Paar lernt sich über seine Fixierung auf Waffen kennen. Sie ist Kunstschützin bei einem Rummelplatz, er ist besessen von Feuerwaffen, aus der Armee entlassen, wo er als Waffenspezialist tätig war. »They go together like guns and ammunition«, heißt es über die beiden. Wie so oft im Film noir ist ihr Tod im Kugelhagel eine letzte nekrophile Parodie auf die sexuelle Klimax.

Vielen Fetischismen hängt etwas Nekrophiles an. Es ist der Übergang vom Fetisch als Attribut zum verselbstständigten Fetisch, zur fetischistischen Perversion.[113] Dies wird besonders deutlich, wo die Frau als Bild erscheint, dem sie in der Vorstellung der Männer entsprechen soll. Die Exposition von LAURA liefert uns zwei verschiedene Bilder einer Toten. Gene Tierney musste sterben, weil sie dem Bild, das sich Clifton Webb von ihr machte, nicht standhielt. Im Voice-over behauptet er von sich: »I, Waldo Lydecker, was the only one who really knew her.«

Dana Andrews, ein Polizeidetektiv, untersucht den Fall. In Gene Tierneys Appartement kramt er in ihren Sachen, wühlt in ihrer Wäsche. Vor einem Porträt der Toten setzt er sich auf eine Couch, an seiner Faszination merkt man, dass er sich in die Tote verliebt hat. Er nickt ein, und da kommt die Tote zur Tür herein. Die nun plötzlich lebende Tote verhört er auf dem Revier; sein Verhör ist wie eine Eifersuchtsszene, mit der Schreibtischlampe tastet er sie ab wie mit einem Suchscheinwerfer, wütend, dass sie auch seinem Bild nicht entspricht.

In WOMAN IN THE WINDOW verfällt Edward G. Robinson dem Bild einer Frau und in SCARLET STREET hält er ein Straßenmädchen für eine *lady in distress*: Er malt sie, wie er sie sieht. In THE PARADINE CASE erliegt Gregory Peck dem hypnotischen Porträt von Alica Valli. In I WAKE UP SCREAMING pflastert ein psychopathischer Mörder die Wände seines Zimmers mit Fotos von der Frau, die er ermordet hat. Oft erscheint die Nekrophilie in einem antiintellektuellen Kontext mit der Liebe zu toten Dingen, zu Kunst, zu Büchern (LAURA, THE BIG SLEEP, THE DARK CORNER, PHANTOM LADY, CRACK-UP von Reis, 1946). Das ist im Grunde das alte Thema des »Oval Portrait«: die Frau, die sterben muss, damit das Ideal im Kunstwerk leben kann.

Homme fatal

Im Film noir gibt es auch so etwas wie eine Fetischisierung des Noir-Helden. Jacques Siclier spricht sogar vom »homme fatal«.[114] Das *good-bad girl* ist ihm sexuell hörig, selbst bei der *black widow* vermag er Muttergefühle zu erwecken, Männer fühlen sich zu ihm hingezogen. »(…) if there was ever a mannequin gangster, he was Alan Ladd«, schreibt Parker Tyler.[115] Aber auch Victor Mature (SHANGHAI GESTURE von Sternberg, 1941), Dick Powell (JOHNNY O'CLOCK von Rossen, 1947), Richard Widmark (NIGHT AND THE CITY), Glenn Ford (GILDA), William Holden (SUNSET BOULEVARD), Fred MacMurray (DOUBLE INDEMNITY), Lawrence Tierney (BORN TO KILL), Robert Mitchum (HIS KIND OF WOMAN von Farrow, 1951) und Humphrey Bogart (THE BIG SLEEP) spielen ähnliche Rollen.

Noir-Helden sind oft charakterisiert durch ihre gegerbte Männlichkeit, bevorzugt mit Regenmantel, ins Gesicht gezogenem Hut, lässiger Krawatte, und durch eine, in jeder Geste mitschwingende, unterschwellige Pathologie. Das eigentlich Fatale am Homme fatal ist die tatsächliche psychische Schwäche des *tough guy*, die er durch virile Härte (Bedeutung der Waffe!) zu kompensieren versucht. Es gibt im Film noir so etwas wie eine Schönheitskonkurrenz zwischen männlichen und weiblichen Protagonisten, deren Tertium Comparationis in der sexuellen Ambiguität der Noir-Helden liegt. Der Fähigkeit der Frauen, mit ihrem Körper zu konkurrieren, setzt der Noir-Held eine neurotische Männlichkeitspose entgegen.

Handlungsfetisch und Rückkehrmotivik

Während beim Amnesie-Kranken die Suche nach der eigenen Identität offen thematisiert wird, ist sie beim normalen *mystery* verdeckt. Die sinnlosen Umwege und Abwege auf der Suche nach dem *red herring*, einem Malteser Falken, einer Jadekette, ein paar Fotos, einer Münze, ja sogar einem Filmstreifen (THE MALTESE FALCON, MURDER, MY SWEET, THE BIG SLEEP, THE BRASHER DOUBLOON) enthüllen sich erst nach einiger Zeit als Recherchen in eigener Sache. Die Handlung selbst hat Fetisch-Struktur: »(...) it is the jigsaw puzzle itself. The story of the crime that represents the structure of fetishism, the process of its institution and elaboration binding the spectator into the structure of (split) believe«, schreibt Stephen Neale über den Film noir.[116] Die Phantome, denen die Noir-Helden nachjagen, alle die rätselhaften Rosebuds, zielen auf eine ursprüngliche Unschuld ab, die den schmerzhaften Prozess der Objekt-Findung annulliert.

Die *mystery*-Frau und schreckliche Mutter aus MURDER, MY SWEET heißt Velma Grayle; einem Gral, einem mystischen Fetisch, der die schuldhaften Fixierungen von Ödipus und Elektra wieder aufhebt, jagen die Noir-Helden nach. Aber sie tun es vergeblich, die Recherche führt zur Rückkehr des Verdrängten, der Prozess wird in zweiter Instanz aufgenommen. »(...) the trial through which the hero must pass is in part this very trial – of finding his way through a landscape in which the truth never does lie composed for one to see« (Barbara Deming).[117] Bemerkenswert scheint mir, dass sich dieses Strukturschema auch in Sartres kleinem Noir-Stück *Huis clos* findet; eine

Homme fatal

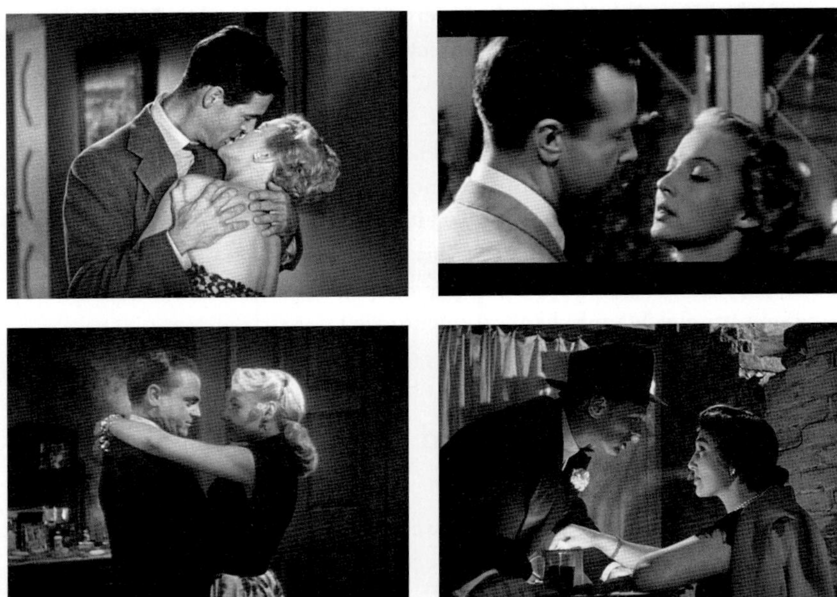

Beispiele aus: BORN TO BE BAD, JOHNNY O'CLOCK, KISS TOMORROW GOODBYE, NIGHT AND THE CITY

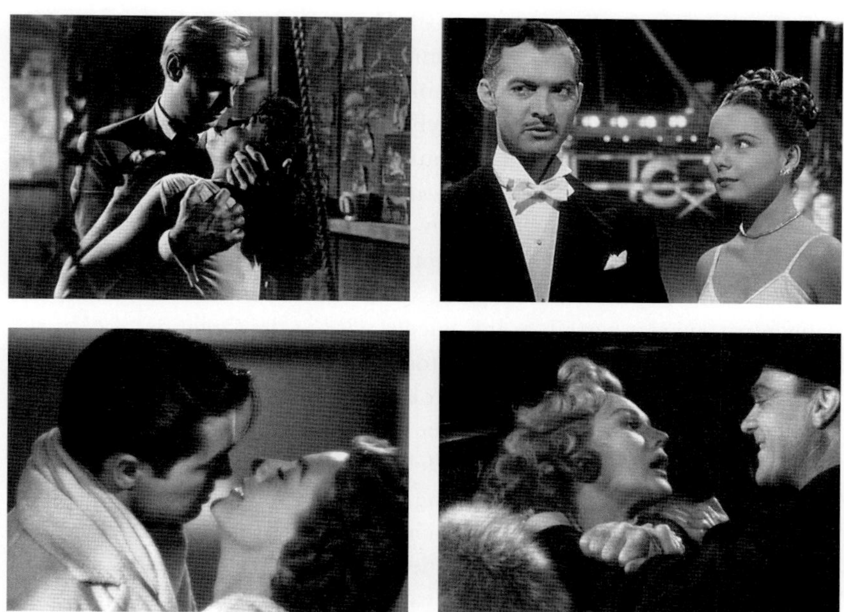

Der Film noir lässt die Femme fatale nicht im Regen stehen, sondern gesellt den Homme fatal in vielen Exemplaren dazu.

Beispiele aus: PICKUP ON SOUTH STREET, RUTHLESS, THE DAMNED DON'T CRY, WHITE HEAT

»bronze de Barbedienne« fungiert als Fetisch des Stücks, in dem sich die Personen den Prozess ihrer Vergangenheit machen.

In THE LADY FROM SHANGHAI verfällt Orson Welles erst der falschen Unschuld im weißen Kleid, die sich dann als *black widow* entpuppt. Während Rita Hayworth sterbend am Boden eines Spiegel-Labyrinths liegt, geht Orson Welles ab mit den Worten: »Maybe I'll live so long that I'll forget her. Maybe I'll die trying.« Robert Mitchum in OUT OF THE PAST verfällt ebenfalls der falschen Unschuld im weißen Kleid, die sich als *black widow* entpuppt. Wie Orson Welles in THE LADY FROM SHANGHAI will er ins Vergessen flüchten, in die Amnesie; er verkriecht sich auf dem Lande. Aber ein weiteres Mal wiederholt sich der Vorgang; sie taucht auf, mit ihr die ganze Vergangenheit, wieder verfällt er ihr, wieder wird er das Opfer des *double cross*. Diesmal sucht er mit ihr den Liebestod im Kugelhagel einer Polizeisperre. »Maybe I'll live so long that I'll forget her. Maybe I'll die trying« (THE LADY FROM SHANGHAI). Immer wieder ist die zweite Chance (oder die dritte, vierte, wie in THE LOCKET) der Noir-Helden trügerisch. Das Aufwühlen der Vergangenheit bringt keine Linderung, alles wird nur noch schlimmer.

Einer der häufigsten dramaturgischen Kunstgriffe zur Einführung der Rückkehrmotivik ist die Rückkehr der Vergangenheit als Erpressung. Gewöhnlich ist es ein Verbrechen, das sich dadurch in seiner Eigendynamik wiederholt. In DETOUR und NO MAN OF HER OWN (Leisen, 1950) ist dies mit einem Identitätswechsel verbunden. In DETOUR hat sich Tom Neal von seiner Verlobten getrennt, deren finanzielle Ansprüche er nicht befriedigen konnte. Um einen letzten Versuch zu machen, will er sie per Anhalter besuchen. Der Mann, der ihn mitnimmt, kommt bei einem Unfall um; die Umstände sind so unglücklich, dass es wie Mord aussieht. Um das zu vertuschen, wechselt er mit dem Toten, einem reichen Erben, der ihm ähnlich sieht, die Papiere (Übergang zum Doppelgängermotiv).

Er fährt mit dem Wagen des Toten weiter. Die Verlobte ist in weite Ferne gerückt, stattdessen nimmt er eine Anhalterin mit. Die kommt ihm auf die Schliche und erpresst ihn. Dies verursacht einen neuerlichen Unfall-Mord. In NO MAN OF HER OWN nimmt eine Frau nach einem Zugunglück die Identität einer anderen an, die mit ihrem Ehemann bei dem Unfall umkam. Sie lebt bei der reichen Familie des Verstorbenen, die die jungvermählte Frau vorher nie gesehen hatte. Das geht gut, bis der Mann auftaucht, der sie hat sitzenlassen. Die Erpresser fungieren in diesen Fällen buchstäblich als »the return of the repressed«.

Die Suchen ohne Lösung setzen sich von Film zu Film in Fragen ohne Antwort fort. Da es keine Hoffnung gibt, gibt es auch keine Rettung. Der Film noir ist eine Spirale ohne Ende, ein Labyrinth ohne Ausgang. Der Film noir unterliegt dem Wiederholungszwang. Jeder Film ist das Echo der vorhergehenden, wie alles Triebhafte dem Wiederholungszwang unterliegt. Der Wiederholungszwang der Triebe findet paradoxerweise kein Ende, sondern kulminiert im finalen Trieb, dem Todestrieb, dem *run to death* der Protagonisten.

Im Film noir kann man dem Todestrieb bei der Arbeit zusehen. Das lässt sich mit unzähligen Beispielen belegen. »Life (...) is like sitting in a funeral parlor waiting for the funeral to begin«, heißt es z. B. in BEYOND THE FOREST (Vidor, 1949). Aber es lohnt sich, auch in die Vorgeschichte der schwarzen Romantik zu blicken. Milton, in seinem teilweise ungemein modernen Werk *Paradise Lost*, schreibt (zeitgemäß übersetzt): »Hüte dich und beherrsche deinen Trieb, sonst überkommt dich das Böse mit seinem schwarzen Gefährten, dem Tod.«[118]

Es ist wie in der Malerei, das Paradies ist fad, aber in der Hölle ist Action. Miltons Hauptfigur ist weder Gott noch Mensch, sondern der gefallene Engel, der alles in sich trägt. Der Film noir ist Zeitfilm und dennoch rührt er an Elementares. »Ich öffnete meinem Geliebten: / Doch der Geliebte war weg, verschwunden. / Mir stockte der Atem: er war weg. / Ich suchte ihn, ich fand ihn nicht. / Ich rief ihn, er antwortete nicht. / Da fanden mich die Wächter / bei ihrer Runde durch die Stadt; / sie schlugen, sie verletzten mich. / (...) Stark wie der Tod ist die Liebe, / die Leidenschaft ist hart wie die Unterwelt.«[119] So heißt es im Lied der Lieder. Diesen Text liest Edward G. Robinson in THE WOMAN IN THE WINDOW (Lang, 1944), bevor er ins Verderben stürzt.

Fetischcharakter des Geldes

Weniger das Finden der *mystery*-Objekte, eher das Verlieren/Verdrängen erweist sich mit Fortschreiten der Handlung als die eigentliche Pointe des Film noir. Der *red herring* verliert sich im Verlauf des Films aus den Augen oder erweist sich zum Hohn auch noch als falsch wie der Malteser Falke (»the stuff that dreams are made of«). Alle diese Handlungsfetische lassen sich in barer Münze ausdrücken, oft geht es auch direkt um Geld. Immer, auch bei den erotischen Beziehungen im Film noir, spielt Geld eine Rolle, meist geht es um viel Geld. Alles ist im Film noir käuflich, alles wird zur Ware. Geld selbst ist im Film noir ein wichtiger erotischer Fetisch; wie der Waffenfetischismus ist er den Männern und den Frauen gemein.

Pathologien

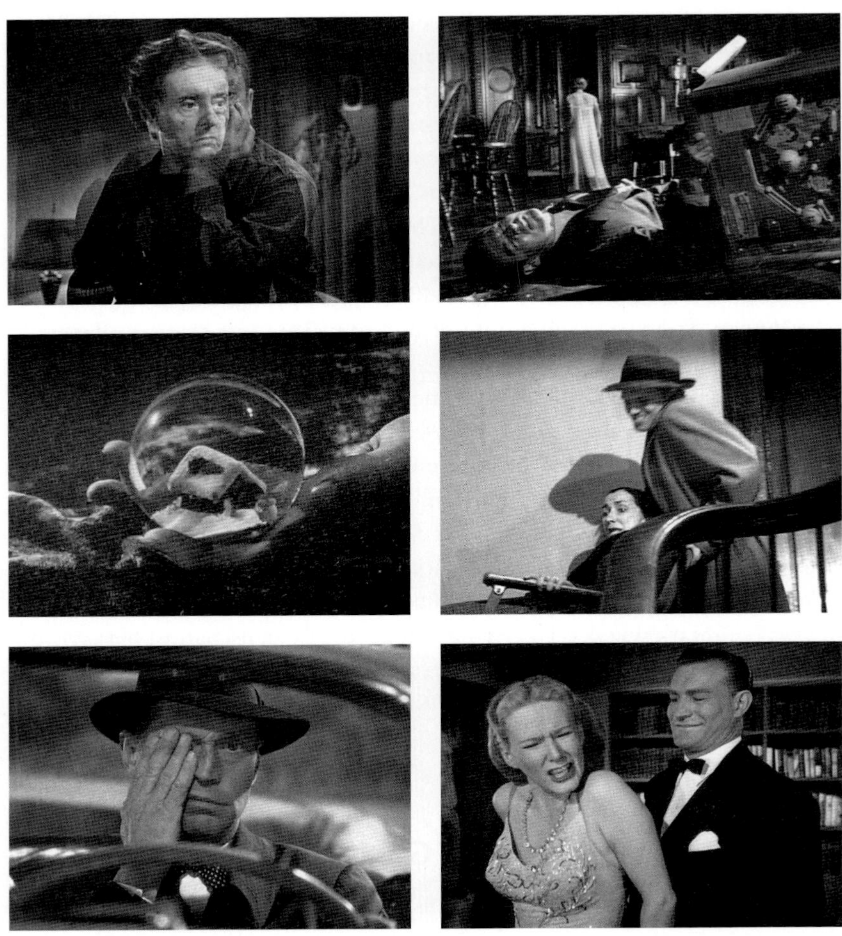

Der Film noir ist voll mit pathologischen Tätern. Ein Gangster mit Mutterkomplex wird mit seiner Mutter überblendet (WHITE HEAT). Ein Machtmensch bekommt Herzanfälle, wenn man ihm seinen Willen nicht erfüllt; seine Frau verweigert ihm seine Medizin, er stirbt (CAUGHT). Ein Machtmensch stirbt mit dem Sinnbild seiner verlorenen Kindheit in der Hand (CITIZEN KANE).

Beispiele aus: WHITE HEAT, CAUGHT, CITIZEN KANE, KISS OF DEATH, PHANTOM LADY, BLACK ANGEL

»Es gibt einen geheimen, feststehenden, häufig unbewussten, aber tief eingesenkten Begriff von der (...) Autorität der kapitalistischen Gesellschaft. Er bestimmt das zarteste Liebesverhältnis (...)«, heißt es bei Horkheimer.[120] Und weiter: »Geld macht sinnlich – und zwar nicht bloß im Sinn von begehrlich, sondern auch von begehrenswert. Wie die Folgen der geschlechtlichen Impotenz zu Hause die gleichen sind wie die des schlechten Einkommens, nämlich kleinliche, aufreibende Zwistigkeiten, so kann auch die ökonomische Macht unmittelbar an die Stelle der sexuellen treten.«[121] Aber auch die Jagd nach dem Geld im Film noir verliert sich in einem Irrgarten, in dem sich die Motive umkehren. Über die Jagd selbst verliert sich das Ziel aus den Augen, und die Wirklichkeit des Geldes ist allemal tödlich. Geld ist der nekrophile Fetisch schlechthin. Wer es nicht hat, geht daran zugrunde, und wer es hat, auch. Keiner kann sich dem entziehen.

Aus der alten Melodramenmoral »Reichtum macht nicht glücklich« ist unter der Hand etwas anderes geworden: Geld tötet. »You think you're really independent of money?« fragt Rita Hayworth den naiven Orson Welles zu Anfang von THE LADY FROM SHANGHAI. Später kapiert er, dass die Gier die Menschen in Haie verwandelt: »Sharks, mad with their own blood, chewing away at their own selves.« Er will zum Schluss nur noch vergessen, aber insgeheim weiß er, dass es nicht geht: »Everybody is somebody's fool.« Im Film noir werden die Banknoten mit den Konterfeis der Gründerväter regelmäßig mit Blut getränkt: »You've got it all, but you're a dead man, Fabian, a dead man« (NIGHT AND THE CITY).

Im Film noir tritt in der Filmgeschichte erstmalig das rätselhafte Motiv des »senseless murder« auf. Einer, der nur noch vergessen will, wie Orson Welles in THE LADY FROM SHANGHAI, einer, der schon so gut wie tot ist, der sich vor der Welt verkrochen hat, den niemand hasst und niemand liebt, der nichts hat und nichts ist, wird in THE KILLERS ermordet. Das verdeckte Motiv seines Todes ist, dass er den tödlichen Fetisch Geld berührt hat. »(...) the film reminds us again and again (...) that he was dead while he was alive« (Jack Shadoian).[122] Es war sein Tod, auf den er schon gewartet hat. Ähnlich in D.O.A. Aber auch der scheinbar entgegengesetzte Todestrieb eines Robert Ryan in CAUGHT gehorcht dieser Motivik. Er steht unter dem Zwang, immer noch eine Million anzuhäufen, weil der Fetisch Geld in seiner quantitativen Dimension keine Grenzen kennt. Seine sinnlose Jagd nach Geld ruiniert seine Gesundheit. Als ihm dann eine Frau begegnet, die er nicht kaufen kann, stirbt er daran in einem Herzanfall.

Ähnliche Herzanfälle bekommt Barbara Stanwyck in SORRY, WRONG NUMBER, als der Mann, den sie gekauft hat, sie verlassen will. Der Schluss

Psychologie und Scharlatanerie

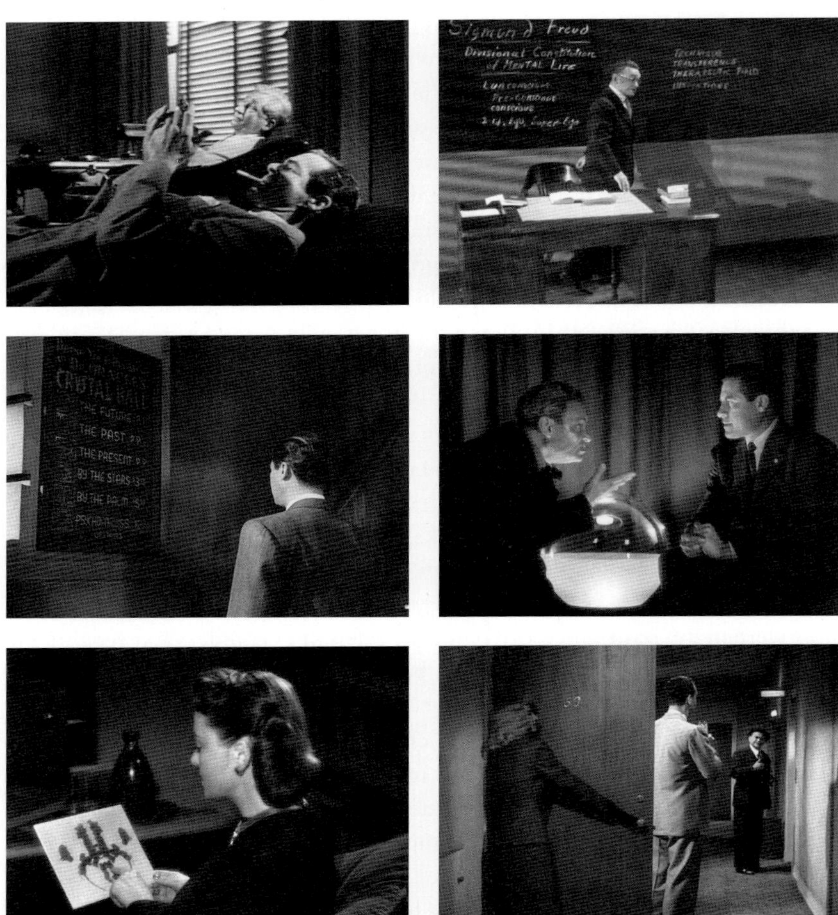

Psychoanalyse wird gerade Mode; ein unheilbarer Fall auf der Couch (Caught). Ein Professor erklärt die Psychologie des Mordes mit Freud; kurz danach ist er selbst ein Mörder (The Woman in the Window). Ein Scharlatan verlangt für Psychoanalyse ein Extrahonorar (Somewhere in the Night). Eine *dual personality* vor einem Rorschach'schen Doppelbild (The Dark Mirror). In Double Indemnity ließ Billy Wilder eine Tür extra verkehrt einbauen, damit er das Ich zwischen Über-Ich (Vaterfigur) und Es (Femme fatale) visualisieren kann.

deutet an, dass sie letztlich daran stirbt. In DOUBLE INDEMNITY haben Barbara Stanwyck und Fred MacMurray das perfekte Verbrechen begangen. Nur das Geld können sie nicht bekommen; und treffen können sie sich nur noch heimlich, weil sonst alles aufkommt. Eines ihrer Treffen findet in einem Supermarkt statt; die Käuflichkeit all der Waren, die sie umgeben, ist ein Hohn auf ihre Situation. Die beiden enden im Liebestod.

James Cagney in WHITE HEAT hat den ganz großen Coup gelandet. Seiner toten Mutter kann er zurufen: »Ma, I made it... Top of the world!« Er steht oben auf einem Gastank, der im nächsten Augenblick unter den einschlagenden Kugeln der Polizei in die Luft fliegt. Wir stehen hier vor dem Kuriosum, dass zwei von der Basis her völlig unterschiedliche Fetischbegriffe, der von Marx (Fetischcharakter der Ware, deren allgemeines Äquivalent Geld ist) und der von Freud, motivisch zusammenfließen. Der Film noir in Amerika, das ist auch im weiteren Sinne das Unbehagen in der amerikanischen Kultur: Der amerikanische Traum wird zum Alptraum.

Exkurs zum Begriff des Melodrams

Als letzten Punkt dieser Untersuchung habe ich die Genrefrage aufgespart. Dieses Vorgehen bringt vor allem einen Vorteil wissenschaftlicher Ökonomie: Durch die bereits ausgebreitete Menge des Materials lässt sich die Genrefrage deduktiv abhandeln. Ich muss mich dabei weitgehend auf die deskriptive Seite beschränken. Dies ist in erster Linie aufgrund der Literaturlage zum Melodram geboten. Insbesondere die angloamerikanische Tradition des Melodrams ist zwar in einer Reihe von Standardwerken relativ gut erforscht, die aber alle stark auf das Deskriptive konzentriert sind.[123] Jenes Manko, das Frieda Grafe 1971 konstatierte, besteht vielfach noch heute: »Nirgends ist die Rede von der Bedeutung, die wir meinen, wenn wir eine Situation, ein Stück Kunst als melodramatisch bezeichnen. Das ist ein Symptom, das Melodram ist ein Gegenstand unterm Strich.«[124]

Die grundlegenden Charakteristika des Melodrams sind übernational, auch wenn in den nationalen Melodramen nationale Themen ihre besondere Verarbeitung finden (z.B. der Indianer im amerikanischen Melodram). Ich beginne deshalb mit zwei prägnanten Kurzdefinitionen. Arnold Hauser schreibt in seiner *Sozialgeschichte der Kunst und Literatur* über das klassische Melodram, wie es sich zu Beginn des 18. Jahrhunderts etablierte: »Das Melodrama ist alles, nur keine spontane und naive Kunst (...). Rein formal ist

Verblendung und Blindheit

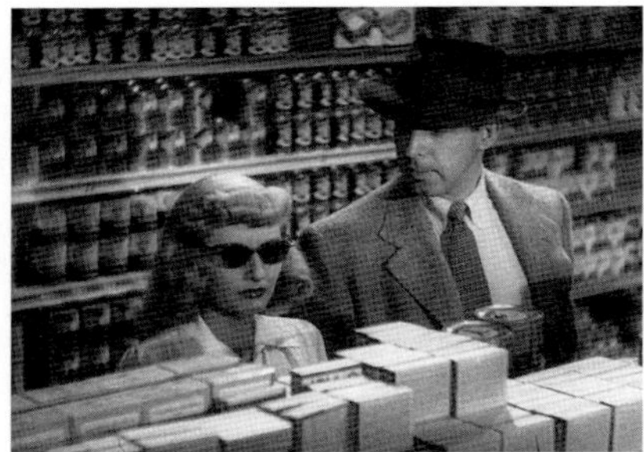

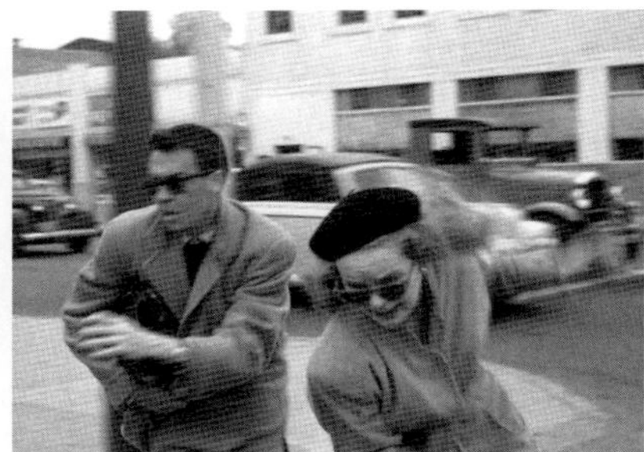

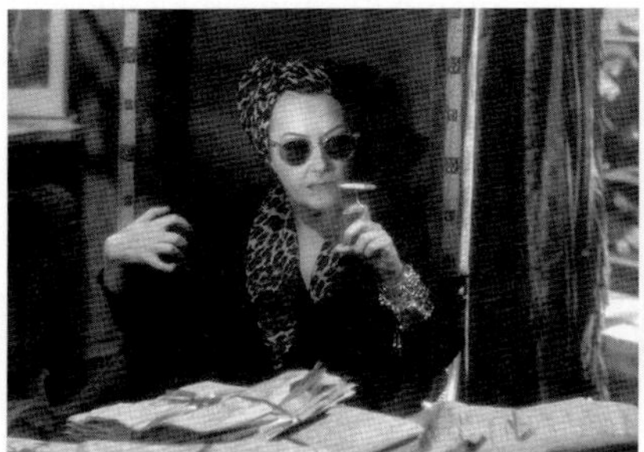

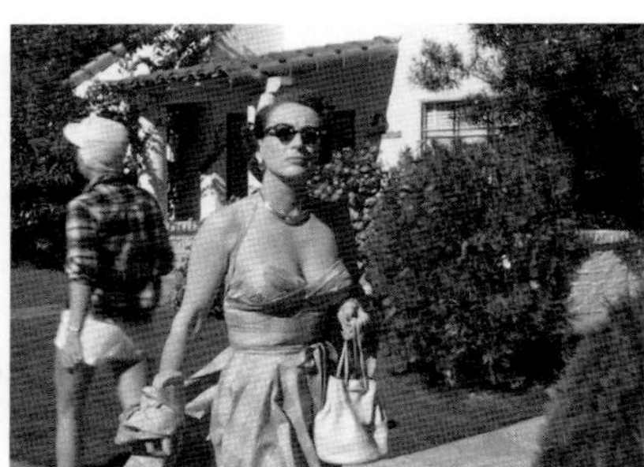

Beispiele aus: DOUBLE INDEMNITY, GUN CRAZY, SUNSET BOULEVARD, THE DAMNED DON'T CRY

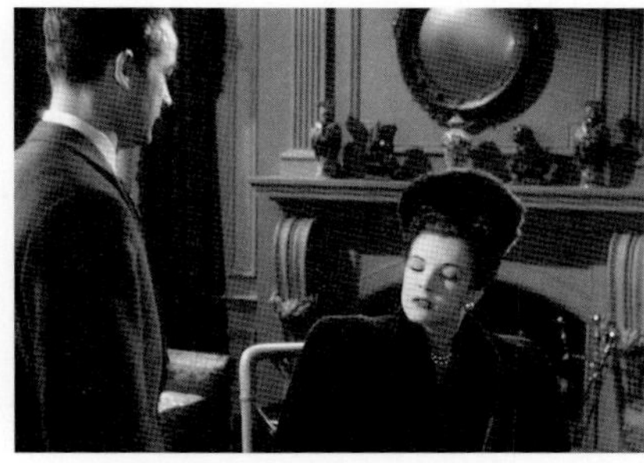

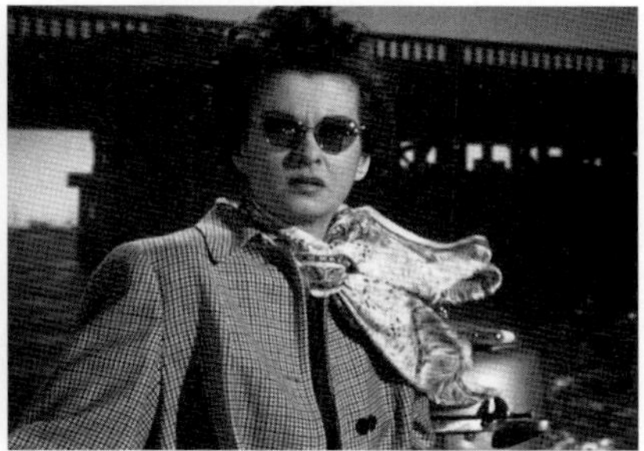

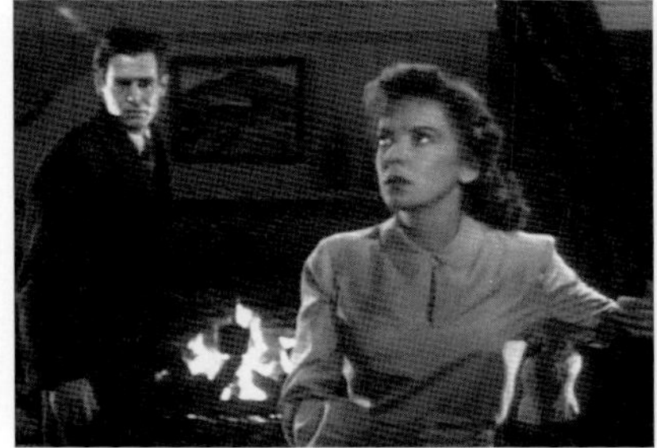

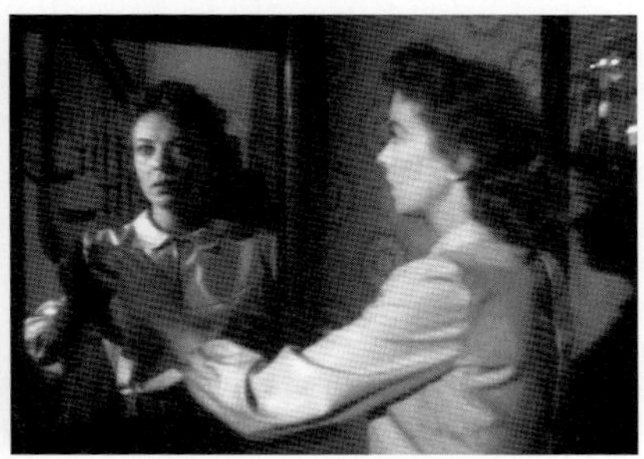

Gerne visualisiert der Film noir Verblendung mit schwarzen Brillen. In THE DARK CORNER findet sich eine subtile Variante: die *black widow* verschließt die Augen und der Spiegel hinter ihr ist blind. In ON DANGEROUS GROUND trifft ein durchgeknallter Detektiv auf eine wirkliche Blinde; seine Brutalität läuft an ihrer Hilflosigkeit buchstäblich ins Blinde. Die Blinde ist wie im Mythos eine Seherin.

Beispiele aus: THE DARK CORNER, THE RECKLESS MOMENT, ON DANGEROUS GROUND (2x)

das Melodrama die denkbar konventionellste, schematischste, künstlichste Gattung – ein Kanon, in den neue, spontan gefundene Elemente kaum Eingang finden. Es weist eine strenge dreiteilige Struktur auf, mit einer starken Konfliktsituation, einem heftigen Zusammenstoß und einem dénouement, das den Sieg der Tugend und die Bestrafung des Lasters darstellt, kurz, einer sehr übersichtlichen und sparsam entwickelten Handlung; mit der Prävalenz der Fabel über die Charaktere; mit stehenden Figuren: dem Helden, der verfolgten Unschuld, dem Bösewicht und der komischen Person; mit der blinden und grausamen Verhängnishaftigkeit der Ereignisse; mit einer stark betonten Moral«[125].

Eine mehr auf die dahinterstehenden Inhalte abzielende Kurzdefinition liefert Ulrich Kurowski in seiner Publikation »Die Antikunst von Posteuropa?«: »Es spielt innerhalb der bürgerlichen Gesellschaft, und es geht um individuelle Leiden wie unerfüllte Liebe, Eifersucht, Einsamkeit, die verschiedenartigsten Perversionen usw. Das Melodram entstand (auf dem Theater), als das Bürgertum sich schon saturierte, nach der Epoche des frühkapitalistischen Selbsthelfers«[126].

In David Grimsteads Buch über das frühe amerikanische Melodram (*Melodrama Unveiled*) ist das Personal des Melodrams gegenüber Arnold Hauser um Vater und Mutter, meist der Heldin, ergänzt.[127] Oft ist die Mutter bereits verstorben, aber in jedem Fall ist sie »an angel spirit«.[128] Die Vaterfigur hat dagegen starke Beiklänge eines Gottvaters. Den Eltern gegenüber gilt das Gebot der Kindespflicht: »She that forgets her duty to a parent will never learn it for a husband.«[129] Schon an dieser Konstellation wird deutlich, dass die Beziehungen der Söhne und Töchter zu den Vätern und Müttern im Melodram reichlich heikel sind. Der Vater ist stark, ja übermächtig, und die Bindung an die Mutter hat irrationale Obertöne.

Im Zentrum des Melodrams steht die unschuldige Heldin: »Defenseless woman, (...) that sex that nature formed us to defend.«[130] Relativ zur Heldin definiert sich das Gute und das Böse; entsprechend erscheint das Böse als die Leidenschaft, die die Heldin bedroht. Die Ideologie des Melodrams vollzieht dabei eine Gleichsetzung von natürlich und gut (tugendhaft): »He traces nature's climax and explores/The virtues of each vegetable order.«[131] Dieser völlig fadenscheinige Naturbegriff enthält einen durchaus antiintellektuellen Impuls und zielt auf das kleinbürgerliche Publikum des Melodrams, das seine moralischen Werte gegen jedes Räsonnement abgeschottet sehen will. Gesellschaftliche Konflikte werden entsprechend umgedeutet in ein höheres Schicksal, das es zu erdulden gilt: »Whom providence has doomed to utter destruction.«[132] Die Gesellschaft existiert im Melodram in erster Linie als

Gegenstand des Patriotismus. Der Horizont des Melodrams hat seine enge Grenze im privaten Glück, in der »Religion of domesticity«.[133]

In den ersten Jahrzehnten der Filmgeschichte waren die traditionellen melodramatischen Stoffe die beliebtesten Handlungsvorlagen. Das Kino entwickelte sich in dieser Zeit zum Hort des Melodrams. Im Verlauf der 1920er Jahre setzte eine Veränderung der Kino-Melodramen ein, die vor allem zwei Punkten Rechnung trug. Zum einen war das Frauenbild des klassischen Melodrams nicht mehr haltbar. Der Heldin wurde mehr Spielraum eingeräumt, und der Vamp, ursprünglich nur eine Nebenfigur, die den Helden bedrohte (etwa, wenn er sich vom Lande in die Stadt begab), wurde zur vollwertigen Gegenspielerin der Heldin, so, wie der Held den Schurken als seinen Gegenspieler hat. Zum anderen wurden die Werte des Melodrams in ein skeptisches Licht gerückt, was den Idealismus des Melodrams relativierte. Jenes *happy ending* als Notausgang, von dem Sirk spricht, kam auf.[134]

Übergänge in der Dramaturgie: Film noir als Subgenre des Melodrams

Michael Walker beschreibt zutreffend die Verschiebung im Umgang mit *domesticity*: »Whereas melodrama tends to be focused on the home, the action in film noir is nearly always centrifugally away from the home: even when the noir hero seeks domesticity, it becomes an ideal which he cannot realise (…) or which is violently destroyed, as in The Big Heat.«[135] Um vom Melodram zum Film noir zu gelangen, bedarf es nur einiger weniger dramaturgischer Operationen, die in der inneren Logik des Melodrams selbst angelegt sind. Die Dichotomie von Gut und Böse im Melodram ist sauber aufgeteilt auf die Personen. Das Spannungsfeld zwischen Held–Schurke und Heldin–Vamp macht aber erst das Melodram aus. Die Faszination des Publikums ist dieselbe, die den Helden, die Heldin bedroht: die Faszination des Verbotenen, Verdrängten, Unterdrückten. Die gesellschaftlichen Zwänge, denen sich die Helden des Melodrams freiwillig unterordnen, verlangen Opfer von masochistischer Dimension. »Das Melodram hat einen extrem masochistischen Grundzug.« (Hans Peter Kochenrath).[136] Also umgekehrt aus der Perspektive der Dramaturgie: »Und tatsächlich ist ja der Sadismus ungefähr das einzige im Leben, was der Ästhetik des Melodrams als Vorlage dienen kann« (Marcel Proust).[137]

Bringt man diesen Dualismus in eine dialektische Form, kommt man zu den Noir-Helden wie der guten Bösen und der bösen Guten. Der Konflikt Gut/Böse wird psychologisiert, in die Personen verlegt. Das Chiaroscuro, das Helldunkel, in das der Film noir seine Protagonisten taucht, tangiert auch das Weltbild des Melodrams: Es wird pessimistisch. »Coffee is just like life. The aroma is always better than the actuality«, heißt es in BORN TO KILL. Die skeptizistische Tendenz des späten Melodrams wird offen ausformuliert. »The world is full of skepticists«, heißt es in DETOUR. Für Larmoyanz bleibt da kein Platz mehr. »There are no tears in film noir«, schreibt Foster Hirsch.[138]

Im Melodram, insbesondere im späten, skeptischen Melodram, haben die Menschen keine Zukunft, weil sie mit der Gegenwart nicht zurande kommen. Im Film noir haben die Menschen keine Gegenwart, weil diese von der Vergangenheit (zweite Chance, *mystery*, Amnesie u. ä.) überschattet wird. Schicksal ist deshalb nicht länger *providence*, sondern *blind chance*. »No matter what you do, no matter where you turn, fate sticks out its foot to trip you« (Anfangs-Voice-over von DETOUR). Oder: »There is nothing anyone can do« (D.O.A.). Das Ende des Film noir ist deshalb immer düster, auch wenn es sich als *happy-emergency-ending* gibt.

Während die Helden des Melodrams in einer bedrohten Gegenwart leben, sind die Helden des Film noir lebende Tote. Ulrich Kurowski verweist darauf in seinen »39 Abschnitten über das Melodram«: »Lang/Preminger/Wilder: Dass die aus Wien stammenden Emigranten beim film noir, beim US-Melodram reüssierten, hat mit österreichischem Fatalismus, mit Wiener Todesgewissheit zu tun. Doktor Mabuse ist ein melodramatischer Phantast; zu Edward G. Robinson ist kein weiter Weg. Die bisher nur behauptete Wiener Nekrophilie kann mit Premingers Hollywood-Filmen bewiesen werden. In LAURA und in WHERE THE SIDEWALK ENDS geht es um zwanghafte Fixierungen auf Tote. Und SUNSET BOULEVARD wird aus der Perspektive eines Toten erzählt. Zählen Sie die Begräbnisse bei Billy Wilder!«[139]

Die Kleinbürger-Ideologie des Melodrams zielt auf die »religion of domesticity« ab. Voraussetzung ist natürlich, dass die familiären Beziehungen in jener idealisierten Form verbleiben, die die Mutter zu einem engelhaften Wesen und den Vater zu einem guten Patriarchen macht. Ist dies Gefüge schon im späten Melodram sehr rissig, bricht es im Film noir zusammen unter seinen inneren Spannungen: Die Bindungen zu den idealisierten Müttern werden offen pathologisch, die Patriarchen werden zu überstarken, bedrohlichen Vätern.

Der Zweck der übersichtlichen Handlungsführung des klassischen Melodrams ist ein moralischer: die Wiederherstellung der ideologisch abgesicher-

Byzantinismus

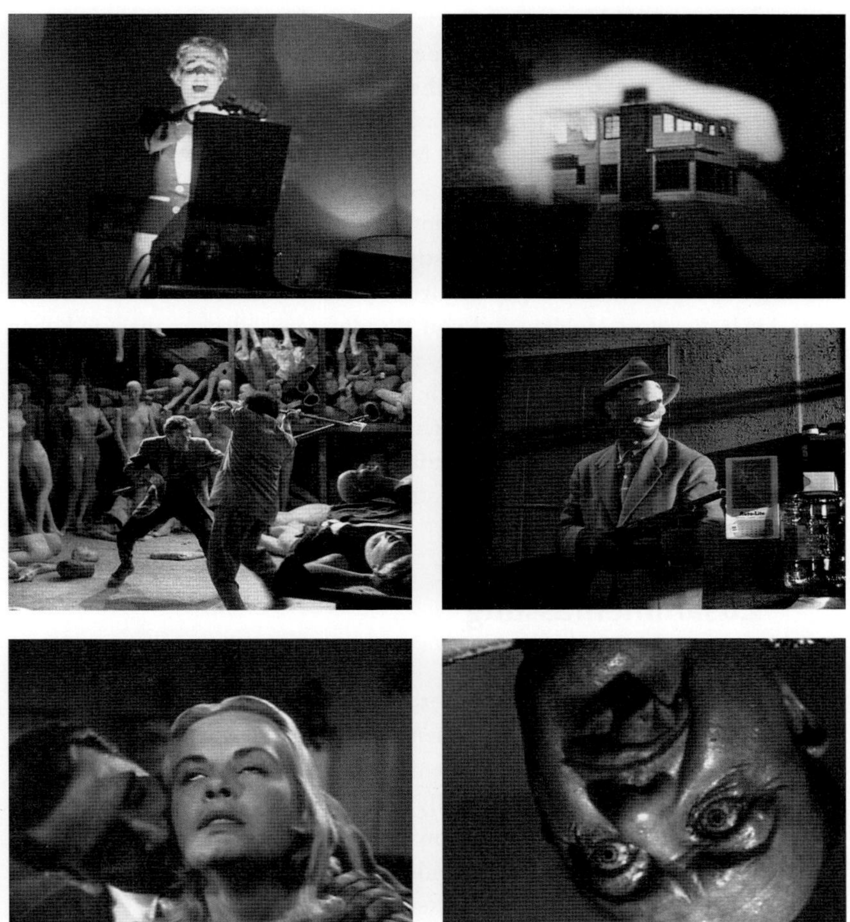

Von 1954 bis 1959 läuft die Produktion des Film noir aus; der Film noir passt nicht mehr zur restaurativen Ära Eisenhower. Aber die wenigen Beispiele sind durch eine byzantinische Übersteigerung der Form gekennzeichnet. Die Atombombe kommt wirklich vor: Pandora öffnet die Box (Kiss Me Deadly). Der Kampf zwischen Ödipus und Laios findet in einem surrealen Lager mit Schaufensterpuppen statt (Killer's Kiss). Der Killerclown hat seinen ersten Auftritt (Killing). Erotische Szenen spotten der Zensur (The Big Combo). Und Grausames steigert sich grotesk (Touch of Evil).

ten Ordnung. Die Menschen im Melodram sind von einer bornierten ›Blindheit‹. Es ist nicht wie in der griechischen Tragödie, wo der in der Blindheit eines mythischen Weltbilds Befangene aus dem Mythos heraustritt. Umgekehrt, es ist der aufgeklärte Mensch, der sich in seine ideologischen Schablonen bewusst verkapselt, der die Wahrheit nicht sehen will. Es sind bornierte, objektfixierte Bürger, die sich durch nichts von ihren vorgefassten Meinungen und Zielen abbringen lassen. Im Melodram nimmt die partielle Remythologisierung der konsolidierten bürgerlichen Gesellschaft Form an.

Im Film noir sind die ideologischen Eckpfeiler des Melodrams unter dem allzu großen Druck der auseinanderstrebenden Baumassen eingestürzt. Aus der übersichtlichen Handlung ist ein Irrgarten geworden. Aber noch schlimmer: Auch die Noir-Helden sind von Blindheit geschlagen, aber sie haben keine ideologische Schablone mehr, an der sie sich orientieren könnten. Blind tappen sie in einem Labyrinth herum. Während die Melodramen-Helden mit ihrem falschen Bewusstsein ihren falschen Zielen nachhängen, sind die Noir-Helden lebende Tote mit dem Bewusstsein von Zombies oder Schlafwandlern: bewusstloses Bewusstsein.

Zusammenfassung

Paul Schraders These »film noir is more interested in style than theme« kann im Lichte dieser Arbeit nicht bestehen. Die große Bedeutung des Stils im Film noir ergibt sich gerade aus thematischen Gründen. Die Behandlung zeitgeschichtlicher Themen im Hollywoodfilm dieser Epoche erfolgt im Wesentlichen in zwei Kategorien von Filmen: in Filmen, die die Zeitumstände propagandistisch verklären, und im Film noir, der die Ängste der Zeit aufgreift. Der Film noir bringt dabei seine Themen in die verwandelte Form der Traumarbeit; daraus resultiert die Bedeutung des Stils.

Der Film noir belegt, dass es in dieser Epoche entgegen aller offiziellen Euphorie eine starke pessimistische Strömung gab. Die Alptraum-Form, in der der Film noir die Thesen der Zeit verarbeitet, war für das zeitgenössische Publikum offenbar hilfreich zur Bewältigung seiner Ängste; denn über den Erfolg eines Phänomens der Massenkultur entscheidet unter den Bedingungen eines freien Marktmechanismus letztlich das *box office*. Es lag aber auch innerhalb der Logik des Genres, dass es ein starkes kritisches Potenzial enthielt. Wichtig ist dabei vor allem die Rolle europäischer Emigranten, die das Erbe des deutschen expressiven Kinos und des poetischen Realismus nach Hollywood brachten. Aber auch die Hollywood-Linke hatte einen relativ großen Anteil am Film noir.

Die Geschichte des Film noir beginnt parallel mit dem zunehmenden Engagement der USA auf alliierter Seite in den Kriegsjahren 1940/41. Die Vorkriegshysterie artikuliert sich im Film noir. Die Kriegszeit bewirkte eine massive Veränderung der Geschlechterbeziehungen, vor allem aufgrund der veränderten ökonomischen Rahmenbedingungen: Die Frauen waren in der Kriegswirtschaft, die Männer im Krieg. Die psychologischen Implikationen dieser Situation bestanden fort bis zum Ende des Koreakriegs. Gleichzeitig tauchen ab 1946 in großer Zahl Veteranen auf, die mit den Frauen um Arbeitsplätze konkurrieren müssen. Die Frau erscheint im Film noir prinzipiell im Zwielicht und eine familienfeindliche Aversion ist unverkennbar. Der amerikanische Traum zerbricht im Film noir. Die USA erscheinen ästhetisch als eine Nekropolis, der Blick in die Zukunft ist von Ängsten geprägt.

Die Noir-Helden sind psychisch und moralisch ambivalent, sowohl ihre psychische Stabilität wie ihr Wertesystem sind gebrochen. Amnesie, Schizophrenie und Doppelgängermotiv, Paranoia, pathologische Fälle von Entfremdung und Klaustrophobie sind an der Tagesordnung. Zeitkontexte sind unschwer im amnesischen Veteranen, in einer kriegsbedingten Entfremdung von Mann und Frau, einer metaphorischen Verwendung der atomaren Bedrohung und einer deutlichen Zunahme des Themas vom unschuldig Schuldigen ab 1947 (Beginn der antikommunistischen Hexenjagd, HUAC-Befragungen etc.) zu finden.

Die Alptraum-Form des Film noir bedingt, dass die Filme nicht nur einer komplexen Erzählstruktur, sondern auch einer komplexen Kodierung unterliegen. Die Interpretation der Filme auf der Ebene sozialpolitischer Phänomene lässt stets einen unaufgelösten, rätselhaften Rest. Die Stringenz der Story ist im Film noir auch gar nicht gefragt. Dies liegt daran, dass die traumhafte Maskierung, in der der Film noir die Zeitthemen aufgreift, nicht nur metaphorisch ist, sondern wie in der echten Traumarbeit Aktuelles und Tiefenpsychologisches zu einem komplexen Netzwerk verstrickt. Die Ästhetik des Film noir hat deshalb auch eine Affinität zu quasi schlafwandelnden Akteuren und zu Surrealismen.

Es ist ein übergreifendes Merkmal des Film noir, dass die Dramaturgie der Filme die aktuellen Themen nach den großen Themen des kollektiven Unbewussten strukturiert. Immer wieder stoßen wir auf Ödipus- und Elektrakomplex, auf sexuelle Ambiguität und Formen der Hassliebe sowie auf Formen der Verdrängung wie Fetischismus und Amnesie. Die *mystery*-Struktur der Handlung nimmt dabei den Prozess der Verdrängung einerseits, der Fi-

Zum Vergleich
(Fantômas, Mabuse, Le Jour se Lève, Film noir)

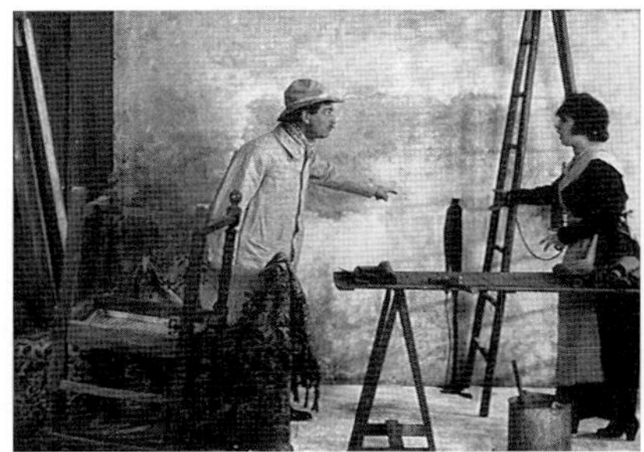

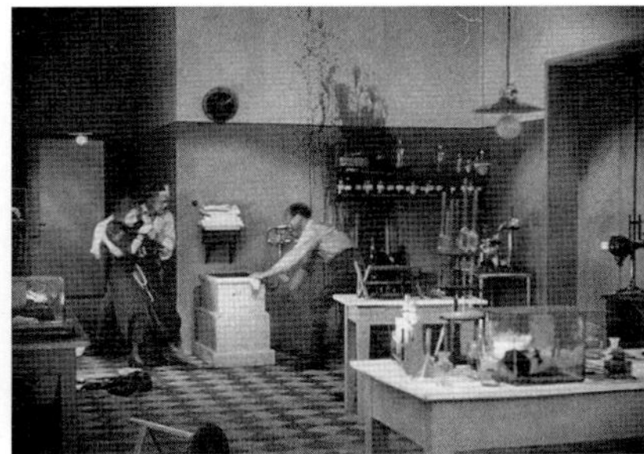

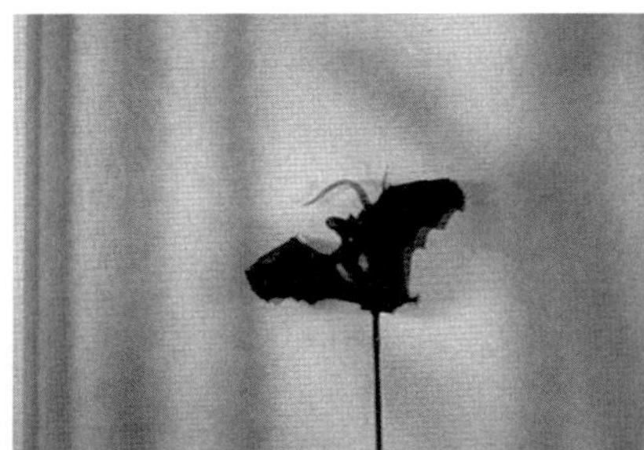

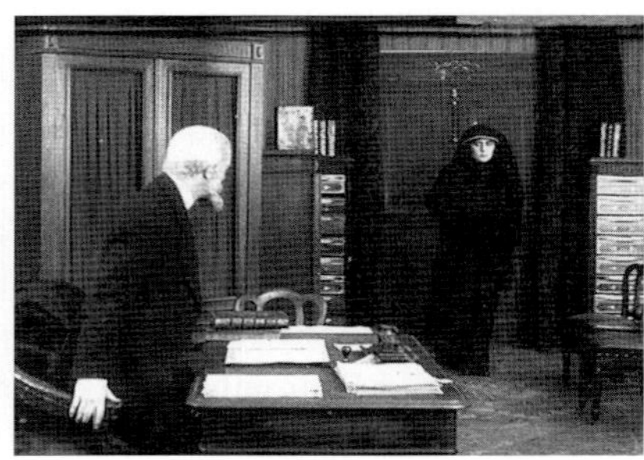

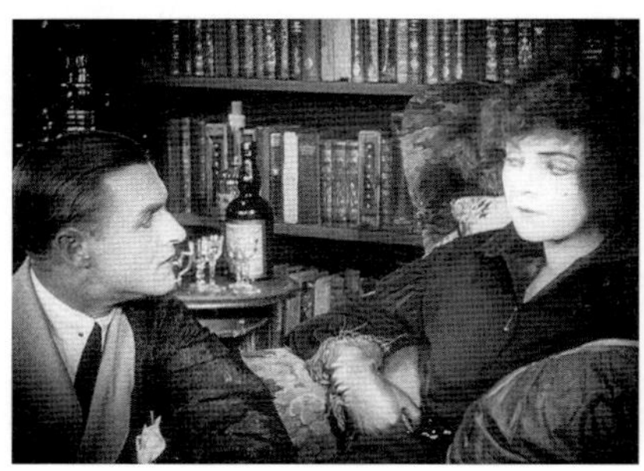

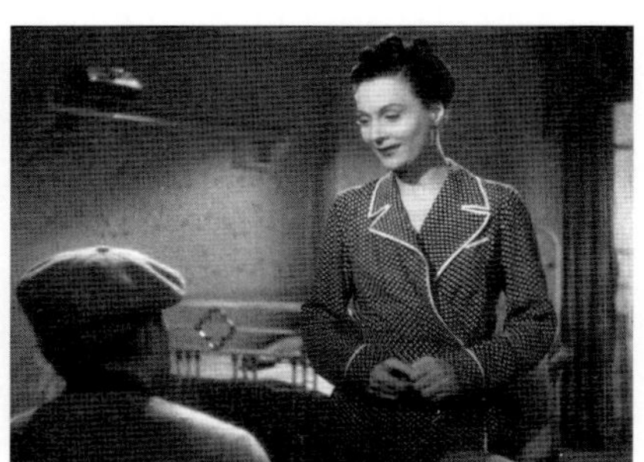

Beispiele aus: Fantômas, Dr. Mabuse, der Spieler, The Lost Weekend, Le Jour se Lève

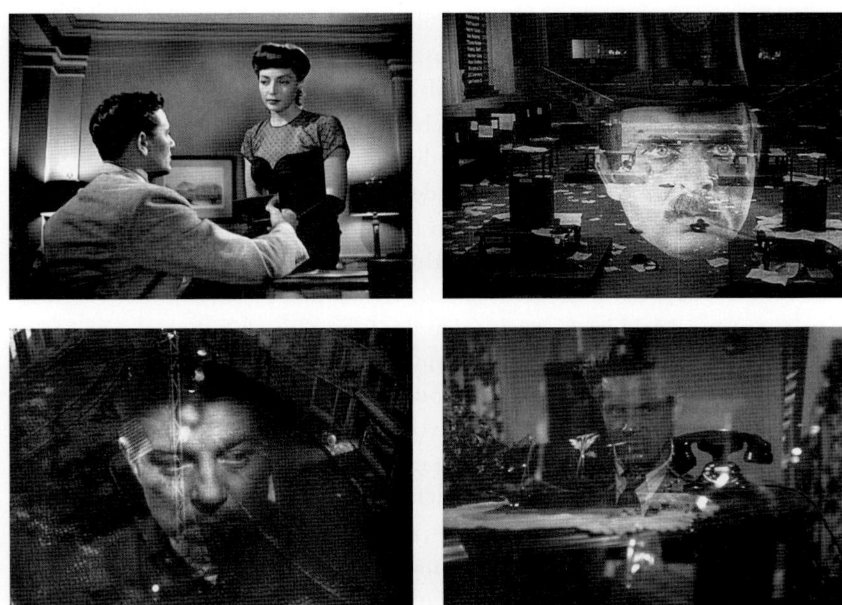

Filmhistorisch sind im Film noir viele Einflüsse aus zweiter und dritter Hand wirksam. Einen Startpunkt kann man bei den Cinéromanen von Feuillade ausmachen, es folgen das expressive Dämonenkino in Deutschland und der poetische Realismus in Frankreich. Verglichen werden hier Bildideen aus FANTÔMAS (1913/14) von Louis Feuillade, DR. MABUSE, DER SPIELER (1921/22) von Fritz Lang und LE JOUR SE LÈVE (1939) von Marcel Carné. Bei Feuillade läuft Blut aus der Wand, bei Fritz Lang ist es Druckerschwärze und in LOST WEEKEND von Billy Wilder wieder Blut.

Beispiele aus: FORCE OF EVIL, DR. MABUSE, DER SPIELER, LE JOUR SE LÈVE, BLACK ANGEL

xierung andererseits wieder auf, aber ohne die Noir-Helden aus ihrer Verstrickung zu befreien: Die Wiederaufnahme des Verfahrens rekonstruiert den Status Quo, das Ende des Film noir ist stets düster.

Das Fetischismus-Thema, das im Film noir breiten Raum einnimmt, hat Schwerpunkte im Waffenfetischismus, in der Nekrophilie und im Fetischcharakter des Geldes. Im letzteren Fall haben wir im Film noir eine bemerkenswerte Verknüpfung zweier höchst unterschiedlicher Fetischbegriffe, nämlich des politökonomischen und des psychoanalytischen Fetischbegriffs.

In der Frage der Genrezuordnung des Film noir beruft sich Paul Schrader auf Raymond Durgnats These: »Film noir is not a genre, as the Western or gangster film is; it takes us into the realms of classification by motif and tone.« Auch diese These kann im Lichte dieser Arbeit nicht bestehen. Im Vergleich zum regulären Melodram erweist sich der Film noir als Subgenre des Melodrams. Durch einige einfache Operationen, die in der Logik des Melodrams selbst angelegt sind, lässt sich das Melodram in den Film noir transformieren. Das melodramatische Spannungsfeld von Gut und Böse wird in die Personen verlegt. Dadurch kippt die Handlung um ins Pessimistische und Skeptizistische. Der Schicksalsbegriff wandelt sich von »providence« in »blind chance«; wo der Melodramen-Held bedroht ist, wird der Noir-Held zu einem lebenden Toten. Die im Ideal der melodramatischen Familie angelegten Pathologien treten offen zutage. Aus der ideologisch abgesicherten Ordnung wird ein Labyrinth, in dem die Akteure orientierungslos herumtappen.

Das klassische Melodram ist bereits berühmt-berüchtigt für die Exaltation der Form, die der Exaltation der Gefühle entspricht. Auch hier kippt das Melodram: Im Film noir ist im Spiel mit dem Formenkanon plötzlich alles erlaubt. Wie schon eingangs erwähnt, antizipiert der Film noir in vieler Hinsicht die Postmoderne. Die Filme sind selbstreflexiv, ironisch und gnadenlos subjektiv. Die Protagonisten sind ambivalent, mitunter multivalent. Unsicheres Erzählen und labyrinthische Handlung sind Programm. Von den verschachtelten Erzählzeiten des Film noir führt ein direkter Weg zu Filmen wie MEMENTO (Nolan, 2000). Was Umberto Eco über CASABLANCA sagt, gilt für viele Beispiele des Film noir: »Wenn alle Archetypen schamlos hereinbrechen, erreicht man homerische Tiefen. Zwei Klischees sind lächerlich, hundert Klischees sind ergreifend. Denn irgendwie geht einem plötzlich auf, dass die Klischees miteinander sprechen und ein Fest des Wiedersehens feiern. Wie höchster Schmerz an Wollust grenzt und tiefste Perversion an die mystische Energie, gewährt äußerste Banalität einen Blick aufs Erhabene. Etwas spricht anstelle des Regisseurs. Das Phänomen ist, wenn nicht noch mehr, zumindest verehrungswürdig.«[140]

1 Barbara Deming: Running Away from Myself. A Dream Portrait of America Drawn from the Films of the Forties. New York 1969. S. 6.
2 Marc Vernet: Film Noir on the Edge of Doom. In: Joan Copjec (Hg.): Shades of Noir. London, New York 1993. S. 26.
3 »Fantasy (...) presents a case of ›I think, therefore it is‹: in it, I am reduced to a pure thought intuiting the being of jouissance in its imbecility«. Slavoj Žižek: Kantian Background of the Noir Subject. In: Joan Copjec (Hg.): Shades of Noir. London, New York 1993. S. 222.
4 Mark T. Conard: Nietzsche and the Meaning and Definition of Noir. In: Mark T. Conard (Hg.): The Philosophy of Film Noir. Lexington 2006. S. 19 f.
5 Frank Krutnik: In a Lonely Street. London, New York 1991. S. 17.
6 Jon Tuska: Dark Cinema. Westport/Conn., London 1984. S. 150.
7 Dale E. Ewing, Jr.: Film Noir: Style and Content. In: Alain Silver, James Ursini (Hg.): Film Noir Reader 2. New York 1999. S. 82. (Reprint des Originals in: The Journal of Popular Film and Television Nr. 2, 1988.)
8 Bruce Crowther: Film Noir. London 1988. S. 8.
9 Andrew Spicer: Film Noir. Harlow 2002. S. 27 ff.
10 R. Barton Palmer: Hollywood's Dark Cinema. New York 1994. S. X und 167.
11 Carl Richardson: Autopsy: an element of realism in film noir. Metuchen/N. J., London 1992. S. 1 und 10.
12 Vgl. dazu: Thomas Brandlmeier: Fantômas. Beiträge zur Panik des 20. Jahrhunderts. Berlin 2007.
13 Noël Simsolo: Le Film Noir. Paris 2005. S. 14.
14 James Naremore: More than Night. Berkeley u. a. 1998. S. 9 ff.
15 Raymond Durgnat: Paint It Black: The Family Tree of the Film Noir. In: Cinema (U. K.), August 1970.
16 Paul Schrader: Notes on Film Noir. In: Film Comment, Spring 1972.
17 Ebd.
18 Ebd.
19 Thomas Elsaesser: Weimar Cinema and After: Germany's Historical Imaginary. London, New York 2000. S. 420 ff.
20 Vgl. Thomas Brandlmeier: Nero Noir?. In: Erika Wottrich (Hg.): M wie Nebenzahl. München 2002.
21 Vgl. das Kapitel »Deutscher Kamerastil bis 1933« in: Thomas Brandlmeier: Kameraautoren. Technik und Ästhetik. Marburg 2008.
22 Charles Higham, Joel Greenberg: Hollywood in the Forties. London, New York 1968. S. 36.
23 Thomas Elsaesser: Tales of Sound and Fury. In: Monogram Nr. 4, 1972.
24 J. P. Telotte: Voices in the Dark. Urbana, Champaign 1989. S. 31.
25 Es sind zwei Texte in Fachzeitschriften: Nino Frank: Un Nouveau genre ›policier‹: L'aventure criminelle. In: L'Ecran Français Nr. 61, 1946; und: Jean Pierre Chartier: Les Américains aussi font des films ›noirs‹. In: La Revue du Cinéma, November 1946.
26 Raymond Borde, Etienne Chaumeton: Panorama du Film Noir Américain. Paris 1955. S. 6.
27 Ebd. S.14.
28 Ebd. S.14 f.
29 Stephen Neale: Genre. London 1980. S. 43.
30 Steve Neale: Genre and Hollywood. London, New York 2000. S. 173 f.
31 Robert Porfirio u. a. (Hg.): Film Noir Reader 3. New York 2002.
32 Zitiert nach: Thomas G. Schatz: Hollywood Genres. Toronto 1981. S. 111.
33 Siegfried Kracauer: Kino. Frankfurt/Main 1974. S. 28.
34 Lloyd Shearer: Crime Certainly Pays on the Screen. In: New York Times Magazine, 5. August 1945.
35 David Bordwell u. a.: The Classical Hollywood Cinema. London 1985. S. 75.
36 Foster Hirsch: Film Noir. New York 1981. S. 72.
37 James Damico: Film Noir: A Modest Proposal. In: Alain Silver, James Ursini (Hg.): Film Noir Reader. New York 1996. S. 104. Reprint des Originals in: Film Reader 3, Film Division, Northwestern University. Evanston, Chicago 1978.

38 Alain Silver, Linda Brookover: What is This Thing Called Noir?. In: Alain Silver, James Ursini (Hg.): Film Noir Reader. New York 1996. S. 262.

39 Edward Dimendberg: Film Noir and the Spaces of Modernity. Cambridge/Mass., London 2004. S. 11.

40 Ebd. S. 255.

41 Vgl. Thomas Brandlmeier: Kubricks schwarze Filme. In: Filmgeschichte Nr. 19, 2004.

42 René Schickel: The Stars. New York 1962. S. 115.

43 Ebd. S. 154.

44 Ebd. S. 167 und 168.

45 Eddie Muller: Dark City. New York 1998. S. 13.

46 Spencer Selby: Dark City. London 1984. S. 57.

47 Die Zahlenangaben hier, wie auch später noch folgende, geben nicht mehr an als die Dimension. Exakte Zahlen würden eine Quantifizierbarkeit vortäuschen, die es in der Geisteswissenschaft so nicht gibt.

48 Frank Kingdon (Hg.): As FDR Said. A Treasury of His Speeches, Conversations, and Writings. New York 1950. S. 230.

49 Vgl. dazu die ausführlichen Analysen der Filme bei: Jürgen Berger, Bettina Thienhaus: Dashiell Hammett. Raymond Chandler. Berlin 1979.

50 Ausführlich behandelt William Ruehlmann (Saint With a Gun. New York 1974) die Unterschiede von Hammetts und Chandlers Helden; Hammetts Held ist der definitive Noir- Held, der schon von vornherein völlig desillusioniert ist, Chandlers Held ist dagegen der Noir- Held im Prozess seiner Desillusionierung.

51 Amir Massourd Karimi: Toward a Definition of the American Film Noir (1941-1949). New York 1970. S. 33.

52 John Paterson: A Cosmic View of the Private Eye. In: The Saturday Review, 22. August 1953.

53 Die Formulierung »time is running out« stammt von dem emigrierten Regisseur Douglas Sirk (unveröff. Interview, München, 15.4.1978). Die politischen Implikationen Hollywoods vor und während des Zweiten Weltkriegs sind sehr gut untersucht. Als Quellen für die hier referierten Fakten seien vor allem folgende Publikationen genannt: Folke Isaksson, Leif Fuhrhammar: Politik und Film. Ravensburg 1974; Richard A. Maynard: Propaganda on Film. A Nation at War. New York 1975; Lewis Jacobs: World War II and the American Film. In: Film Culture, Nr. 47, 1969; John Baxter: The Hollywood Exiles. London 1976.

54 Waldemar Besson: Von Roosevelt bis Kennedy. Grundzüge der amerikanischen Außenpolitik 1933-1963. Frankfurt/Main 1964, S. 56.

55 Frank Kingdon (Hg.): a. a. O. S. 226 f.

56 Robert G. Porfirio: Stranger on the Third Floor. In: Alain Silver, Elizabeth Ward (Hg.): Film Noir. An Encyclopedic Reference to the American Style. Woodstock, New York 1979. S. 269. Vgl. auch die umfangreichen Darstellungen bei: Christian Cargnelli, Michael Omasta (Hg.): Schatten. Exil. Wien 1997; und: Barbara Steinbauer-Grötsch: Die lange Nacht der Schatten. Berlin 1997.

57 Der Begriff »low-key-Beleuchtung« bedarf der Erklärung. Die klassische, gut ausgeleuchtete Hollywoodszene kennt drei Lichtquellen. Eine Hauptlichtquelle hinter der Kamera, eine zweite, zum Aufhellen der Szene, hinter den Akteuren, und eine zusätzliche dritte Lichtquelle, das seitliche key light, zum Aufhellen verbleibender Schatten. Das Verhältnis der ersten zwei Lichtquellen zum key light ist im gut ausgeleuchteten Hollywoodkino (etwa der 1930er Jahre) »high«, daher »high-key-Beleuchtung«. Im Film noir ist das Verhältnis umgekehrt, »low«, daher »low-key-Beleuchtung« mit stark expressiver Wirkung. Vgl. dazu: J. A. Place, L. S. Peterson: Some Visual Motifs of Film Noir. In: Film Comment, January 1974.

58 Molly Haskell: From Reverence to Rape. New York 1974. S.222.

59 Vgl. dazu: Enno Patalas: Stars. Geschichte der Filmidole. Frankfurt/Main 1967.

60 Sylvia Harvey: Woman's Place: The Absent Family of Film Noir. In: E. Ann Kaplan (Hg.): Women in Film Noir. London 1980. S. 23.

61 Martha Wolfenstein, Nathan Leites: Movies: A Psychological Study. Glencoe 1950. S. 32.

62 Molly Haskell: a. a. O. S. 190.

63 Edgar Morin: Der Geist der Zeit. Darmstadt 1965. S. 180-190.
64 Frieda Grafe, Enno Patalas: Im Off. Filmartikel. München 1974. S. 207 f.
65 Hans Scheugl: Sexualität und Neurose im Film. München 1974. S. 64-69.
66 Ebd. S. 65 f.
67 Ebd. S. 68.
68 Hans von Hentig: Das Verbrechen. Band II. Berlin u. a. 1962. S. 85. Diesem Buch sind auch die folgenden sozio- und demografischen Daten entnommen.
69 Harold R. Danforth: Big City Crimes. New York 1957.
70 Siegfried Kracauer: From Caligari to Hitler. Princeton 1947.
71 Jack Shadoian: Dreams and Dead Ends. Cambridge/Mass., London 1977. S. 67 und 77.
72 Jacques Siclier: Le Mythe de la femme dans le cinéma américain. Paris 1956, S. 96 ff.
73 Jack Shadoian: a. a. O. S. 61.
74 Ebd. S. 100.
75 Ebd. S. 65.
76 Frank Kingdon (Hg.): a. a. O. S. 243.
77 Robin Cross: The Big Book of B Movies. New York 1981, S. 36.
78 Nicholas Christopher: Somewhere in the Night. Emeryville 1997. S. 207.
79 Frank Krutnik: In a Lonely Place. London, New York 1991. S. 179.
80 Jack Shadoian: a. a. O. S. 101.
81 Jacques Siclier: a. a. O. S. 109 ff.
82 Joseph McBride: Orson Welles. London 1972, S. 38.
83 Jack Shadoian: a. a. O. S. 171.
84 Ebd. S. 138.
85 N. A. Pelcovits: World Government Now? In: Harper's Magazine, November 1946.
86 Ebd.
87 Robert Warshow: The Gangster as Tragic Hero. In: The Immediate Experience. New York 1979, S. 128 f.
88 Eric F. Goldman: The Crucial Decade: America, 1945-1955. New York 1956, S. 112.
89 Jack Shadoian: a. a. O. S. 223.
90 Ebd. S. 169 und 184 f.
91 Vgl. dazu: Gordon Hitchens (Hg.): Hollywood Blacklisting. In: Film Culture Nr. 50-51 (1970); und: Andreas Ungerböck (Hg.): Blacklisted. Wien 2000.
92 Paul Jensen: The Return of Dr. Caligari: Paranoia in Hollywood. In: Film Comment, Winter 1971/72.
93 Nicholas Ray zitiert nach: Colin McArthur: Underworld USA. London 1972. S. 124.
94 Abraham Polonsky zitiert nach: Michel Delahaye: Entretien avec Abraham Polonsky. In: Cahiers du Cinéma Nr. 215, 1969.
95 Jean-Paul Sartre: Huis clos. Paris 1966, S. 72.
96 Douglas Sirk zitiert nach: Wolfgang Limmer: Das Happy-End – ein Notausgang. Gespräch mit dem Regisseur Douglas Sirk. In: Süddeutsche Zeitung, 17./18. November 1973.
97 Robert G.Porfirio: a. a. O.
98 F. M. Dostojevskij: Zapiski iz podpol'ja. In: Sobranije sočinenij. Aufzeichnungen aus einem Kellerloch. In: Gesammelte Werke. Band 4. Moskau 1956. S. 138.
99 Christopher La Farge: Mickey Spillane and His Bloody Hammer. In: Saturday Review, 6. November 1954.
100 James Agee: Agee on Film. Volume 1. New York 1969, S. 301.
101 Tom Flinn: Out of the Past. In: Ed Gorman u. a. (Hg.): The Big Book of Noir. New York 1998. S. 69. Vgl. auch: Thomas Brandlmeier: Europäische Emigranten und der visuelle Stil des film noir. In: Thomas Brandlmeier: Kameraautoren. Marburg 2008.
102 Foster Hirsch: The Dark Side of the Screen: Film Noir. New York 1981. S. 7.
103 Manny Farber: Movies. New York 1971. S. 62.
104 1962, in einem Interview mit Peter Bogdanovich, hat Howard Hawks das erste Mal zugegeben, dass weder er noch Faulkner oder Chandler für das Presseheft den Gang der Handlung angeben konnten (in: Movie Nr. 5, 1962, S. 8 ff.). Später, in einem Interview mit Hans C. Blumenberg, ergänzte er, dass sich auch Humphrey Bogart ergebnislos an dem Rätselraten beteiligte (Hans C. Blumenberg: Die Kamera in Augenhöhe. Begegnungen mit Howard Hawks. Köln 1979. S. 45). Paul Jensen versuchte 1974 anhand des

Romans Klarheit zu gewinnen, aber auch nicht besonders überzeugend (Paul Jensen: From Fiction to Fantasy with Howard Hawks. In: Film Comment, November 1974. S. 23). Von Raymond Chandler wird dies übrigens bestätigt: »They (Hawks und Bogart) sent a wire asking me, and dammit I didn't know either« (Dorothy Gardiner, Sorley Walker (Hg.): Raymond Chandler Speaking. London 1962. S. 221).

105 Raymond Durgnat: a. a. O.

106 Foster Hirsch: a. a. O. S. 9.

107 Der Begriff Elektrakomplex stammt von C. G. Jung und wird von Freud, der prinzipiell die Termini der Konkurrenz ablehnt, verworfen: »Unser Eindruck ist hier, dass unsere Aussagen über den Ödipuskomplex in voller Strenge nur für das männliche Kind passen und dass wir recht daran haben, den Namen Elektrakomplex abzulehnen, der die Analogie im Verhalten beider Geschlechter betonen will« (Über die weibliche Sexualität. In: Studienausgabe. Frankfurt/Main 1969 ff., Band V, S. 278). »Analogie« hin und »volle Strenge« her, im Film noir ist die Atreidensage in den nachstehenden Beispielen so deutlich, dass ich den Begriff in Übereinstimmung mit Raymond Durgnat (a. a. O.) und Parker Tyler (Magic and Myth of the Movies. New York 1971. S. 193 ff.) in diesem Kontext für angemessen halte.

108 David Riesman: The Lonely Crowd. Garden City/N. Y. 1956, S. 58 f.

109 Jacques Siclier: a. a. O. S. 82.

110 Als Quelle für hier referierte mythologische Details möchte ich vor allem auf zwei Werke verweisen: Karl Kerenyi: Die Heroen der Griechen. Zürich 1958; und: Claude Levi-Strauss: Strukturale Anthropologie I. Frankfurt/ Main 1977.

111 Sigmund Freud: Fetischismus. In: Studienausgabe. Band III. Frankfurt/Main 1969 ff. S. 385 f. Freuds Schlussfolgerungen, insbesondere in Hinblick auf eine Rekonstruktion etablierter gesellschaftlicher Strukturen, sind zwar zu Recht umstritten, z. B. vonseiten der kritischen Theorie oder von feministischer Seite. Aber es geht mir hier nur um Freuds Ansatz von der phänomenologischen Seite her.

112 Molly Haskell: a. a. O. S. 198.

113 Ich beziehe mich hierbei vor allem auf Sigmund Freud: Drei Abhandlungen zur Sexualtheorie. In: Studienausgabe. Band V. Frankfurt/Main 1969 ff. S. 37 ff. Freud unterscheidet dabei zwischen dem normalen Fetischismus als Attribut des Libidoobjekts und der fetischistischen Perversion, in der sich der Fetisch vom Libidoobjekt ganz oder teilweise ablöst. Alle diese Neigungen zielen auf das tote Objekt.

114 Jacques Siclier: a. a. O. S. 77.

115 Parker Tyler: Magic and Myth of the Movies. London 1971. S. 77.

116 Stephen Neale: Genre. London 1980. S. 42 f.

117 Barbara Deming: a. a. O. S. 154.

118 »Beware! And govern well thy appetite lest Sin / Surprise thee and her black attendant Death.« John Milton: Paradise Lost. New York, London 2005. S. 174.

119 Die Bibel. Freiburg/Breisgau 1998. S. 736 f.

120 Heinrich Regius (= Max Horkheimer): Dämmerung. Zürich 1934. S. 143.

121 Max Horkheimer: a. a. O. S. 175.

122 Jack Shadoian: a. a. O. S. 85.

123 Hier sind vor allem fünf Standardwerke zu nennen: Maurice Disher: Blood and Thunder. London 1949; Michael Booth: English Melodrama. London 1965; Frank Rahill: The World of Melodrama. London 1967; James Smith: Melodrama. London 1973; David Grimstead: Melodrama Unveiled. Chicago, London 1968.

124 Frieda Grafe: Melodramen in Toulouse. In: Filmkritik, Oktober 1971.

125 Arnold Hauser: Sozialgeschichte der Kunst und Literatur. München 1967. S. 724 f.

126 Ulrich Kurowski: Die Antikunst von Posteuropa? In: FilmKorrespondenz Nr. 1, 1974.

127 David Grimstead: a. a. O.

128 Ebd.

129 Joseph Hutton: The Orphan of Prague. Philadelphia 1808. S. 15.

130 James K. Paulding: The Bucktails; or, Americans in England. In: American Comedies. Philadelphia 1847. S. 63.

131 Mary Clarke Carr: The Benevolent Lawyers; or, Villainy Detected. Philadelphia 1823. S. 17.

132 Joseph Croswell: A New World Planted. Boston 1802. S. 15.

133 Joseph Doddridge: Logan, The Last of the Race of Shikellemus. Buffalo Creek/Va.1823. S. 8.

134 David Grimstead: a. a. O. S. 228.

135 Vgl. den weitergefassten Begriff für das neuere Melodram u. a. bei: Raymond Durgnat: Ways of Melodrama. In: Sight and Sound, August-Sept. 1951; Robert Heilman: Tragedy and Melodrama: Versions of Experience. Washington 1968; Thomas Elsaesser u. a.: American Melodrama. In: Monogram Nr. 4, 1972; Michael Walker: Melodrama and the American Cinema. In: Movie Nr. 29/30, 1982; Richard Lippe: Melodrama in the Seventies. In: Movie Nr. 29/30, 1982.

136 Hans Peter Kochenrath: Wiederentdeckung des Melodrams. In: Die Zeit Nr. 32, 1971.

137 Marcel Proust: Auf der Suche nach der verlorenen Zeit. Band I. Frankfurt/Main 1970. S. 218.

138 Foster Hirsch: a. a. O. S.116.

139 Ulrich Kurowski: 39 Abschnitte über das Melodram. In: Filme Nr. 11, 1981.

140 Umberto Eco: Casablanca oder die Wiedergeburt der Götter. In: Jürgen Felix (Hg.): Die Postmoderne im Kino. Marburg 2002. S. 15.

Bibliografie

James Agee: Agee on Film. Volume 1. New York 1969.

Lawrence Alloway: Violent America: The Movies 1946-1964. New York 1971.

John Baxter: The Hollywood Exiles. London 1976.

André Bazin: Orson Welles. Wetzlar 1980.

John Belton: The Hollywood Professionals. Volume 3: Howard Hawks. Frank Borzage. Edgar G. Ulmer. London, New York 1974.

Ulrich von Berg u. a. (Hg.): Fuller. München 1984.

Jürgen Berger, Bettina Thienhaus: Dashiell Hammett. Raymond Chandler. Berlin 1979.

Waldemar Besson: Von Roosevelt bis Kennedy. Grundzüge der amerikanischen Außenpolitik 1933-1963. Frankfurt/Main 1964.

George Bluestone: Interview with Jules Dassin. In: Film Culture Nr. 17, 1958.

Hans C.Blumenberg: Die Kamera in Augenhöhe. Begegnungen mit Howard Hawks. Köln 1979.

Peter Bogdanovich: Interview with Howard Hawks. In: Movie Nr. 5, 1962.

Peter Bogdanovich: Interview with Edgar G.Ulmer. In: Film Culture Nr. 58-60, 1974.

Michael Booth: English Melodrama. London 1965.

Raymond Borde, Etienne Chaumeton: Panorama du film noir américain. Paris 1955.

David Bordwell u. a.: The Classical Hollywood Cinema. London 1985.

Thomas Brandlmeier: Das Glück der Bürger. Zum Werk des Filmregisseurs Douglas Sirk. In: Medium Nr. 3, 1987.

Thomas Brandlmeier: Fantômas. Beiträge zur Panik des 20. Jahrhunderts. Berlin 2007.

Thomas Brandlmeier: Kameraautoren. Technik und Ästhetik. Marburg 2008.

Thomas Brandlmeier: Kubricks schwarze Filme. In: Filmgeschichte Nr. 19, 2004.

Thomas Brandlmeier: »Mutter braucht kein Wasser, sie braucht Geld«. Eine Analyse des Werks von Douglas Sirk. In: FilmKorrespondenz Nr. 1-3, 1974.

Thomas Brandlmeier: Nero Noir?. In: Erika Wottrich (Hg.): M wie Nebenzahl. München 2002.

Thomas Brandlmeier: Schicksal im Rückspiegel. Zur Curtis Bernhardt-Retrospektive. In: Kirche und Film Nr. 5, 1982.

Thomas Brandlmeier: Er filmte in Gleichnissen: Alfred Hitchcock. In: Kirche und Film Nr. 11-12, 1983.

Thomas Brandlmeier: Lang. Renoir/Renoir. Lang. In: Film (Frankfurt/Main), Oktober 1984.

Peter Buchka u. a.: Orson Welles. München 1977.

Ian Cameron (Hg.): The Movie Book of Film Noir. London 1992.

Kingsley Canham: The Hollywood Professionals. Volume 1: Michael Curtiz. Raoul Walsh. Henry Hathaway. London, New York 1973.

CHRISTIAN CARGNELLI, MICHAEL OMASTA (HG.): Schatten. Exil. Wien 1997.

ALAN CASTY: The Films of Robert Rossen. New York 1969.

JEAN PIERRE CHARTIER: Les Américains aussi font des films ›noirs‹. In: La Revue du Cinéma, November 1946.

ARMAND-JEAN CAULIEZ: Le Film criminel et le film policier. Paris 1956.

JUDITH CHRIST: The Private Eye, the Cowboy, and the Very Naked Girl. New York 1970.

NICHOLAS CHRISTOPHER: Somewhere in the Night. Emeryville 1997.

MICHEL CIEUTAT: La Ville dans le film policier américain. In: Positif Nr. 171/172, 1975.

DAVID COCHRAN: America Noir. Washington, London 2000.

MARK T.CONARD (HG.): The Philosophy of Film Noir. Lexington 2006.

JOAN COPJEC (HG.): Shades of Noir. London, New York 1993.

ROBIN CROSS: The Big Book of B Movies. New York 1981.

BRUCE CROWTHER: Film Noir. London 1988.

HAROLD R. DANFORTH: Big City Crimes. New York 1957.

BRIAN DAVIS: The Thriller. The Suspense Film from 1946. New York 1973.

MICHEL DELAHAYE: Entretien avec Abraham Polonsky. In: Cahiers du Cinéma Nr. 215, 1969.

BARBARA DEMING: Running Away from Myself. A Dream Portrait of America Drawn from the Films of the Forties. New York 1969.

EDWARD DIMENDBERG: Film Noir and the Spaces of Modernity. Cambridge/Mass., London 2004.

MAURICE DISHER: Blood and Thunder. London 1949.

F. M. DOSTOJEVSKIJ: Zapiski iz podpol'ja. In: Sobranije sočinenij. Aufzeichnungen aus einem Kellerloch. In: Gesammelte Werke. Band 4. Moskau 1956.

RAYMOND DURGNAT: Ways of Melodrama. In: Sight and Sound, August/September 1951.

RAYMOND DURGNAT: Paint It Black: The Family Tree of the Film Noir. In: Cinema (U.K.), August 1970.

RAYMOND DURGNAT U. A.: Film Noir. In: Film Comment, November 1974.

RICHARD DYER: Homosexuality and Film Noir. In: Jump Cut Nr. 16, 1977.

UMBERTO ECO: CASABLANCA oder die Wiedergeburt der Götter. In: Jürgen Felix (Hg.): Die Postmoderne im Kino. Marburg 2002.

THOMAS ELSAESSER U. A.: American Melodrama. In: Monogram Nr. 4, 1972.

THOMAS ELSAESSER: Weimar Cinema and After: Germany's Historical Imaginary. London, New York 2000.

MANNY FARBER: Movies. New York 1971.

TOM FLINN: Out of the Past. In: Velvet Light Trap Nr. 10, 1973.

TERRY CURTIS FOX U. A.: Hard-Boiled Hollywood. In: Film Comment, October 1984.

NINO FRANK: Un Nouveau genre ›policier‹: L'aventure criminelle. In: L'Ecran Français Nr. 61, 1946.

SIGMUND FREUD: Studienausgabe. Frankfurt/Main 1969 ff.

DOROTHY GARDNER, KATHERINE SORLEY WALKER (HG.): Raymond Chandler Speaking. London 1962.

BARRY GIFFORD: Out of the Past. Jackson 1988.

FRITZ GÖTTLER U. A. (HG.): Film Noir. München 1981.

ERIC F. GOLDMAN: The Crucial Decade: America, 1945-1955. New York 1956.

ED GORMAN U. A. (HG.): The Big Book of Noir. New York 1998.

FRIEDA GRAFE: Melodramen in Toulouse. In: Filmkritik, Oktober 1971.

FRIEDA GRAFE, ENNO PATALAS: Im Off. Filmartikel. München 1974.

FRIEDA GRAFE U. A.: Fritz Lang. München 1976.

DAVID GRIMSTEAD: Melodrama Unveiled. Chicago, London 1968.

NORBERT GROB (HG.): Film noir. Stuttgart 2008.

FRANÇOIS GUERIF: Le Film noir. Artigues 1979.

JON HALLIDAY: Sirk on Sirk. London 1971.

MOLLY HASKELL: From Reverence to Rape. New York 1974.

ARNOLD HAUSER: Sozialgeschichte der Kunst und Literatur. München 1967.

ROBERT HEILMAN: Tragedy and Melodrama: Versions of Experience. Washington, D.C. 1968.

HANS VON HENTIG: Das Verbrechen. Band II. Berlin u.a. 1962.

CHARLES HIGHAM, JOEL GREENBERG: Hollywood in the Forties. London, New York 1968.

FOSTER HIRSCH: The Dark Side of the Screen: Film Noir. New York 1981.

GORDON HITCHENS (HG.): Hollywood Blacklisting. In: Film Culture Nr. 50-51, 1970.

MAX HORKHEIMER: s. Heinrich Regius.

FOLKE ISAKSSON, LEIF FUHRHAMMAR: Politik und Film. Ravensburg 1974.

LEWIS JACOBS: World War II and the American Film. In: Film Culture Nr. 47, 1969.

PAUL JENSEN: The Return of Dr. Caligari: Paranoia in Hollywood. In: Film Comment, Winter 1971/72.

E. ANN KAPLAN (HG.): Women in Film Noir. London 1980.

AMIR MASSOURD KARIMI: Toward a Definition of the American Film Noir (1941-1949). New York 1970.

KARL KERENYI: Die Heroen der Griechen. Zürich 1958.

FRANK KINGDON (HG.): As FDR Said. A Treasury of His Speeches, Conversations, and Writings. New York 1950.

HANS PETER KOCHENRATH: Wiederentdeckung des Melodrams. In: Die Zeit Nr. 32, 1971.

SIEGFRIED KRACAUER: From Caligari to Hitler. Princeton 1947.

SIEGFRIED KRACAUER: Kino. Frankfurt/Main 1974.

FRANK KRUTNIK: In a Lonely Place. London, New York 1991.

ULRICH KUROWSKI: Die Antikunst von Posteuropa? In: FilmKorrespondenz Nr. 1, 1974.

ULRICH KUROWSKI: 39 Abschnitte über das Melodram. In: Filme Nr. 11, 1981.

CHRISTOPHER LA FARGE: Mickey Spillane and His Bloody Hammer. In: Saturday Review, 6. November 1954.

GERARD LEGRAND: Reflections in a dark eye. In: Positif Nr. 171/172, 1975.

CLAUDE LEVI-STRAUSS: Strukturale Anthropologie I. Frankfurt/Main 1977.

WOLFGANG LIMMER: Das Leid der gefallenen Götter. Über die hermetische Welt des Melodrams. In: Fernsehen und Film, Februar 1971.

WOLFGANG LIMMER: Das Happy-End – ein Notausgang. Gespräch mit dem Regisseur Douglas Sirk. In: Süddeutsche Zeitung, 17./18. November 1973.

COLIN MCARTHUR: Underworld USA. London 1972.

JOSEPH MCBRIDE: Orson Welles. London 1972.

TODD MCCARTHY, CHARLES FLYNN (HG.): Kings of the Bs. New York 1975.

RICHARD MACKSEY U. A.: The Expatriate Art. European Film Directors in Hollywood. In: MLN (= Modern Language Notes), May 1983.

DANIEL MAINWARING: Out of the Past. In: Velvet Light Trap Nr. 10, 1973.

RICHARD A. MAYNARD: Propaganda on Film. A Nation at War. New York 1975.

DON MILLER: Private Eyes. In: Focus on Film Nr. 22, 1975.

EDGAR MORIN: Der Geist der Zeit. Darmstadt 1965.

EDDIE MULLER: Dark City. New York 1998.

JAMES NAREMORE: More than Night. Berkeley, Los Angeles, London 1998.

STEPHEN NEALE: Genre. London 1980.

STEVE NEALE: Genre and Hollywood. London, New York 2000.

ROBERT OTTOSON: A Reference Guide to the American Film Noir: 1940-1958. Metuchen/N. J., London 1981.

R. BARTON PALMER: Hollywood's Dark Cinema. New York 1994.

ENNO PATALAS: Stars. Geschichte der Filmidole. Frankfurt/Main 1967.

JOHN PATERSON: A Cosmic View of the Private Eye. In: The Saturday Review, 22. August 1953.

N. A. PELCOVITS: World Government Now?. In: Harper's Magazine, November 1946.

GEORGE PERRY: The Films of Alfred Hitchcock. New York 1965.

J. A. PLACE, L. S. PETERSON: Some Visual Motifs of Film Noir. In: Film Comment, January 1974.

ROBERT PORFIRIO U. A. (HG.): Film Noir Reader 3. New York 2002.

ROBERT G. PORFIRIO: No Way Out: Existential Motifs of Film Noir. In: Sight and Sound, Autumn 1976.

GERALD PRATLEY: The Cinema of Otto Preminger. London, New York 1971.

MARCEL PROUST: Auf der Suche nach der verlorenen Zeit. Frankfurt/Main 1970.

FRANK RAHILL: The World of Melodrama. London 1967.

HEINRICH REGIUS (= MAX HORKHEIMER): Dämmerung. Zürich 1934.

CARL RICHARDSON: Autopsy: an element of realism in film noir. Metuchen/N. J., London 1992.

DAVID RIESMAN: The Lonely Crowd. Garden City, New York 1956.

MARJORIE ROSEN: Popcorn Venus. London 1975.

EUGENE ROSOW: Born to Lose. New York 1978.

WILLIAM RUEHLMANN: Saint with a Gun. New York 1974.

ANDREW SARRIS: The High Forties Revisited. In: Film Culture Nr. 24, 1962.

ANDREW SARRIS: The American Cinema. New York 1968.

ANDREW SARRIS (HG.): Hollywood Voices. London 1971.
JEAN-PAUL SARTRE: Huis clos. Paris 1966.
THOMAS G. SCHATZ: Hollywood Genres. Toronto 1981.
HANS SCHEUGL: Sexualität und Neurose im Film. München 1974.
RENÉ SCHICKEL: The Stars. New York 1962.
PAUL SCHRADER U. A.: Joseph H. Lewis. In: Cinema (Bev. Hills), Fall 1971.
PAUL SCHRADER: Notes on Film Noir. In: Film Comment, Spring 1982.
SPENCER SELBY: Dark City. London 1984.
JACK SHADOIAN: Dreams and Dead Ends. Cambridge/Mass., London 1977.
LLOYD SHEARER: Crime Certainly Pays on the Screen. New York Times Magazine, 5. August 1945.
JACQUES SICLIER: Le Mythe de la femme dans le cinéma américain. Paris 1956.
NOËL SIMSOLO: Le Film Noir. Paris 2005.
JOEL E. SIEGEL: Val Lewton. The Reality of Terror. London 1972.
ALAIN SILVER, ELIZABETH WARD (HG.): Film Noir. An Encyclopedic Reference to the American Style. Woodstock, New York 1979.
ALAIN SILVER, JAMES URSINI (HG.): Film Noir Reader. New York 1996.
ALAIN SILVER, JAMES URSINI (HG.): Film Noir Reader 2. New York 1999.
ALAIN SILVER, JAMES URSINI (HG.): Film Noir Reader 4. New York 2004.
ALAIN SILVER, JAMES URSINI: The Noir Style. London 1999.
NEIL SINYARD U. A.: Billy Wilders Filme. Berlin 1980.
ROBERT SIODMAK: Hoodlums: The Myth … In: Films and Filming Nr. 9, 1959.
ROBERT SIODMAK: Zwischen Berlin und Hollywood. München 1980.
JAMES SMITH: Melodrama. London 1973.
ANDREW SPICER: Film Noir. Harlow 2002.
BARBARA STEINBAUER-GRÖTSCH: Die lange Nacht der Schatten. Berlin 1997.
MICHAEL STERN: The Pitfall. In: Bright Lights Nr. 4, 1976.
J. P. TELOTTE: Voices in the Dark. Urbana, Champaign 1989.
JOHN R. TAYLOR: Fremde im Paradies. Emigranten in Hollywood 1933-1950. Berlin 1984.
FRANÇOIS TRUFFAUT: Mr. Hitchcock, wie haben Sie das gemacht?. München 1973.
FRANÇOIS TRUFFAUT: Die Filme meines Lebens. München 1976.
JON TUSKA: The Detective in Hollywood. Garden City, New York 1978.
PARKER TYLER: The Hollywood Hallucination. New York 1970.
PARKER TYLER: Magic and Myth of the Movies. London 1971.
ANDREAS UNGERBÖCK (HG.): Blacklisted. Wien 2000.
PAUL WERNER: Film noir. Frankfurt/Main 1985.
MICHAEL WALKER U. A.: Max Ophuls and Melodrama. In: Movie Nr. 29/30, 1982.
ROBERT WARSHOW: The Immediate Experience. New York 1979.
MARTHA WOLFENSTEIN, NATHAN LEITES: Movies: A Psychological Study. Glencoe 1950.

Filmografie (Film noir)

ABKÜRZUNGEN: R = Regie; S = Skript; K = Kamera; D = Darsteller

ACE IN THE HOLE (1951). R: Billy Wilder. S: Billy Wilder, Lesser Samuels und Walter Newman. K: Charles B. Lang. D: Kirk Douglas, Jan Sterling, Robert Arthur, Porter Hall, Frank Cady, Richard Benedict, Ray Teal.

ALL THE KING'S MEN (1949). R: Robert Rossen. S: Robert Rossen, nach einer Story von Robert Penn Waren. K: Gert Anderson. D: Broderick Crawford, Joanne Dru, John Ireland, John Derek, Mercedes McCambridge, Shepperd Strudwick.

AMONG THE LIVING (1941). R: Stuart Heisler. S: Lester Cole und Garrett Fort, nach einer Story von Lester Cole und Brian Marlow. K: Theodor Sparkuhl. D: Albert Dekker, Susan Hayward, Harry Carey, Frances Farmer, Gordon Jones.

ANGEL FACE (1953). R: Otto Preminger. S: Frank Nugent und Oskar Millard, nach einer Story von Chester Erskine. K: Harry Stradling. D: Robert Mitchum, Jean Simmons, Mona Freeman, Herbert Marshall, Leon Ames, Barbara 0'Neil.

THE ASPHALT JUNGLE (1950). R: John Huston. S: Ben Maddow und John Huston, nach einer Story von W. R. Burnett. K: Harold Rossen. D: Sterling Hayden, Louis Calhern, Jean Hagen, James Whitmore, Sam Jaffe, John McIntire, Marc Lawrence, Marilyn Monroe.

BEWARE, MY LOVELY (1952). R: Harry Horner. S: Mel Dinelli, nach seinem Stück und seiner Story. K: George E. Diskant. D: Ida Lupino, Robert Ryan, Taylor Holmes, Ruth Williams.

BEYOND THE FOREST (1949). R: King Vidor. S: Lenore Coffee, nach einem Roman von Stuart Engstrand. K: Robert Burks. D: Bette Davis, Joseph Cotton, David Brian, Ruth Roman.

THE BIG CLOCK (1948). R: John Farrow. S: Jonathan Latimer und Harold Goldman, nach der Story von Kenneth Fearing. K: John F. Seitz. D: Ray Milland, Charles Laughton, Maureen 0'Sullivan, George Macready, Rita Johnson, Elsa Lanchester.

THE BIG COMBO (1955). R: Joseph H. Lewis. S: Philip Jordan. K: John Alton. D: Cornel Wilde, Richard Conte, Brian Donlevy, Jean Wallace, Lee van Cleef.

THE BIG HEAT (1953). R: Fritz Lang. S: Sydney Boehm, nach einer Story von William P. McGivern. K: Charles B.Lang. D: Glenn Ford, Gloria Grahame, Jocelyn Brando, Alexander Scourby, Lee Marvin, Jeanette Nolan.

THE BIG SLEEP (1946). R: Howard Hawks. S: William Faulkner, Leigh Brackett und Jules Furthman, nach einer Story von Raymond Chandler. K: Sid Hickox. D: Humphrey Bogart, Lauren Bacall, John Ridgeley, Martha Vickers, Dorothy Malone, Elisha Cook Jr., Bob Steele.

Black Angel (1946). R: Roy William Neill. S: Roy Chanslor nach einem Roman von Cornell Woolrich. K: Paul Ivano. D: Dan Duryea, June Vincent, Peter Lorre, Broderick Crawford, Constance Dowling.

The Blue Dahlia (1946). R: George Marshall. S: Raymond Chandler. K: Lionel Lindon. D: Alan Ladd, Veronica Lake, William Bendix, Howard de Silva, Doris Dowling, Hugh Beaumont.

The Blue Gardenia (1953). R: Fritz Lang. S: Charles Hoffman, nach einer Story von Vera Caspary. K: Nicholas Musuraca. D: Anne Baxter, Richard Conte, Ann Sothern, Raymond Burr, Jeff Donnell, Richard Erdman.

Body and Soul (1947). R: Robert Rossen. S: Abraham Polonsky. K: James Wong Howe. D: John Garfield, Lili Palmer, Hazel Brooks, Anne Revere, William Conrad, Joseph Fevney, Canada Lee.

Boomerang (1947). R: Elia Kazan. S: Richard Murphy, nach einer Story von Anthony Abbot. K: Norbert Brodine. D: Dana Andrews, Jane Wyatt, Lee J. Cobb, Cara Williams, Arthur Kennedy, Sam Levene, Robert Keith, Ed Begley.

Born to Kill (1947). R: Robert Wise. S: Eve Green und Richard Macauly, nach einer Story von James Gunn. K: Robert de Grasse. D: Claire Trevor, Lawrence Tierney, Walter Slezak, Philip Terry, Audrey Long, Elisha Cook Jr.

The Brasher Doubloon (1947). R: John Brahm. S: Dorothy Hannah, Dorothy Bennett und Leonard Praskins, nach einer Story von Raymond Chandler. K: Lloyd Ahern. D: George Montgomery, Nancy Guild, Conrad Janis, Roy Roberts, Fritz Kortner.

The Breaking Point (1950). R: Michael Curtiz. S: Ranald MacDougall, nach einer Story von Ernest Hemingway. K: Ted McCord. D: John Garfield, Patricia Neal, Phyllis Thaxter, Juano Hernandez, Wallace Ford, Sherry Jackson.

Brute Force (1947). R: Jules Dassin. S: Richard Brooks, nach einer Story von Robert Patterson. K: William Daniels. D: Burt Lancaster, Hume Cronyn, Charles Bickford, Sam Levene, Howard Duff, Art Smith, Roman Bohnen.

Caged (1950). R: John Cromwell. S: Virginia Kellogg und Bernard C. Schoenfeld. K: Carl Guthrie. D: Eleanor Parker, Agnes Moorehead, Ellen Corby, Hope Emerson, Betty Garde, Jan Sterling, Lee Patrick, Jane Darwell.

Calcutta (1947). R: John Farrow. S: Seton I. Miller. K: John F. Seitz. D: Alan Ladd, Gail Russell, William Bendix, June Duprez, Lowell Gilmore.

Casablanca (1943). R: Michael Curtiz. S: Julius P. Epstein, Philip G. Epstein und Howard Koch, nach einem Stück von Murray Burnett und Joan Allison. K: Arthur Edeson. D: Humphrey Bogart, Ingrid Bergman, Paul Henreid, Claude Rains, Conrad Veidt, Sydney Greenstreet.

Caught (1949). R: Max Ophüls. S: Arthur Laurents, nach einer Story von Libbie Block. K: Lee Garmes. D: Robert Ryan, James Mason, Barbara Bel Geddes, Ruth Brady, Curt Bois, Frank Ferguson, Natalie Schaefer.

The Chase (1946). R: Arthur Ripley. S: Philip Yordan, nach einer Story von Cornell Woolrich. K: Franz Planer. D: Michèle Morgan, Robert Cummings, Steve Cochran, Lloyd Corrigan, Peter Lorre.

Christmas Holiday (1944). R: Robert Siodmak. S: Herman J. Mankiewicz, nach einer Story von Somerset Maugham. K: John P. Fulton. D: Deanna Durbin, Gene Kelly, Richard Whorf, Gale Sondergaard, Dean Harens, Gladys George.

Citizen Kane (1941). R: Orson Welles. S: Herman J. Mankiewicz und Orson Welles. K: Gregg Toland. D: Orson Welles, Joseph Cotten, Everett Sloane, Dorothy Comingmore, Ray Collins, William Alland, Agnes Moorehead, Ruth Warrick.

City That Never Sleeps (1953). R: John H. Auer. S: Steve Fisher. K: John L. Russell. D: Gig Young, Mala Powers, William Talman, Edward Arnold, Marie Windsor, Wally Cassell, Chill Wills.

Cornered (1945). R: Edward Dmytryk. S: John Paxton, nach einer Story von John Wexley. K: Harry J. Wild. D: Dick Powell, Walter Slezak, Micheline Cheirel, Nina Vale, Morris Carnovsky, Steven Geray, Luther Adler.

Crack-Up (1946). R: Irving Reis. S: John Paxton, Ben Bengal und Ray Spencer, nach einer Story von Frederic Brown. K: Robert de Grasse. D: Pat O'Brien, Claire Trevor, Herbert Marshall, Ray Collins, Wallace Ford.

Criss Cross (1949). R: Robert Siodmak. S: Daniel Fuchs, nach einer Story von Don Tracy. K: Franz Planer. D: Burt Lancaster, Yvonne DeCarlo, Dan Durya, Stephen McNally, Richard Long, Tom Pedi.

The Crooked Way (1949). R: Robert Florey. S: Richard H. Landau, nach einem Stück von Robert Monroe. K: John Alton. D: John Payne, Sonny Tufts, Ellen Drew, Rhys Williams, Percy Helton, John Doucette.

Crossfire (1947). R: Edward Dmytryk. S: John Paxton, nach einer Story von Richard Brooks. K: J. Roy Hunt. D: Robert Young, Robert Mitchum, Robert Ryan, Gloria Grahame, Paul Kelly, Sam Levene, Steve Brodie.

Crossroads (1942). R: Jack Conway. S: Guy Trosper, nach einer Story von John Kafka und Howard Emmett Rogers. K: Joseph Ruttenberg. D: William Powell, Hedy Lamarr, Claire Trevor, Basil Rathbone, Margaret Wycherly, Felix Bressart, Sig Rumann.

Cry Danger (1951). R: Robert Parrish. S: William Bowers, nach einer Story von Jerome Cady. K: Joseph F. Biroc. D: Dick Powell, Rhonda Fleming, Richard Erdman, William Conrad, Regis Toomey.

Cry of the City (1948). R: Robert Siodmak. S: Richard Murphy, nach einer Story von Henry Edward Helseth. K: Lloyd Ahern. D: Victor Mature, Richard Conte, Fred Clark, Shelley Winters, Betty Garde, Debra Paget.

D.O.A. (= Dead On Arrival) (1950). R: Rudolph Maté. S: Russell Rouse und Clarence Greene. K: Ernest Laszlo. D: Edmond 0'Brien, Pamela Britton, Luther Adler, Beverly Campbell, Lynn Baggett, William Ching, Neville Brand.

THE DAMNED DON'T CRY (1950). R: Vincent Sherman. S: Harold Medford und Jerome Weidman, nach einer Story von Gertrude Walker. K: Ted McCord. D: Joan Crawford, David Brian, Steve Cochran, Kent Smith, Richard Egan.

THE DARK CORNER (1946). R: Henry Hathaway. S: Jay Dratler und Bernard Schoenfeld, nach einer Story von Leo Rosten. K: Joe MacDonald. D: Mark Stevens, Lucille Ball, Clifton Webb, William Bendix, Kurt Kreuger, Cathy Downs.

THE DARK MIRROR (1946). R: Robert Siodmak. S: Nunnally Johnson, nach einer Story von Vladimir Pozner. K: Milton Krasner. D: Olivia De Havilland, Lew Ayres, Thomas Mitchell, Richard Long, Charles Evans, Garry Owen.

DARK PASSAGE (1947). R: Delmer Daves. S: Delmer Daves, nach einer Story von David Goodis. K: Sid Hickox. D: Humphrey Bogart, Lauren Bacall, Bruce Bennett, Agnes Moorehead, Tom D'Andrea, Houseley Stevenson.

DEAD RECKONING (1947). R: John Cromwell. S: Oliver H. P. Garrett, Steve Fisher und Allen Rivkin, nach einer Story von Gerald Adams und Sidney Biddell. K: Leo Tover. D: Humphrey Bogart, Lizabeth Scott, Morris Carnovsky, Charles Cane, William Prince, Wallace Ford.

DETOUR (1945). R: Edgar G. Ulmer. S: Martin Goldsmith. K: Benjamin H. Kline. D: Tom Neal, Ann Savage, Claudia Drake, Edmund MacDonald, Tim Ryan, Roger Clark, Pat Gleason, Esther Howard.

DON'T BOTHER TO KNOCK (1952). R: Roy Baker. S: Daniel Taradash, nach einer Story von Charlotte Armstrong. K: Lucien Ballard. D: Richard Widmark, Marilyn Monroe, Anne Bancroft, Elisha Cook Jr., Jeanne Cagney.

DOUBLE INDEMNITY (1944). R: Billy Wilder. S: Billy Wilder und Raymond Chandler, nach einer Story von James M. Cain. K: John F. Seitz. D: Fred MacMurray, Barbara Stanwyck, Edward G. Robinson, Jean Heather, Tom Powers, Porter Hall, Byron Barr.

EDGE OF DOOM (1950). R: Mark Robson. S: Philip Yordan, nach einer Story von Leo Brady. K: Harry Stradling. D: Dana Andrews, Farley Granger, Joan Evans, Robert Keith, Paul Stewart, Mala Powers, Adele Jergens.

THE ENFORCER (1950). R: Bretaigne Windust. S: Martin Rackin. K: Robert Burks. D: Humphrey Bogart, Zero Mostel, Ted de Corsia, Everett Sloane, Roy Roberts.

FALL GUY (1947). R: Reginald LeBorg. S: Jerry Warner, nach einer Story von Cornell Woolrich. K: Mack Stengler. D: Clifford Penn, Teala Loring, Robert Armstrong, Virginia Dale, Elisha Cook Jr., Douglas Fowley.

THE FALLEN SPARROW (1943). R: Richard Wallace. S: Warren Duff, nach einer Story von Dorothy B. Hughes. D: John Garfield, Maureen O'Hara, Walter Slezak, Patricia Morison, Martha 0'Driscoll, Bruce Edwards.

FEAR IN THE NIGHT (1947). R: Maxwell Shane. S: Maxwell Shane, nach einer Story von Cornell Woolrich. K: Jack Greenhalgh. D: Paul Kelly, De Forest Kelly, Ann Doran, Kay Scott, Robert Emmett Keane.

THE FILE ON THELMA JORDAN (1949). R: Robert Siodmak. S: Kettie Frings, nach einer Story von Marty Holland. K: George Barnes. D: Barbara Stanwyck, Wendell Corey, Paul Kelly, Joan Tetzel, Stanley Ridges, Richard Rober, Minor Watson, Gertrude W. Hoffman.

FORCE OF EVIL (1948). R: Abraham Polonsky. S: Abraham Polonsky und Ira Wolfert, nach einer Story von Ira Wolfert. K: George Barnes. D: John Garfield, Beatrice Pearson, Thomas Gomez, Howland Chamberlain, Roy Roberts, Marie Windsor.

THE GANGSTER (1947). R: Gordon Wiles. S: Daniel Fuchs, nach seiner Story. K: Paul Ivano. D: Barry Sullivan, Belita, Joan Lorring, Akim Tamiroff, Henry Morgan, John Ireland.

GILDA (1946). R: Charles Vidor. S: Marion Parsonnet und Jo Eisinger, nach einer Story von E. A. Ellington. K: Rudolph Maté. D: Rita Hayworth, Glenn Ford, George Macready, Joseph Calleia, Steven Geray, Joe Sawyer, Gerald Mohr.

THE GLASS KEY (1942). R: Stuart Heisler. S: Jonathan Latimer, nach einer Story von Dashiell Hammett. K: Theodor Sparkuhl. D: Brian Donlevy, Veronica Lake, Alan Ladd, Bonita Granville, Joseph Calleia, Richard Denning.

GUN CRAZY (1950). R: Joseph H. Lewis. S: MacKinley Kantor und Millard Kaufman, nach einer Story von MacKinley Kantor. K: Russell Harlan. D: Peggy Cummins, John Dall, Barry Kroeger, Morris Carnovsky, Anabel Shaw, Harry Lewis.

HANGOVER SQUARE (1945). R: John Brahm. S: Barre Lyndon, nach einer Story von Patrick Hamilton. K: Joseph La Shelle. D: Laird Cregar, Linda Darnell, George Sanders, Glenn Langan, Faye Marlowe, Alan Napier.

HE WALKED BY NIGHT (1948). R: Alfred Werker. S: John C. Higgins und Crane Wilbur, nach einer Story von Crane Wilbur. K: John Alton. D: Richard Basehart, Scott Brady, Roy Roberts, Whit Bissell, Jimmy Cardwell, Jack Webb.

HIGH SIERRA (1941). R: Raoul Walsh. S: John Huston und W. R. Burnett, nach einer Story von W. R. Burnett. K: Tony Gaudio. D: Humphrey Bogart, Ida Lupino, Alan Curtis, Arthur Kennedy, Joan Leslie, Henry Hull, Barton MacLane.

THE HIGH WALL (1947). R: Curtis Bernhardt. S: Sydney Boehm und Lester Cole, nach der Story und dem Stück von Alan R. Clark und Bradbury Foote. K: Paul Vogel. D: Robert Taylor, Audrey Totter, Herbert Marshall, Dorothy Patrick, H. B. Warner, Warner Anderson.

HIS KIND OF WOMAN (1951). R: John Farrow. S: Frank Fenton und Jack Leonard, nach einer Story von Gerald Drayson Adams. K: Harry Wild. D: Robert Mitchum, Jane Russell, Vincent Price, Tim Holt, Charles McGraw, Raymond Burr.

HOODLUM EMPIRE (1952). R: Joseph Kane. S: Bruce Manning und Bob Considine, nach einer Story von Bob Considine. K: Reggie Lanning. D: Brian Donlevy, Claire Trevor, Forrest Tucker, Vera Ralston, Luther Adler.

HOUSE OF STRANGERS (1949). R: Joseph L. Mankiewicz. S: Philip Yordan, nach einer Story von Jerome Weidman. K: Milton Krasner. D: Edward G. Robinson, Susan Hayward, Richard Conte, Luther Adler, Debra Paget, Hope Emerson.

HUMAN DESIRE (1954). R: Fritz Lang. S: Alfred Hayes, nach einer Story von Emile Zola. K: Burnett Guffey. D: Glenn Ford, Gloria Grahame, Broderick Crawford, Edgar Buchanan, Kathleen Case.

IDENTITY UNKNOWN (1945). R: Walter Colmes. S: Richard Weil, nach einer Story von Robert Newman. K: Ernest Miller. D: Richard Arless, Cheryl Walker, Roger Pryor, Bobby Driscoll, Lola Lane, Jan Keith.

I, JANE DOE (1948). R: John H. Auer. S: Lawrence Kimble, nach einer Story von Decla Dunning. K: Reggie Lanning. D: Ruth Hussey, John Carroll, Vera Ralston, Gene Lockhart, John Howard.

I, THE JURY (1953). R: Harry Essex. S: Harry Essex, nach einer Story von Mickey Spillane. K: John Alton. D: Biff Elliot, Preston Foster, Peggie Castle, Alan Reed, Elisha Cook Jr.

I WAKE UP SCREAMING (1941). R: H. Bruce Humberstone. S: Dwight Taylor, nach einer Story von Steve Fisher. K: Edward Cronjager. D: Betty Grable, Victor Mature, Carola Landis, Laird Cregar, William Gargan, Alan Mowbray, Allyn Joslyn, Elisha Cook Jr.

IN A LONELY PLACE (1950). R: Nicholas Ray. S: Andrew Solt und Edmund H. North, nach einer Story von Dorothy B. Hughes. K: Burnett Guffey. D: Humphrey Bogart, Gloria Grahame, Frank Lovejoy, Carl Benton, Art Smith, Jeff Donnell, Martha Stewart, Robert Warwick.

IVY (1947). R: Sam Wood. S: Charles Bennett, nach einer Story von Marie Belloc-Lowndes. K: Russell Metty. D: Joan Fontaine, Patric Knowles, Herbert Marshall, Sir Cedric Hardwicke, Richard Ney, Lucile Watson.

JEOPARDY (1953). R: John Sturges. S: Mel Dinelli und Maurice Zimm. K: Victor Milner. D: Barbara Stanwyck, Barry Sullivan, Ralph Meeker, Lee Aaker.

JOHNNY O'CLOCK (1947). R: Robert Rossen. S: Robert Rossen, nach einer Story von Milton Holmes. K: Burnett Guffey. D: Dick Powell, Evelyn Keyes, Lee J. Cobb, Ellen Drew, Nina Foch, Thomas Gomez.

KEY LARGO (1948). R: John Huston. S: Richard Brooks und John Huston, nach einem Stück von Maxwell Anderson. K: Karl Freund. D: Humphrey Bogart, Edward G. Robinson, Lauren Bacall, Lionel Barrymore, Claire Trevor, Thomas Gomez.

KEY WITNESS (1947). R: D. Ross Lederman. S: Edward Bock und Raymond L. Schrock, nach einer Story von J. Donald Wilson. K: Philip Tannura. D: John Beal, Trudy Marshall, Jimmy Lloyd, Helen Mowry, Wilton Graff.

THE KILLERS (1946). R: Robert Siodmak. S: Anthony Veiller, nach einer Story von Ernest Hemingway. K: Woody Bredell. D: Burt Lancaster, Edmond O'Brien, Ava Gardner, Albert Dekker, Jeff Corey, Virginia Christine, Vince Barnett, Charles D. Brown.

THE KILLER'S KISS (1955). R, B, K: Stanley Kubrick. D: Frank Silvera, Jamie Smith, Irene Kane, Jerry Jarret, Mike Dana.

The Killing (1956). R: Stanley Kubrick. S: Stanley Kubrick, nach einem Roman von Lionel White. K: Lucien Ballard. D: Sterling Hayden, Coleen Gray, Vince Edwards, Jay C. Flippen, Marie Windsor, Ted de Corsia, Elisha Cook Jr.

Kiss Me Deadly (1955). R: Robert Aldrich. S: A. I. Bezzerides, nach einer Story von Mickey Spillane. K: Ernest Laszlo. D: Ralph Meeker, Albert Dekker, Paul Stewart, Maxine Cooper, Gaby Rodgers, Nick Dennis, Cloris Leachman, Jack Lambert, Jack Elam.

Kiss of Death (1947). R: Henry Hathaway. S: Ben Hecht und Charles Lederer, nach einer Story von Eleazar Lipsky. K: Norbert Brodine. D: Victor Mature, Brian Donlevy, Coleen Gray, Richard Widmark, Karl Malden, Taylor Holmes, Mildred Dunnock.

The Lady from Shanghai (1948). R: Orson Welles. S: Orson Welles, nach einer Story von Sherwood King. K: Charles Lawton Jr. D: Rita Hayworth, Orson Welles, Everett Sloane, Glenn Anders, Ted de Corsia, Erskine Sanford.

Lady in the Lake (1947). R: Robert Montgomery. S: Steve Fisher, nach einer Story von Raymond Chandler. K: Paul C. Vogel. D: Robert Montgomery, Lloyd Nolan, Audrey Totter, Tom Tully, Leon Ames, Jayne Meadows.

Laura (1944). R: Otto Preminger. S: Jay Dratler, Samuel Hoffenstein und Betty Reinhardt, nach einer Story von Vera Caspary. K: Joseph La Shelle. D: Gene Tierney, Dana Andrews, Clifton Webb, Vincent Price, Judith Anderson, Dorothy Adams, James Flavin.

The Locket (1946). R: John Brahm. S: Sheridan Gibney. K: Nicholas Musuraca. D: Laraine Day, Brian Aherne, Robert Mitchum, Gene Raymond, Sharyn Moffett, Ricardo Cortez.

The Lost Weekend (1945). R: Billy Wilder. S: Billy Wilder und Charles Brackett nach einem Roman von Charles R. Jackson. K: John Seitz. D: Ray Milland, Jane Wyman, Philip Terry, Doris Dowling.

Love from a Stranger (1947). R: Richard Whorf. S: Philip MacDonald, nach einem Stück von Frank Vosper und einer Story von Agatha Christie. K: Tony Gaudio. D: Sylvia Sidney, John Hodiak, Isobel Elsom, Ernest Cossart.

The Maltese Falcon (1941). R: John Huston. S: John Huston, nach einer Story von Dashiell Hammett. K: Arthur Edeson. D: Humphrey Bogart, Mary Astor, Gladys George, Peter Lorre, Barton MacLane, Lee Patrick, Sydney Greenstreet, Ward Bond.

The Mask of Dimitrios (1944). R: Jean Negulesco. S: Frank Gruber, nach einer Story von Eric Ambler. K: Arthur Edeson. D: Sydney Greenstreet, Zachary Scott, Faye Emerson, Peter Lorre, George Tobias, Victor Francen, Steven Geray, Eduardo Ciannelli, Florence Bates.

Mildred Pierce (1945). R: Michael Curtiz. S: Ranald MacDougall, nach einer Story von James M. Cain. K: Ernest Haller. D: Joan Crawford, Jack Carson, Zachary Scott, Eve Arden, Ann Blyth, Bruce Bennett, Moroni Olsen.

MINISTRY OF FEAR (1944). R: Fritz Lang. S: Seton I. Miller, nach einer Story von Graham Greene. K: Henry Sharp. D: Ray Milland, Marjorie Reynolds, Carl Esmond, Hillary Brooke, Dan Duryea, Alan Napier.

MURDER, MY SWEET (1944). R: Edward Dmytryk. S: John Paxton, nach einer Story von Raymond Chandler. K: Harry J. Wild. D: Dick Powell, Claire Trevor, Ann Shirley, Otto Kruger, Mike Mazurki.

THE NARROW MARGIN (1952). R: Richard Fleischer. S: Earl Felton, nach einer Story von Martin Goldsmith und Jack Leonard. K: George E. Diskant. D: Charles McGraw, Marie Windsor, Jacqueline White, Gordon Gebert.

NIGHT AND THE CITY (1950). R: Jules Dassin. S: Jo Eisinger, nach einer Story von Gerald Kersh. K: Max Greene. D: Richard Widmark, Gene Tierney, Googie Withers, Hugh Marlowe, Francis L. Sullivan, Herbert Lom, Mike Mazurki.

THE NIGHT HAS A THOUSAND EYES (1948). R: John Farrow. S: Barre Lyndon und Jonathan Latimer, nach einer Story von Cornell Woolrich. K: John F. Seitz. D: Edward G. Robinson, Gail Russell, John Lund, Virginia Bruce, William Demarest.

NIGHTMARE ALLEY (1947). R: Edmund Goulding. S: Jules Furthman, nach einer Story von William Lindsay Gresham. K: Lee Garmes. D: Tyrone Power, Joan Blondell, Coleen Gray, Helen Walker, Taylor Holmes, Mike Mazurki.

99 RIVER STREET (1953). R: Phil Karlson. S: Robert Smith, nach einer Story von George Zuckerman. K: Franz Planer. D: John Payne, Evelyn Keyes, Brad Dexter, Frank Faylen, Peggie Castle, Jack Lambert.

NO MAN OF HER OWN (1950). R: Mitchell Leisen. S: Sally Benson und Catherine Turney, nach einer Story von Cornell Woolrich. K: Daniel L. Fapp. D: Barbara Stanwyck, John Lund, Jane Cowl, Phyllis Thaxter, Lyle Bettger, Richard Denning, Milburn Stone.

NO WAY OUT (1950). R: Joseph L. Mankiewicz. S: Joseph L. Mankiewicz und Lesser Samuels. K: Milton Krasner. D: Richard Widmark, Linda Darnell, Stephen McNally, Sidney Poitier, Henry Bellaver, Stanley Ridges, Ruby Dee, Ossie Davis.

NOTORIOUS (1946). R: Alfred Hitchcock. S: Ben Hecht. K: Ted Tetzlaff. D: Cary Grant, Ingrid Bergman, Claude Rains, Louis Calhern.

ON DANGEROUS GROUND (1952). R: Nicholas Ray. S: A. I. Bezzerides und Nicholas Ray, nach einer Story von Gerald Butler. K: George E. Diskant. D: Robert Ryan, Ida Lupino, Ward Bond, Charles Kemper, Ed Begley.

THE OTHER WOMAN (1954). R: Hugo Haas. S: Hugo Haas. K: Eddie Fitzgerald. D: Hugo Haas, Cleo Moore, Lance Fuller, Lucille Barkley, John Qualen.

OUT OF THE PAST (1947). R: Jacques Tourneur. S: Geoffrey Homes (= Daniel Mainwaring), nach seiner Story. K: Nicholas Musuraca. D: Robert Mitchum, Jane Greer, Kirk Douglas, Rhonda Fleming, Richard Webb, Steve Brodie, Virginia Huston, Paul Valentine.

PANIC IN THE STREETS (1950). R: Elia Kazan. S: Richard Murphy und Daniel Fuchs, nach einer Story von Edna Anhalt und Edward Anhalt. K: Joe MacDonald. D: Richard Widmark, Paul Douglas, Barbara Bel Geddes, Jack Palance, Zero Mostel.

THE PARADINE CASE (1947). R: Alfred Hitchcock. S: David O.Selznick und Alma Reville, nach einer Story von Robert Hitchens. K: Lee Garmes. D: Gregory Peck, Charles Laughton, Ann Todd, Charles Coburn, Ethel Barrymore, Alida Valli, Louis Jourdan, Leo G. Carroll.

PHANTOM LADY (1944). R: Robert Siodmak. S: Bernard C. Schoenfeld, nach einer Story von Cornell Woolrich. K: Woody Bredell. D: Franchot Tone, Ella Raines, Alan Curtis, Aurora, Thomas Gomez, Elisha Cook Jr.

PICKUP ON SOUTH STREET (1953). R: Samuel Fuller. S: Samuel Fuller, nach einer Story von Dwight Taylor. K: Joe MacDonald. D: Richard Widmark, Jean Peters, Thelma Ritter, Richard Kiley, Murvyn Vye.

THE PITFALL (1948). R: André de Toth. S: Karl Kamb, nach einer Story von Jay Dratler. K: Harry J. Wild. D: Dick Powell, Lizabeth Scott, Jane Wyatt, Raymond Burr, John Litel, Byron Barr.

POSSESSED (1947). R: Curtis Bernhardt. S: Sylvia Richards und Ranald MacDougall, nach einer Story von Rita Weiman. K: Joseph Valentine. D: Joan Crawford, Van Heflin, Raymond Massey, Geraldine Brooks, Stanley Ridges.

THE POSTMAN ALWAYS RINGS TWICE (1946). R: Tay Garnett. S: Harry Ruskin und Niven Busch, nach einer Story von James M. Cain. K: Sidney Wagner. D: Lana Turner, John Garfield, Cecil Kellaway, Hume Cronyn, Leon Ames, Audrey Totter.

THE PRETENDER (1947). R: W. Lee Wilder. S: Don Martin. K: John Alton. D: Albert Dekker, Catherine Craig, Charles Drake, Alan Carney, Linda Sterling.

THE PROWLER (1951). R: Joseph Losey. S: Hugo Butler, nach einer Story von Robert Thoeren und Hans Wilhelm. K: Arthur Miller. D: Van Heflin, Evelyn Keyes, John Maxwell, Katherine Warren, Emerson Tracy.

RAILROADER (1947). R: Anthony Mann. S: John C. Higgins, nach einer Story von Gertrude Walker. K: Guy Roe. D: John Ireland, Sheila Ryan, Hugh Beaumont, Jane Randolph, Ed Kelly.

RAW DEAL (1948). R: Anthony Mann. S: Leopold Atlas und John C. Higgins, nach einer Story von Arnold B. Armstrong und Audrey Ashley. K: John Alton. D: Dennis O'Keefe, Claire Trevor, Marsha Hunt, John Ireland, Raymond Burr.

THE RECKLESS MOMENT (1949). R: Max Ophüls. S: Henry Garson, Robert W. Soderberg, Mel Dinelli und Robert E. Kent, nach einer Story von Elisabeth Sanxay Holding. K: Burnett Guffey. D: James Mason, Joan Bennett, Geraldine Brooks, Henry O'Neill, Sheppard Strudwick, Roy Roberts, David Blair, Frances Williams.

RIDE THE PINK HORSE (1947). R: Robert Montgomery. S: Ben Hecht und Charles Lederer, nach einer Story von Dorothy B. Hughes. K: Russell Metty. D: Robert Montgomery, Thomas Gomez, Wanda Hendrix, Rita Conde, Iris Flores, Andrea King, Art Smith, Fred Clark.

RUTHLESS (1948). R: Edgar G. Ulmer. S: S.K. Lauren und Gordon Kahn, nach einer Story von Dayton Stoddart. K: Bert Glennon. D: Zachary Scott, Louis Hayward, Sydney Greenstreet, Diana Lynn, Lucille Bremer, Martha Vickers, Raymond Burr.

SABOTEUR (1942). R: Alfred Hitchcock. S: Peter Viertel, Joan Harrison und Dorothy Parker, nach einer Idee von Alfred Hitchcock. K: Joseph Valentine. D: Robert Cummings, Priscilla Lane, Otto Kruger, Alan Baxter, Alma Kruger.

SCARLET STREET (1945). R: Fritz Lang. S: Dudley Nichols, nach einer Story und einem Stück von Georges de la Fouchardière. K: Milton Krasner. D: Edward G. Robinson, Joan Bennett, Dan Duryea, Margaret Lindsay, Rosalind Ivan, Samuel S. Hinds, Arthur Loft, Vladimir Sokoloff, Russell Hicks.

SECRET BEYOND THE DOOR (1948). R: Fritz Lang. S: Sylvia Richards, nach einer Story von Rufus King. K: Stanley Cortez. D: Joan Bennett, Michael Redgrave, Anne Revere, Natalie Schaefer, Paul Cavanagh.

SHADOW OF A DOUBT (1943). R: Alfred Hitchcock. S: Thornton Wilder, Sally Benson und Alma Reville, nach einer Story von Gordon McDonell. K: Joseph Valentine. D: Teresa Wright, Joseph Cotten, MacDonald Carey, Henry Travers, Patricia Collinge, Hume Cronin, Wallace Ford.

SHADOW OF A WOMAN (1946). R: Joseph Santley. S: Whitman Chambers und Graham Baker, nach einer Story von Virginia Perdue. K: Bert Glennon. D: Helmut Dantine, Andrea King, William Prince, John Alvin, Becky Brovan, Dick Erdman.

THE SHANGHAI GESTURE (1941). R: Josef von Sternberg. S: Josef von Sternberg, Karl Vollmoeller, Geza Herczeg und Jules Furthman, nach einem Stück von John Colton. K: Paul Ivano. D: Gene Tierney, Walter Huston, Victor Mature, Ona Munson, Phyllis Brooks, Maria Ouspenskaya, Albert Bassermann.

SHOCKPROOF (1949). R: Douglas Sirk. S: Helen Deutsch und Samuel Fuller, nach einer Story von Samuel Fuller. K: Charles Lawton. D: Cornel Wilde, Patricia Knight, John Baragrey, Esther Minciotti, Howard St. John.

SLEEP, MY LOVE (1948). R: Douglas Sirk. S: St. Clair McKelway und Leo Rosten, nach einer Story von Leo Rosten. K: Joseph Valentine. D: Claudette Colbert, Robert Cummings, Don Ameche, Rita Johnson, George Coulouris, Hazel Brooks.

SO DARK THE NIGHT (1946). R: Joseph H. Lewis. S: Martin Berkeley und Dwight Babcock, nach einer Story von Aubrey Wisberg. K: Burnett Guffey. D: Steven Geray, Micheline Cheirel, Eugene Borden, Ann Codee, Egon Brecher.

SOMEWHERE IN THE NIGHT (1946). R: Joseph L. Mankiewicz. S: Joseph L. Mankiewicz, Howard Dimsdale und Lee Strasberg, nach einer Story von Marvin Borowsky. K: Norbert Brodine. D: John Hodiak, Nancy Guild, Lloyd Nolan, Richard Conte, Josephine Hutchinson, Fritz Kortner, Sheldon Leonard.

SORRY, WRONG NUMBER (1948). R: Anatole Litvak. S: Lucille Fletcher, nach ihrem Stück. K: Sol Polito. D: Barbara Stanwyck, Burt Lancaster, Ann Richards, Wendell Corey, Ed Begley, Leif Erickson, William Conrad, John Bromfield.

SPELLBOUND (1945). R: Alfred Hitchcock. S: Ben Hecht und Angus MacPhail, nach einer Story von Francis Beeding. K: George Barnes. D: Ingrid Bergman, Gregory Peck, Leo G. Carroll, Michael Chekhov, Rhonda Fleming, John Emery, Norman Lloyd, Steven Geray.

THE SPIRAL STAIRCASE (1946). R: Robert Siodmak. S: Mel Dinelli, nach einer Story von Ethel Lena White. K: Nicholas Musuraca. D: Dorothy McGuire, George Brent, Ethel Barrymore, Kent Smith, Rhonda Fleming, Gordon Oliver, Elsa Lanchester, Rhys Williams.

STAGE FRIGHT (1950). R: Alfred Hitchcock. S: Whitfield Cook und Alma Reville, nach zwei Stories von Selwyn Jepson. K: Wilkie Cooper. D: Marlene Dietrich, Jane Wyman, Michael Wilding, Richard Todd, Alastair Sim, Sybil Thorndike.

THE STEEL TRAP (1952). R: Andrew L. Stone. S: Andrew L. Stone. K: Ernest Laszlo. D: Joseph Cotton, Teresa Wright, Jonathan Hale, Walter Sande, Tom Powers.

A STOLEN LIFE (1946). R: Curtis Bernhardt. S: Catherine Turney und Margaret Buell Wilder, nach einer Story von Karel J. Benes. K: Sol Polito und Ernest Haller. D: Bette Davis, Glenn Ford, Dane Clark, Walter Brennan, Charles Ruggles, Bruce Bennett.

STRANGE ILLUSION (1945). R: Edgar G. Ulmer. S: Adele Commandini, nach einer Story von Fritz Rotter. K: Philip Tannura. D: James Lydon, Warren William, Sally Eilers, Regis Toomey.

THE STRANGE LOVE OF MARTHA IVERS (1946). R: Lewis Milestone. S: Robert Rossen, nach einer Story von Jack Patrick. K: Victor Milner. D: Barbara Stanwyck, Van Heflin, Lizabeth Scott, Kirk Douglas, Judith Anderson, Roman Bohnen, Darryl Hickman.

THE STRANGER (1946). R: Orson Welles. S: Anthony Veiller, nach einer Story von Victor Trivas. K: Russell Metty. D: Edward G. Robinson, Loretta Young, Orson Welles, Philip Merivale, Billy House, Richard Long.

THE STRANGER ON THE THIRD FLOOR (1940). R: Boris Ingster. S: Frank Partos. K: Nicholas Musuraca. D: Peter Lorre, John McGuire, Margaret Tallichet, Charles Waldron, Elisha Cook Jr.

STRANGERS IN THE NIGHT (1944). R: Anthony Mann. S: Bryant Ford und Paul Gangelin, nach einer Story von Philip MacDonald. K: Reggie Lanning. D: William Terry, Virginia Grey, Helene Thimig, Edith Barrett, Anne O'Neal, George E. Stone.

STRANGERS ON A TRAIN (1951). R: Alfred Hitchcock. S: Raymond Chandler, Czenzi Ormonde und Whitfield Cook, nach einer Story von Patricia Highsmith. K: Robert Burks. D: Farley Granger, Ruth Roman, Robert Walker, Leo G. Carroll, Laura Eiliott, Patricia Hitchcock.

STREET OF CHANCE (1942). R: Jack Hively. S: Garrett Fort, nach einer Story von Cornell Woolrich. K: Theodor Sparkuhl. D: Burgess Meredith, Claire Trevor, Louise Platt, Sheldon Leonard, Frieda Inescort, Jerome Cowan.

SUNSET BOULEVARD (1950). R: Billy Wilder. S: Charles Brackett, Billy Wilder und D. M. Marshman Jr. K: John F.Seitz. D: William Holden, Gloria Swanson, Erich von Stroheim, Nancy Olson, Fred Clark, Jack Webb.

SUSPICION (1941). R: Alfred Hitchcock. S: Samson Raphaelson, Joan Harrison und Alma Reville, nach einer Story von Francis Iles. K: Harry Stradling. D: Joan Fontaine, Cary Grant, Nigel Bruce, Sir Cedric Hardwicke, Dame May Whitty, Isabel Jeans, Leo G. Carroll.

THEY LIVE BY NIGHT (1949). R: Nicholas Ray. S: Charles Schnee und Nicholas Ray, nach einer Story von Edward Anderson. K: George E. Diskant. D: Cathy O'Donnell, Farley Granger, Howard de Silva, Jay C. Flippen, Helen Craig.

THEY WON'T BELIEVE ME (1947). R: Irving Pichel. S: Jonathan Latimer, nach einer Story von Gordon McDonell. K: Harry J. Wild. D: Robert Young, Susan Hayward, Jane Greer, Rita Johnson, Tom Powers, Don Beddoe.

THIEVES' HIGHWAY (1949). R: Jules Dassin. S: A. I. Bezzerides, nach seiner Story. K: Norbert Brodine. D: Richard Conte, Valentina Cortesa, Lee J. Cobb, Barbara Lawrence, Jack Oakie, Millard Mitchell, Joseph Pevney, Morris Carnovsky.

THIS GUN FOR HIRE (1942). R: Frank Tuttle. S: Albert Maltz und W. R. Burnett, nach einer Story von Graham Greene. K: John F. Seitz. D: Alan Ladd, Veronica Lake, Robert Preston, Laird Cregar, Tully Marshall.

TO HAVE AND HAVE NOT (1945). R: Howard Hawks. S: Jules Furthman und William Faulkner, nach einer Story von Ernest Hemingway. K: Sid Hickox. D: Humphrey Bogart, Walter Brennan, Lauren Bacall, Dolores Moran, Hoagy Carmichael, Walter Molnar.

TOUCH OF EVIL (1958). R: Orson Welles. S: Orson Welles, nach einem Roman von Whit Masterson. K: Russell Metty. D: Charlton Heston, Janet Leigh, Orson Welles, Joseph Calleia, Akim Tamiroff, Marlene Dietrich, Mercedes McCambridge, Zsa Zsa Gabor, Joseph Cotton.

TRY AND GET ME (1950). R: Cyril Endfield. S: Jo Pagano, nach seiner Story. K: Guy Roe. D: Frank Lovejoy, Lloyd Bridges, Kathleen Ryan, Richard Carlson, Katherine Locke, Adele Jergens, Art Smith.

TWO O'CLOCK COURAGE (1945). R: Anthony Mann. S: Robert E. Kent, nach einer Story von Gelett Burgess. K: Jack MacKenzie. D: Tom Conway, Ann Rutherford, Richard Lane, Lester Matthews.

THE UNDERCOVER MAN (1949). R: Joseph H. Lewis. S: Sydney Boehm, nach einer Story von Frank J. Wilson und einer Story von Jack Rubin. K: Burnett Guffey. D: Glenn Ford, Nina Foch, James Whitmore, Barry Kelley, Howard St. John.

THE UNSUSPECTED (1947). R: Michael Curtiz. S: Ranald MacDougall und Bess Meredith, nach einer Story von Charlotte Armstrong. K: Woody Bredell. D: Claude Rains, Joan Caulfield, Audrey Totter, Constance Bennett, Hurd Hatfield, Michael North.

WHEN STRANGERS MARRY (1944). R: William Castle. S: Philip Yordan und Dennis J. Cooper, nach einer Story von George V. Moscov. K: Ira Morgan. D: Dean Jagger, Kim Hunter, Robert Mitchum, Neil Hamilton.

WHERE THE SIDEWALK ENDS (1950). R: Otto Preminger. S: Ben Hecht, Victor Trivas, Frank P. Rosenberg und Robert E. Kent, nach einer Story von William L. Stuart. K: Joseph La Shelle. D: Dana Andrews, Gene Tierney, Gary Merrill, Bert Freed, Tom Tully, Karl Malden, Craig Stevens, Ruth Donnelly.

WHIRLPOOL (1949). R: Otto Preminger. S: Lester Bartow (= Ben Hecht) und Andrew Solt, nach einer Story von Guy Endore. K: Arthur Miller. D: Gene Tierney, Richard Conte, José Ferrer, Charles Bickford, Eduard Franz, Constance Collier.

WHITE HEAT (1949). R: Raoul Walsh. S: Ivan Goff und Ben Roberts, nach einer Story von Virginia Kellogg. K: Sid Hickox. D: James Cagney, Edmond O'Brien, Virginia Mayo, Steven Cochran, Margaret Wycherly.

THE WOMAN IN THE WINDOW (1944). R: Fritz Lang. S: Nunnally Johnson, nach einer Story von J. H. Wallis. K: Milton Krasner. D: Edward G. Robinson, Joan Bennett, Raymond Massey, Dan Duryea, Edmond Breon, Arthur Loft.

THE WOMAN ON THE BEACH (1947). R: Jean Renoir. S: Jean Renoir und Frank Davis, nach einer Story von Mitchell Wilson. K: Leo Tover und Harry Wild. D: Joan Bennett, Robert Ryan, Charles Bickford, Nan Leslie, Walter Sande.

WORLD FOR RANSOM (1954). R: Robert Aldrich, S: Lindsay Hardy. K: Joseph Biroc. D: Dan Duryea, Gene Lockhart, Patric Knowles, Reginald Denny, Nigel Bruce.

Personenregister